आज के प्रश्न

# धर्म और धर्मसत्ता

शंभुनाथ कुमार प्रशांत रंजन गुप्त प्रफुल्ल कोलख्यान सत्येन्द्र रंजन अनिल जैन
डॉ. रमेंद्र ओमप्रकाश कश्यप डॉ. रणजीत कुमार अंबुज संदीप जोशी
बर्ट्रेंड रसेल इब्न बर्राक राजकिशोर

# आज के प्रश्न

इस पुस्तक शृंखला का लक्ष्य है समकालीन राजनीतिक, आर्थिक और सामाजिक दृश्यपट की प्रखर, विस्तृत और वस्तुपरक पड़ताल। कम मूल्य पर विचारपूर्ण सामग्री देने की इस योजना के तहत चार महीने के अन्तराल पर दो ऐसी पुस्तकें प्रकाशित की जा रही हैं, जो किसी महत्वपूर्ण घटना, मुद्दे या समस्या से जुड़ी हों। शृंखला सम्पादक हैं प्रसिद्ध लेखक और पत्रकार राजकिशोर।

*'आज के प्रश्न'* शृंखला में अब तक प्रकाशित पुस्तकें :

1. **अयोध्या और उससे आगे**
2. **भारतीय मुसलमान : मिथक और यथार्थ**
3. **हिन्दू होने का मतलब**
4. **विनाश को निमंत्रण : भारत की नयी अर्थनीति**
5. **कश्मीर का भविष्य**
6. **हरिजन से दलित**
7. **स्त्री के लिए जगह**
8. **भारत का राजनीतिक संकट**
9. **भ्रष्टाचार की चुनौती**
10. **मानव अधिकारों का संघर्ष**
11. **हिन्दुत्व की राजनीति**
12. **अश्लीलता का हमला**
13. **जाति का जहर**
14. **स्त्री, परम्परा और आधुनिकता**
15. **बच्चे और हम**
16. **हिंसा की सभ्यता**
17. **मुस्लिम आतंकवाद बनाम अमेरिका**
18. **दलित राजनीति की समस्याएँ**
19. **नैतिकता के नये सवाल**
20. **माओवाद, हिंसा और आदिवासी**
21. **धर्म और धर्मसत्ता**

# धर्म और धर्मसत्ता

सम्पादक
राजकिशोर

वाणी प्रकाशन

वाणी प्रकाशन
*4695, 21-ए, दरियागंज, नयी दिल्ली 110 002*

शाखा
*अशोक राजपथ, पटना 800 004*

फ़ोनः +91 11 23273167 फ़ैक्सः +91 11 23275710

www.vaniprakashan.in
vaniprakashan@gmail.com

DHARM AUR DHARMSATTA
*Edited by* Rajkishore

ISBN : 978-93-5072-800-0
Aaj Ke Prashn



प्रथम संस्करण 2015
मूल्य : ₹ 350



*शुभम् ऑफ़सेट, दिल्ली-110 032 में मुद्रित*

*वाणी प्रकाशन का लोगो मक़बूल फ़िदा हुसेन की कूची से*

# अनुक्रम

# सम्पादक की बात

धर्म के बारे में सब से खूबसूरत बात कार्ल मार्क्स ने कही है—धर्म जनता की अफीम है। यह धर्म को बदनाम करने के लिए नहीं कहा गया था, हालाँकि उसके पहले ही वह काफी बदनाम हो चुका था। मार्क्स का उद्देश्य था धर्म की भूमिका को वैज्ञानिक तरीके से समझना। धर्म के अफीम होनेवाली बात ने मार्क्स का बहुत नुकसान किया है, क्योंकि इससे उसकी मूल स्थापना ही दब गयी है। मार्क्स की पूरी बात हम तभी आत्मसात कर सकते हैं जब हम इस वाक्य को सन्दर्भ से काटकर न पढ़ें। धर्म जनता की अफीम है, यह कहने के पहले उसने तीन और बातें कही हैं—धर्म दमित प्राणी की आह है, हृदयहीन दुनिया का हृदय है और आत्महीन स्थितियों की आत्मा है। अर्थात 'दैहिक, दैविक, भौतिक ताप' से पीड़ित व्यक्ति के लिए धर्म ही आखिरी शरण है। लेकिन यहाँ मिलनेवाली शान्ति अस्थायी होती है, क्योंकि इस शरणस्थल में दुख के कारणों को खत्म नहीं किया जाता, सिर्फ उसके एहसास को कुन्द कर दिया जाता है। क्या यही काम अफीम भी नहीं करती? वह दर्द को मिटाती नहीं है—उसकी संवेदना को ठप कर देती है : जब हम दर्द को महसूस नहीं कर रहे होते हैं, तब वास्तव में हम भ्रान्ति के शिकार होते हैं।

जीवन दुखमय है, यह जानने के लिए गौतम बुद्ध के पास जाने की जरूरत नहीं है। दुनिया की सब से पुरानी किताब में भी यह जरूर लिखा मिलेगा। सब से अधिक विश्वसनीय किताब तो हमारा अपना जीवन ही है। सवाल यह है कि दुख से छुटकारा कैसे पाया जाए? कबायली और विकसित, दोनों समाज के अगुआ इसका एक ही उत्तर देंगे—धर्म। यह उत्तर कम से कम पाँच हजार साल पुराना है। क्या अगले पाँच हजार साल तक भी यही उत्तर चलेगा? तब आदमी के तर्क और विवेकशील प्राणी होने का दावा छोड़ ही देना चाहिए। आश्चर्य की बात यह है कि धर्म ने हमारे साथ क्या किया है या हमने धर्म के साथ क्या किया है, इस पर विचार करने के लिए धार्मिक लोग एक साथ नहीं बैठते। हमारे जीवन में धर्म की जितनी व्यापक और निर्णायक भूमिका है, उसे देखते हुए यह सवाल उठना वाजिब है कि धर्म धर्म के

लिए या धर्म आदमी के लिए? जब हम वे कपड़े नहीं पहनते जो हजार साल पहले पहने जाते थे, जब हम वह खाना नहीं खाते जो हमारे पूर्वज खाया करते थे, जब हर पन्द्रह-बीस साल बाद भाषा का तेवर बदल जाता है, तब इस जिद का क्या अर्थ हो सकता है कि धर्म के मामले में हम वहीं चिपके रहेंगे, जहाँ कई हजार साल पहले हमारे पूर्वज—अपने सीमित ज्ञान और असीमित पूर्वग्रहों के साथ—खड़े थे। बेशक धर्म के क्षेत्र में भी परिवर्तन होते रहे हैं, कई बार क्रांतियाँ तक हुई हैं। इससे कुछ चीजें बदलती जरूर हैं लेकिन धर्म का मूल आधार बना रहता है कि कोई बात इसलिए सही नहीं है क्योंकि वह सही है, बल्कि इसलिए सही है कि किसी सन्त, गुरु, आचार्य ने ऐसा कहा है या अमुक पुस्तक में ऐसा लिखा हुआ है।

जब यह बताया जाता है कि धर्म ने मानव समाज को क्या-क्या दिया है, तो वह पूरा गलत नहीं होता। मनुष्य के विकास में धर्म की भूमिका अकाट्य है, लेकिन इससे ज्यादा बुद्धिमानी की बात यह कल्पना करने की है कि धर्म न होता और आदमी ने बुद्धि के रास्ते पर चलते हुए समाज का निर्माण किया होता, तब क्या होता? क्या वह आज की अपेक्षा ज्यादा न्यायपूर्ण और सुखी समाज न होता, जिसमें लोगों की जिन्दगी उनके अपने हाथ में होती और वे दुख से बचने और सुखी होने के लिए वैज्ञानिक तौर पर सोचते और एक-दूसरे की बातों को काटते नहीं, बल्कि सुधारते? दुख अस्तित्व मात्र में है, यह धर्म कहता है और विज्ञान जानता है, परन्तु इस वजह से हम न तो अपने अस्तित्व का त्याग कर सकते हैं और न दुख से छुटकारा पाने की कोशिश को रोक सकते हैं। सब कुछ के बावजूद, जीवन एक प्यारी चीज है और सब से बड़ी दार्शनिक समस्या यह है कि इसे और प्यारा कैसे बनाया जाये। पर इस परियोजना में अब धर्म की कोई भूमिका नहीं हो सकती। पानी पीने से प्यास बुझती है, नदियों और झरनों की सुन्दर से सुन्दर तस्वीरें देखने से नहीं।

आजकल यह बात बहुत दुहरायी जाती है कि धर्म व्यक्तिगत मामला है—यह ईश्वर के साथ उसका निजी सम्बन्ध है। जो ज्यादा उदार हैं, वे ईश्वर को छोड़ देंगे और कहेंगे, धर्म ब्रह्माण्ड के साथ व्यक्ति का निजी रिश्ता है। मैं इस बात को मानने में असमर्थ हूँ। धर्म स्वभाव से ही सामुदायिक होता है। उसे समुदाय से काट दीजिए, प्रत्येक जन से कहिए कि वह अपना धर्म खुद बनाये तथा निर्देश लेने के लिए किसी धर्मसत्ता के पास न जाये, चर्च, मन्दिर, गुरुद्वारे आदि को खत्म कर वहाँ स्कूल, अस्पताल या कारखाना बना दीजिए, तो तीस-चालीस साल बाद बहुत खोजने से भी धर्म नाम की चीज नहीं मिलेगी। परम्परा की सब से शक्तिशाली, परन्तु सबसे ज्यादा बोझिल विरासत धर्म ही है। जनमते ही हमें इस जेल में बन्दी बना दिया जाता है, ताकि हम और विषयों में तर्क-वितर्क करें या न करें, पर धर्म पर विचार-पुनर्विचार न करें। स्पष्टतः यह जीने की एक खास शैली है, जिसके केन्द्र में तर्क नहीं,

अन्धविश्वास है। ठीक ही कहा गया है कि धर्म ने आदमी को नहीं बनाया है, आदमी ने धर्म को बनाया है। यहाँ धर्म की जगह ईश्वर रख दें, तब बात और स्पष्ट हो जाएगी।

धर्म खतरनाक इसीलिए है क्योंकि यह समाज में अपनी सत्ता बना लेता है और अपनी सुरक्षा के लिए समाज की मानसिक प्रगति को रोकने का प्रयास करता है। यह आश्चर्य की बात नहीं है कि धर्मसत्ता ने हमेशा राजसत्ता की अधीनता स्वीकार की है और धर्मसत्ता को न्याय तथा विषमता के विरुद्ध आवाज उठानेवाली ताकत के रूप में नहीं देखा जाता है। पहले वह सामन्तवाद के साथ थी, अब पूँजीवाद के साथ उसका गठबन्धन है। धर्म ने साम्राज्यवाद से भी दोस्ती कर रखी है। जब भारत में ब्रिटिश सत्ता कायम हो गयी, तब ईसाई पादरी साम्राज्यवादियों को यह समझाने नहीं आये कि तुम जो कर रहे हो, वह ईसा मसीह की सीख के विपरीत है, बल्कि खुद ही भारतवासियों को ईसाई बनाने लगे। धर्मसत्ता में बदलकर धर्म में शेर की ताकत आ जाती है और उसके सामने आदमी मेमना हो जाता है।

'आज के प्रश्न' पुस्तक शृंखला की इस कड़ी में इन्हीं सब बातों पर विचार किया गया है। निवेदन है कि इन बातों को आप जस की तस न मान लें, बल्कि इन पर चिन्तन-मनन और विचार-विमर्श करें। हमारा उद्देश्य कटुता फैलाना नहीं, बल्कि उसे रोकना है।

# धर्मसत्ता, राजसत्ता और बाजार

शंभुनाथ

यह एक विलक्षण मामला है कि भारत में धर्म को लेकर कोई एक धारणा नहीं है। हिन्दू धर्म कहते हुए ऐसे धार्मिक समाज का बोध होता है जिसमें आस्था की विविधता है और कोई एक सर्वमान्य धर्मग्रन्थ नहीं है। हिन्दुओं के रीतिरिवाजों, खान-पान, आराध्य देवी-देवताओं और पर्व-उत्सवों तक में इतनी भिन्नता है कि किसी को आश्चर्य हो सकता है कि ये सभी आखिरकार अपने को हिन्दू ही क्यों कहते हैं। इसके अलावा, हिन्दू होने के गर्व से लेकर शर्म तक और हिन्दू होने से एतराज की घटनाएँ भी उल्लेखनीय हैं। फिर भी इतना निश्चित है कि भारतीय जीवन में, जब से इसका इतिहास है, धर्म तभी से एक निर्णायक मामला रहा है। आज भी भारत एक धार्मिक देश है, धर्म का आज भी बड़ा महत्व है। इसलिए ये प्रश्न महत्वपूर्ण हैं कि इस देश में धर्म और सत्ता के बीच क्या सम्बन्ध रहा है, हिन्दू मिथक कैसे बने, क्या राजनैतिक पहलुओं से स्वतन्त्र धर्म की कल्पना सम्भव है, धर्म के भीतर से सामाजिक लड़ाइयाँ किस तरह चली हैं और क्या नास्तिकता की छुटपुट वैयक्तिक घोषणाओं के बावजूद कोई समाज आज भी धर्म का विकल्प दे पाया है?

हम आज अति-आधुनिक दुनिया में कुछ अवसरों पर धर्म की शरण में अचानक आते अँगरेजीदाँ एलीट लोगों को देखकर विस्मित हो सकते हैं। जब अभिषेक का विवाह इनके मांगलिक होने के कारण पीपल के पेड़ से कराते हैं, जब अपनी जिन्दगी का आधे से ज्यादा हिस्सा अमेरिका में बिताने वाले शशि थरूर सुपर एडवांस व्यापारी महिला सुनन्दा पुष्कर से विवाह के वक्त धोती-कुर्ता पहन लेते हैं, केरल का मंगल वाद्य बजवाते हैं और रहस्यमय स्थितियों में इस पत्नी की आत्महत्या के बाद अस्थिकलश का ससमारोह विसर्जन करते हैं, जब अन्तरिक्ष वैज्ञानिक कोई भव्य राकेट लांच करने से पहले उसकी प्रतिकृति तिरुपति मन्दिर में ले जाकर बालाजी से स्पर्श कराते हैं या जब हिन्दू राजनैतिक नेता अक्सर इफ्तार पार्टी में जाते हैं और मुस्लिम नेता फतवा देते हैं या जब समलैंगिकता, लिव-इन रिलेशनशिप और जाति

प्रथा के प्रश्न पर धर्मशास्त्र की दुहाई दी जाती है या जब धार्मिक प्रवचन एक उद्योग बन जाता है और धर्म के अनगिनत व्यावसायिक वृत्त बन जाते हैं–यह सब देखकर आज भी धर्मसत्ता का बोध किया जा सकता है। धर्म के भीतर आज भी कैसे-कैसे खेल चलते हैं! ऐसे अवसरों पर धर्म की जगह बैठी होती है निर्बुद्धिपरक धर्मसत्ता।

धर्म के आसमान में गिद्ध और हंस दोनों हैं। धर्म के दो रूप हैं–सत्ता विमर्श और लोक विमर्श। मानव सभ्यता का विकास जादू, धर्म, विज्ञान और मुक्त बाजार यदि इन रास्तों से मानें तो कहा जा सकता है कि किसी ऐतिहासिक दौर में जादू की प्रधानता थी, किसी दौर में धर्म की और किसी दौर में विज्ञान की थी। आज मुक्त बाजार की प्रधानता है। जादू के दौर में धर्म न्यूनतम था और आज भी जब मुक्त बाजार की प्रधानता हे, धर्म के शोर के बावजूद धर्म न्यूनतम है।

फ्रेजर (1854-1941) की एक चर्चित किताब है, 'द गोल्डन बाउ'। इसमें कहा गया है कि भौतिक दृष्टि से एक काल में पत्थर युग था। इसी तरह प्रत्येक समाज में कभी जादू का युग था। यह जादू ही आदिम विज्ञान था। जादू में विश्वास टूट जाने के बाद समाज धर्म की ओर उन्मुख हुआ। धर्म ने जादू का स्थान ले लिया, क्योंकि प्रकृति पर नियन्त्रण करने, मानवीय जिज्ञासाओं को शान्त करने और सामाजिक समस्याओं को सुलझाने में जादू किसी जमाने में अक्षम हो चुका था। धर्म के शुरुआती दौर में जादू उससे थोड़ा-बहुत जुड़ा था, पर धर्म के विकास के साथ जादू का महत्व समाप्त हो गया। यह अलग बात है कि जादू और अन्धविश्वास आज भी हर धर्म में बड़े पैमाने पर मौजूद हैं, पर ये खारिज हो चुकी चीजें हैं। धार्मिक पुरोहितों के पहले जादूगरों और तांत्रिकों की सत्ता थी, वे अकेले काम करते थे। उनका ज्यादा से ज्यादा कोई एक सहायक होता था। धार्मिक पुरोहितों के सामाजिक मंच पर आने के बाद धर्म परिषदें बनीं, मन्दिर, चर्च, मस्जिद बनने शुरू हुए और ये पवित्र स्थल अनिवार्य हो उठे। आखेटक और भ्रमणशील अवस्था से निकलकर जब कृषि व्यवस्था बनी और गाँव बने, धर्म मनुष्य के आदर्श आचरण के रूप में आये। फ्रेजर ने उपर्युक्त पुस्तक में दिखाया है, किस तरह इजिप्ट में कभी वहाँ के जादूगर देवताओं को अपने अधीन रखते थे। उन्होंने हिन्दू धर्म पर चर्चा करते हुए लिखा है, इस धर्म में ब्रह्मा, विष्णु और शिव तांत्रिकों के अधीन हैं। उनके देवतागण पृथ्वी पर उतरने के लिए बाध्य हो जाते हैं। हिन्दू धर्म की उनकी समझ यह है कि सम्पूर्ण सृष्टि देवताओं के अधीन है, किन्तु देवतागण मन्त्रों के अधीन हैं और मन्त्र ब्राह्मणों के अधीन हैं। हिन्दू धर्म पर लिखनेवाले चार्ल्स विलकिंस (1750-1833), विलियम जोन्स (1746-94) और फ्रेडरिक मैक्समूलर (1823-1900) से फ्रेजर तक हम पाते हैं कि हिन्दू धर्म की बहुलता को नकारते हुए कुछ ग्रन्थों खासकर 'ऋग्वेद-गीता' या ब्राह्मण धर्म में सीमित करके देखा गया। उनकी कई टिप्पणियाँ

हैं, ज़ो इस देश की विरासत को एक हद तक उजागर करने के बावजूद 'ओरियंटलिज्म' से आक्रांत हैं। वे हिन्दू धर्म की बुनियादी भावना और वास्तविक अन्तर्विरोधों पर आधारित न होकर कुछ चुने हुए टुकड़ों पर आधारित हैं। हाल में अमरीकी लेखिका वैडी डोनीजर ने हिन्दुओं के वैकल्पिक इतिहास पर जो लिखा है, वह कुछ धार्मिक बिम्बों का उपहास करते हुए मनोरंजक ज्यादा है। उनकी पुस्तक 'द हिन्दूज : एन अल्टरनेटिव हिस्ट्री' काफी हलकी है, पर इस पर प्रतिबन्ध की भर्त्सना जरूरी है। डोनीजर की दृष्टि इस पर नहीं जाती कि किस तरह ईसाई धर्म में स्वर्ग-नरक, गैलेलियो को यातना और भूत-प्रेत जैसी चीजें भरी हुई हैं और वर्ण विद्वेष रहा है। दरअसल, हिन्दू धर्म का अँगरेजीपरस्त एलीट द्वारा उपहास और सड़कछाप सेंसरशिप एक ही सिक्के के दो पहलू हैं। अमेरिका का हाल का एक उदाहरण लें। 2014 में विकसित आधुनिक देश अमेरिका में 'परिवार' के प्रति संरक्षणशील दृष्टिकोण की वजह से फ्रांस के राष्ट्रपति अलांद को प्रोटोकोल के नाम पर अतिथि के रूप में बराक ओबामा और मिशेल ओबामा के बीच अकेले बैठना पड़ा। अमेरिका फ्रेंच राष्ट्रपति के प्रेम को स्वीकार करने के मामले में पसीना-पसीना हो गया! इनकी प्रेमिका मिशेल ओबामा के साथ नहीं बैठ पायीं। दरअसल सभ्यता की टकराहट ईसाइयत और हिन्दू धर्म के बीच है या खुद ईसाइयत के भीतर ही, यह तय करना मुश्किल नहीं है।

हर धर्म में लोक की आवाजें हैं। धर्म सत्ता के निरन्तर दाँव-पेंच के अलावा, धर्म समाज में साझे जीवन के उत्कर्ष और सृष्टि को समझने के उद्देश्य से जनमा था। यह भी उल्लेखनीय है कि सभ्यता के विकास के साथ धर्म में फेरबदल हुआ, यह सामूहिक चेतना के बावजूद कभी एकरूप या स्थिर न था। धर्म एक मिथ्या चेतना है, इससे अधिक महत्वपूर्ण बात यह है कि यह उत्पीड़ित लोगों का आखिरी शरणस्थल ही नहीं, उत्पीड़न से लड़ने का औजार भी इतिहास में कई बार बना। यह भी पाते हैं कि धार्मिक मिथकों में इतिहास छिपा रहा है। किसी धर्म पर धावा बोलने से पहले उसकी ऐतिहासिक भूमिका को समझ लेना चाहिए।

धर्मसत्ता से धर्म की टकराहट हमेशा हुई है। कई बार इस टकराहट से नये धर्म बने हैं। बौद्ध, जैन, और सिख धर्म इसी प्रक्रिया में बने। भक्ति आन्दोलन इसी प्रक्रिया में जनमा। यह भी देखना होगा कि खुद धर्मसत्ता कई बार विभाजित हुई। इसका उदाहरण शैव-वैष्णव संघर्ष है, कैथोलिक-प्रोटेस्टेंट संघर्ष और सिया-सुन्नी संघर्ष है। वैष्णव और शैव ही नहीं, शाक्त भी लड़ते रहे। हर धर्म में एक सामूहिक पक्ष के साथ एक वैयक्तिक पक्ष स्वाभाविक है। इक्कीसवीं सदी में धर्म के वैयक्तिक पक्ष का ह्रास हुआ है, अब जगह-जगह धार्मिक झुंड हैं, ऊँची धार्मिक दीवारें हैं और निर्बुद्धिपरकता जैसे शत्रु हैं। आज बुद्ध या कबीर जैसा आदमी मुश्किल है, जो उस तरह बोले और उसके बोलने का व्यापक असर हो।

धर्म और राजनैतिक सत्ता की साँठ-गाँठ से आज धर्म का अर्थ बदल गया है। ऊपर से बाजार का धार्मिक जाल विस्तृत हुआ है। याज्ञवल्क्य ने धर्म के लक्षण बताये थे—अहिंसा, सत्य, अचौर्य (ईमानदारी), पवित्रता, इन्द्रिय नियन्त्रण, दान, दया, तप और सहिष्णुता। उन्होंने ढाई हजार साल पहले एक तरह से यही कहना चाहा था कि जिसके होने से मनुष्य मनुष्य है और जिसके न होने से मनुष्य मनुष्य नहीं है, वही धर्म है। आज ये लक्षण कहीं बचे हैं तो गरीब और कम पढ़े-लिखे लोगों में बचे हैं। आज गरीबी में ही धर्म थोड़ा बचा है, अन्यथा अमीरी में अधर्म ही अधर्म है। भले अमीर लोग तिरुपति से लेकर रामदेव-रविशंकर तक श्रद्धा में कभी आपदमस्तक डूबे दिखाई दें।

वैदिक साहित्य और महाकाव्यों के युग के बाद पुराणों का समय आता है। प्राचीन अठारह पुराणों में भिन्न-भिन्न देवकथाएँ हैं, जिनमें कठोर और अतिरंजित पौराणिकता है। यह उस जमाने के धार्मिक पुरोहितों की देन है, जब धर्म सत्ता-संघर्ष का एक प्रमुख औजार बनता जा रहा था। पुराणों को हिन्दू धर्म का विश्वकोश कहा गया है। हम देखते हैं कि गुप्त काल से हिन्दू उपर्युक्त पौराणिकता से ज्यादा प्रभावित होने लगे थे। विभिन्न पुराणों में उन देवकथाओं का अति-चमत्कारपूर्ण और प्रतिस्पर्धा-परक धार्मिक रूपांतरण है, जो प्राचीन साहित्य में किसी रूप में मौजूद थीं। पुराण का अर्थ है, जो प्राचीन काल से जीवन्त हों। ढाई हजार साल पहले के साहित्य में जो मिथकीय कथाएँ थीं, उन्हें ग्रन्थकाल में अधिक चमत्कारपूर्ण, प्रतिस्पर्धापरक और कठोर बनाकर पुराणों का रूप दिया गया। ये निर्मित स्मृतियाँ हैं। इनका उद्देश्य साम्प्रदायिक धर्मानुशासन था, जबकि प्राचीन वैदिक साहित्य या महाकाव्यों में ऐसा लक्ष्य नहीं था। पुराण न इतिहास हैं और न इनमें रामायण-महाभारत की तरह सामाजिक बिम्ब हैं। इनका उद्देश्य जनता के मन में भय बैठाकर उस पर नियन्त्रण करना और सामन्ती मूल्य व्यवस्था को सुदृढ़ करना था।

धर्म का एक लक्ष्य मनुष्य को अज्ञान से निकालना है, ज्ञान की ओर ले जाना है। प्राचीन देवकथाओं के पौराणीकरण का लक्ष्य मनुष्य को अज्ञान के अंधकार में अधिकाधिक धकेलना है। पुराणों के दौर में सामाजिक विभाजन बढ़ा, हिन्दुओं के भीतर ही जमकर साम्प्रदायिक संघर्ष हुए और धर्म अपनी ऊँचाई खोने लगा। यह रिचुअलिस्टिक होता गया। इस युग में उच्च धार्मिक मूल्यों को त्यागकर शिव, विष्णु और दुर्गा को धार्मिक आस्था का केन्द्र बनाने की साम्प्रदायिक जंग छिड़ जाती है। इन देवताओं के सम्बन्ध में एक से बढ़कर एक अतिरंजित कल्पना की जाने लगती है। यही वह समय है, जब देवी-देवता अधिक से अधिक हथियारबन्द होने लगते हैं, हथियारों के जखीरों के स्वामी!

वैष्णव चेतना के मूल में मौजूद नारायण 'ऋग्वेद' में इन्द्र के सहायक देवता थे।

इनका परवर्ती युग में व्यापक मिथकीय रूपांतरण हुआ। ईश्वर की विभिन्न मूर्तियों का विष्णु में, फिर विष्णु का विभिन्न सामाजिक अवस्थाओं से गुजरते हुए अवतारों में विकास होता है। कच्छप और वराह के पशु-रूप से मामला नृसिंह के टोटम तक पहुँचता है, जहाँ पशु और मनुष्य दोनों हैं। उनकी छवि पृथ्वी के त्राता की है, सृष्टि और मानव जाति को विनाश से बचानेवाली सत्ता की। 'ऋग्वेद' के साधारण 'नारायण' असाधारण हो जाते हैं। वह लोक में छा जाते हैं, जब राम और कृष्ण के अवतार होते हैं।

एक अन्य लोकप्रिय मिथक है शिव का, जो अवतार के बिना जनदेवता हैं। पशुपति, भैरव, रुद्र आदि कई देवरूप शिव में मिश्रित हैं। भैरव एक भयंकर रूप है, वह धार्मिक सत्ता संघर्ष में ब्रह्मा का शिरच्छेद करता है। शिव के साथ ब्रह्मा और विष्णु के सत्ता संघर्ष में विष्णु का शिव के साथ कोई खास तनाव नहीं दिखता, यह उल्लेखनीय है। शिव से जुड़ा एक तथ्य यह है कि वह द्रविड़ और आर्य दोनों स्रोतों से विकसित देवता हैं। अपने 'अर्धनारीश्वर' रूप में पितृसत्ता और मातृसत्ता को जोड़ते हैं। अवतार न लेते हुए भी वह कई स्थानीय धार्मिक अवस्थाओं को समाहित कर महादेव बनते हैं। वह जितने क्रोधी हैं, उतने ही प्रेम से भरे हैं, और उतने ही भोले हैं। हिन्दू मिथकीय परिमंडल में एकमात्र घर-परिवारवाले देवता। पत्नी पार्वती और दो बेटे गणेश और कार्तिकेय। ये सभी देवता पशुओं-पक्षियों सहित एक उदात्त पर्यावरण के साथ हैं। शिव बैल और सर्प, गणेश चूहा और कार्तिकेय मयूर के साथ हैं। ये इसके संकेत हैं कि प्रकृति कैसे मनुष्य की विजयों में सहायक होती है। वैष्णवों की तरह शैवों ने भी अपना दर्शन विकसित किया। नौवीं सदी में शैव दर्शन का कश्मीरी स्कूल अस्तित्व में आया, जिस पर बाद में अभिनवगुप्त ने आनन्दवाद के संदर्भ में चर्चा की। एक भयंकर देवता से कला-साहित्य के ललित देवता के रूप में शिव का मिथकीय विकास एक अलग रास्ते से धार्मिक समरसता के द्वार खोलता है।

शिव और शक्ति का सम्बन्ध है। हिन्दू मिथकीय परम्परा में शाक्तों के उदय से महिषासुरमर्दिनी दुर्गा का घनिष्ठ सम्बन्ध है। इसमें सन्देह नहीं कि भारतीय समाज के मुख्यतः पितृसत्तात्मक होते हुए भी इसमें दुर्गा का बिम्ब लोकप्रिय है। वह मातृसत्तात्मक समाज में जनमी, खासकर जनजातियों के समाज में स्त्री पर राक्षस के अत्याचार के प्रतिरोध का भी बिम्ब है। जनजातीय स्त्रियाँ आज भी बाहर के पुरुषों द्वारा अत्याचार का शिकार होती हैं। मिथकीय कथा यह है कि महिषासुर ने अपने बल से तीनों लोक पर विजय पा ली, वह अत्याचार करने लगा। देवताओं ने मिलकर शिव की सहायता से एक सामूहिक शक्ति पैदा की, जो दुर्गा है। वह महिषासुरमर्दिनी बनी। स्त्री पर निर्भरता का यह एक अनोखा मिथकीय चित्र है, जो पितृसत्ता पर प्रहार

है। जब शैव और वैष्णव धाराएँ प्रभावशाली थीं, इनके समानान्तर शाक्तों का उदय हुआ। दुर्गा धीरे-धीरे काफी लोकप्रिय हो उठीं। यह भी उल्लेखनीय है कि महिषासुरमर्दिनी एक कुषाणकालीन मूर्ति (200 ई.) में बिना हथियार के एक महिष से लड़ती है। मूर्ति में यह है कि एक स्त्री महिष का गला पकड़कर अपने वश में करती है। इसमें सिंह उपस्थित नहीं है।

गुप्त काल (300-600 ई.) की मूर्तियों में उसके चार हाथ हैं। उनमें त्रिशूल जुड़ता है और सिंह का आसन भी। आठवीं सदी में उसकी दस भुजाएँ हो जाती हैं, सभी में हथियार होते हैं। और महिषासुर का वध अधिक प्रत्यक्ष हो जाता है (हिन्दू मिथ, हिन्दू हिस्ट्री, हेनरिख स्टीटेनक्रॉन)।

पुराण, मूर्ति और स्थापत्य कलाओं में देवताओं के मिथकीय विकास के कई तरह से संकेत हैं। गुप्त काल में ही विष्णु उपासना-परिधि का विस्तार हुआ, इसमें लक्ष्मी का देवी रूप शामिल हुआ। यह ऐतिहासिक दृष्टि से धनवृद्धि और समृद्धि का काल था। इससे भी स्पष्ट है कि देवी-देवताओं के मिथकीय रूप में निर्धारण में राजनैतिक सत्ता की कितनी बड़ी भूमिका है। आधुनिक युग में लक्ष्मी और गणेश दो भिन्न उपासना-परिधियों से आकर समान रूप में व्यापारियों के देवता बने। विष्णु की उपासना-परिधि में लक्ष्मी जुड़ीं तो शिव की उपासना-परिधि में दुर्गा लोकप्रिय होने लगीं, बल्कि, वह एक स्वतन्त्र मिथकीय सत्ता बन बैठीं।

हिन्दू मिथकों के पुराणीकरण के दौरान देवताओं के बारे में एक से बढ़कर एक अतिरंजित कल्पना की जाने लगी थी। उसका एक उदाहरण है 'श्रीमद्‌भागवत पुराण' में विष्णु के अवतारों और चमत्कारों की कथा। शक्ति की उपासना करनेवाले शाक्त पीछे क्यों रह जायें, उन्होंने 'देवी भागवत' की रचना की। इसमें दिखाया गया है कि श्रीपुर की स्वामिनी देवी दुर्गा ने ही यह सृष्टि बनायी। उसी ने ब्रह्मा, विष्णु और महेश को रचा। बारी-बारी से तीनों के सामने विवाह का प्रस्ताव रखा। इन तीनों और इन्द्र को उन्होंने अपनी पालकी ढोनेवाला कहार बना लिया। इसी तरह शिव पुराण में बाकी सभी देवता छोटे हैं, सबसे बड़े ईश्वर हैं महादेव। पुराणों में अतिरंजनाओं के साथ जो हिंसक प्रतिस्पर्धा है, वह धार्मिक पुरोहितों की देन है। उसका धर्म से कोई सम्बन्ध नहीं है। विडंबना यह है कि हिन्दुओं के धार्मिक मन में यह हिंसक प्रतिस्पर्धा आज भी सैकड़ों रूपों में सामने आती है और धर्म-भाव दबा रह जाता है।

गुप्त काल के बाद प्रचलित पौराणिक धर्म व्यवस्था में तरह-तरह से विद्रोह हुए। पिछड़ी और दलित जातियों के बीच से उस पर प्रश्न उठने लगे। इसका एक नतीजा यह है कि धर्म फिर प्रकृति पूजा, तन्त्र-मन्त्र, जादू-टोने में सीमित होने लगा। समाज में तांत्रिकों, सिद्ध पुरुषों और उनके चमत्कारवाद का आकर्षण बढ़ा। इसका सकारात्मक पक्ष यह है कि वर्ण व्यवस्था को जबर्दस्त चुनौती मिली। यदि एक तरफ

से छुआछूत की भावना फैलायी जा रही थी, तो दूसरी तरफ इसका विरोध हो रहा था। एक अन्य घटना है, इन सिद्धों का साहित्य संस्कृत भाषा को छोड़कर लोकभाषा में आया, जिससे जातीय भाषा की नींव पड़ी। इस दौर में धार्मिक विशेषाधिकार प्राप्त पुरोहित वर्ग समाज में भेदभाव फैलाने में लगा था, जबकि जमीन से बन रहे साहित्य में भेदभाव के खिलाफ आवाज थी।

ऊँचे लोगों के धर्म में सनातनता और सृजनात्मकता का सम्बन्ध टूट रहा था। वह अब सार्वभौम अपील की जगह संकीर्ण और बाह्याचार-केन्द्रित होता जा रहा था। एक समय धर्म का मुख्य मकसद विपत्तियों और अवरोधों में फँसे लोगों के जीवन को सुगम बना रहा हो, पर क्षमतावान लोगों के लिए वह राजनैतिक हिंसा का अस्त्र था। वह दार्शनिक बहसों की जगह न होकर हिन्दू मिथकों के सशस्त्रीकरण का मंच था। इस दौर में संन्यास और भोगवाद—इन दो अतिरंजित बिन्दुओं पर भारतीय सभ्यता खड़ी थी। ऐसे समय में सातवीं सदी से भक्ति आन्दोलन का भारत के दक्षिण में सूत्रपात हुआ। इसमें भौतिक जीवन और श्रम संस्कृति को महत्व देते हुए एक उच्चतर धार्मिक सत्ता की अनुभूति-प्रधान चीज थी। नारायण शैव सिद्ध तिरुमुलर ने कहा, 'मैंने गलती से माना था कि शरीर माया है, पर जाना कि इसके भीतर पूर्ण सत्य की अनुभूति की जा सकती है।' इस दौर में नायनार और आलवार भक्तों के अलावा सिद्धों, नाथों, सहजियों, वैष्णवों और बाउलों ने जाति प्रथा और बाह्याचार का जो विरोध किया, वह धर्मसत्ता को ही एक चुनौती थी। यह नयी चेतना दक्षिण से भारत की कई दिशाओं में फैली। हम 700 ई. से 1800 ई. के समय को 'आध्यात्मिक स्तर पर धार्मिक सुधार' का समय मान सकते हैं, जब धर्मसत्ता को विभिन्न कोणों से चुनौतियाँ दी गयीं।

कबीर ब्राह्मण पुरोहितों पर चोट करते हुए कह रहे थे, 'पंडिया कौन कुमति तुम लागे।' तुमने वेद-पुराण पढ़कर क्या किया? तुम उस गदहे के सामन हो, जो पीठ पर चन्दन लदे होने के बावजूद नहीं जानता कि क्या ढो रहा है। तुम्हें राम का मर्म ही नहीं पता है, जीवन नैया कैसे पार करोगे? सूरदास कृष्ण भक्त थे, पर कृष्ण को चुनौती देते हुए जैसे धार्मिक सत्ता पर प्रहार करते हैं। बच्चे खेलते वक्त कृष्ण से कहते हैं, 'खेलन में को काको गुसैयाँ।' तुम्हारे पास ज्यादा सम्पत्ति है, गाएँ हैं, इसलिए ज्यादा अधिकार न जताओ। हम लोग कोई तुम्हारा खाते-पहनते नहीं हैं। जाति-पाँति हम लोगों से ऊपर नहीं है, 'जाति-पाँति हमते बड़ नाही ना हीं बसत तुम्हारी छैयाँ।' कृष्ण खेल में हारकर भी हार नहीं मान रहे थे। इसलिए उनके विरोध में सभी बच्चे सत्याग्रह में बैठ गये। ईश्वर से नये प्रकार का सम्बन्ध करते हुए भक्त कवि अंधविश्वास, जाति प्रथा और धार्मिक बाह्याचार का विरोध करते हैं। उन्नीसवीं सदी से संगठित ढंग से समाज सुधार शुरू हुआ, पर भक्ति आन्दोलन भी मुख्यतः

समाज में सांस्कृतिक सुधार का ही आन्दोलन था, जिसे निरंकुश सामंती-साम्राज्यवादी शासकों ने तरह-तरह से बाधित किया।

धर्मों की जन्मभूमि आदिम अरण्य हो, रेगिस्तान हो, नदी तट हो या नगर हों, उनके आगमन पर कभी वैसी ही आशाएँ पैदा हुई होंगी जैसी औद्योगिक क्रांति के दिनों में भाप का इंजन बनने पर, प्रेम के उदय पर, सुधारवादी आन्दोलनों के उभार पर, देश की आजादी या वैश्वीकरण आने पर। विज्ञान की अनुपस्थिति में हजारों साल से धर्म ही मनुष्य का मार्गदर्शक थे। ईश्वर ही मनुष्य की पीड़ा का सहचर था। हिन्दू मिथक धर्म के संदेशवाहकों के रूप में ही सामने आये, जबकि हिरण्यकशिपु, रावण, कंस, अहिरमन या शैतान बर्बर सत्ता के प्रतीक थे। भौतिक स्थितियों में विकास के साथ हिन्दू मिथकों में नयी-नयी देववस्तुएँ जुड़ीं, नये-नये देवकार्यों की कल्पना की गयी, नयी-नयी उद्‌भावनाएँ आयीं। इन्द्र, राम, कृष्ण और शिव के मिथकों में रामायण, महाभारत तथा बाद के ग्रन्थों के जरिए अनगिनत कथाएँ जुड़ती गयीं। उन मिथकों में सैकड़ों साल में अनगिनत रूपान्तरण घटित हुए और इस तरह लोकविश्वास की भी अनगिनत तहें हैं। जिस तरह यह कहना कि हिन्दुओं का एकमात्र इतिहास यह है, एक किस्म का कट्टरवाद है, उसी तरह समानान्तर रूप से कुछ गिनी-चुनी चीजों को वैकल्पिक इतिहास के नाम पर पेश करना साम्राज्यवादी तोड़फोड़ है। निश्चय ही एक समय धर्मों के बल पर दुनिया के समाज जंगली दशाओं से बाहर निकलकर सभ्यता की राहों पर आगे बढ़े थे, सोचने की जरूरत है कि विज्ञान, टेक्नोलॉजी, राजनीति और इकोनामिक ग्रोथ आज समाज को जंगली दशाओं से कितना मुक्त कर पाये हैं।

वैश्वीकरण के बाद ही साम्प्रदायिकता ज्यादा बढ़ी है, 1992 में अयोध्या की बाबरी मस्जिद का टूटना वैश्वीकरण का भारत में पहला धार्मिक विस्फोट है। यह धर्म और राजनीति के सम्बन्ध का नहीं, धर्मसत्ता और राजसत्ता की साँठगाँठ का नतीजा है। धर्मसत्ता खुद सदियों से एक आततायी चीज है, ऊपर से राजनीति से उसके आधुनिक सम्बन्ध ने खून की नदियाँ बहायी थीं, दंगों से भय और असुरक्षा का माहौल तैयार किया, इसने वज्रपात यह किया कि धर्म को जीवन से बाहर निकाल दिया। यही वजह है कि आज चारों ओर धर्म की जगह पर निर्बुद्धिपरकताएँ हैं या धर्म के नाम पर मनोरंजन है। आज की राजसभाओं ने धर्म को वैज्ञानिक प्रभाव और सामाजिक सुधारों से दूर कर दिया है, विज्ञान और टेक्नोलॉजी के जमाने में ही। आज राम, कृष्ण और शिव आदर्श जीवन के प्रेरक की जगह अंधविश्वास और मनोरंजन की वस्तुएँ हैं और उनका शोर प्राचीन युगों से भी ज्यादा है। धर्म जब एक शोर हो, वही सबकुछ होता है—धर्म को छोड़कर।

हिन्दू धर्म ने विश्व बाजार में एक बड़ी जगह बनायी है। भारतीय अध्यात्म की

ओर कभी हिप्पी और बीटलिक आकर्षित हुए थे। बनारस उनका अन्तरराष्ट्रीय तीर्थ था, गंगा उनकी प्रेरणा थी। यन्त्र सभ्यता से घबराया पश्चिमी मन प्राचीनता के भारतीय स्वाद में पहले भी सुकून पाता रहा है। महेश योगी और रजनीश ने तनाव-रोधी कैपसूल के रूप में कभी अध्यात्म का भारी बिजनेस किया। दाढ़ी-केश बढ़ाये झक-झक सफेद या गेरुआ कपड़ों में रुद्राक्ष की माला लटकाये साधु-संन्यासी पश्चिमी आधुनिक विकास का एक आकर्षक कंट्रास्ट रचते हैं। नतीजतन भारतीय अध्यात्म पर डालरों की भारी बरसात होती है। भारतीय गुरु नदी के दोनों किनारों—भौतिकता और अध्यात्म— पर एक साथ चलने की कला सिखाते हैं। ऐसे गुरुओं को भक्त कवियों और उनके सांस्कृतिक सुधार आन्दोलन से कोई मतलब नहीं है। धर्मसत्ता ने ही नहीं, आज राजसत्ता और बाजार सत्ता ने भी सुधारों का रास्ता छोड़ दिया है और निर्बुद्धिपरकता के रास्ते पकड़ लिये हैं।

(मो. 09007757887)

# धर्म बनाम धार्मिकता

## कुमार प्रशांत

गाँधी अपने धर्म-युद्ध पर निकल पड़े थे—जैसे अश्वमेध का घोड़ा छूटा हो! चुनौती यह नहीं थी कि कोई इस घोड़े को रोक कर तो दिखाये; निवेदन यह था कि जो जब, जहाँ चाहे इसे रोक ले ताकि संवाद हो! वैचारिक क्रान्ति का ऐसा अभियान छेड़े रहना उनकी आदत भी बन गयी थी और फितरत भी! इस बार बहाना था—अस्पृश्यता निवारण व हरिजनों का मन्दिर प्रवेश! पूरे देश की नसों में आग घोलते वे किसी सुनामी की तरह बढ़े जाते थे और पीछे वैसा ही विनाश छोड़ते जाते थे कि जैसा विनाश सुनामी रचती है। बस, फर्क इतना ही था कि उनकी सुनामी मौत नहीं रचती थी; या कि हमारे कल्मषों की मौत और नवीनतम भावों का उन्मेष साथ-साथ हो रहा था।

अपने मन-प्राणों का पूरा बल समेट कर वे हमारे मन-प्राणों के हर अँधेरे गह्वर पर हमला कर रहे थे और तथाकथित धर्म, सम्प्रदाय, जाति आदि की जड़ मान्यताएँ क्षत-विक्षत होती जा रही थीं। लेकिन क्षत-विक्षत होना मरना नहीं होता है, घायल होना होता है; और यह कहा ही गया है कि घायल शेर जिन्दा, स्वस्थ शेर से भी ज्यादा खतरनाक होता है; कहा ही गया है कि साँप को घायल कर मत छोड़ो क्योंकि वह ज्यादा मारक हो जाता है। लेकिन अहिंसक लड़ाई का शास्त्र इससे अलग ही कहता है—वहाँ मनुष्य को मारना वर्जित है, वह कहता है कि तुम अर्जित करो वह शक्ति कि जिससे उसकी सारी पुरानी मान्यताओं-मूल्यों को झकझोर सको; झकझोर कर उसे छोड़ दो ताकि अपने किसी प्रकाश-क्षण में वही आदमी अपने लिए नये मानक-मूल्य सृजित कर सके। अहिंसक शास्त्र कहता है कि संशय रखो। जिनकी पुरानी मानक-मूल्यों-मान्यताओं को तुमने झकझोर दिया है, वह आदमी नये मानक-मूल्य अपनायेगा ही क्योंकि मनुष्य मूल्यों के बिना रह ही नहीं सकता है जैसे वह साँस के बिना नहीं रह सकता है। देश-समाज को देखना यह चाहिए कि वह जिस नयी हवा में साँस लेगा, वह हवा जहरीली न हो। बस, आस्था की यही डोर थामे हुए वह सारे देश में घूम रहा था।

दक्षिण भारत के अलप्पी में, 18 जनवरी 1933 की एक आम सभा! हरिजनों के मन्दिर प्रवेश की उनकी अकाट्य पैरवी और उनके प्रभाव में उस निषेध की तेजी से टूटती दीवारों व अस्पृश्यता के खिलाफ उनकी उफनती भावनाओं से घबराये सवर्णों ने इसी सभा में उनका मुकाबला करने की ठानी; और सनातनी हिन्दू होने का जिसका दावा था उस गाँधी के सामने ब्रह्मास्त्र चलाये बगैर कोई रास्ता नहीं है, यह मान कर, उनसे सीधे यही कहा : यह सब जो आप कह व कर रहे हैं, इससे तो हिन्दू धर्म का नाश हो जायेगा! गाँधी पल भर भी नहीं ठिठके और वज्र-सी यह बात बोले—मुझे इसकी फिक्र नहीं है! अगर मेरे ऐसा कहने व करने से हिन्दू धर्म का नाश होता हो तो हो, क्योंकि अभी मैं हिन्दू धर्म को बचाने नहीं आया हूँ। आप मेरे शब्द लिख लें : मेरे इस अभियान का इससे कोई वास्ता नहीं है कि इससे हिन्दू धर्म मजबूत हो रहा है कि कमजोर हो रहा है कि उसका विनाश हो रहा है! मैं अभी जो कर रहा हूँ उसके सही होने के प्रति मैं इतना पक्का हूँ कि यदि मेरी इस भूमिका से हिन्दू धर्म कमजोर होता है तो मैं उसका कुछ भी नहीं कर सकता, न मुझे उसकी फिक्र ही है। मैं इस धर्म का चेहरा बदल देना चाहता हूँ।

धर्म का चेहरा बदल देने का संकल्प लेनेवाला यह आदमी कितना धार्मिक था? अपनी धार्मिकता के बारे में जैसा दावा गाँधी का था वैसा दावा शायद ही किसी दूसरे ने किया हो! यह बात गौर करने जैसी है कि गाँधी के जीवन में मन्दिर, मूर्ति, मन्त्र, पूजा, अनुष्ठान, ध्यान, समाधि जैसा कोई वितान था ही नहीं। वे अपने धार्मिक होने का कोई प्रतीक-चिह्न भी धारण नहीं करते थे। हम उनके पास प्रार्थना का अटूट क्रम पाते हैं लेकिन उनकी अटूट प्रार्थना में हम एकान्त नहीं पाते हैं। वे अनन्त कोलाहल के बीच भी अपना एकान्त खुद ही रच लेते थे, यह अलग बात थी, बाकी उनकी प्रार्थना भी सार्वजनिक सभा के रूप में ही होती थी—वह कहलाती ही थी बापू की प्रार्थना सभा! खुली जगह पर, सार्वजनिक तौर पर और सर्वधर्म प्रार्थना! और प्रार्थना के बाद होती थी गाँधी की सभा जिसमें पूरा इनसान और सारे इनसान समाये होते थे। आचार्य कृपालानी ने अपनी परेशानी बतायी है : मैं पक्का नास्तिक आदमी! प्रार्थना आदि में कभी जाने-बैठने का सवाल ही नहीं होता था। लेकिन परेशानी यह आयी कि यह आदमी प्रार्थना में ही अपनी राजनीतिक बातें भी करता था। इसे सुनना-समझना हो तो प्रार्थना में जाना ही होगा, ऐसी स्थिति थी और जब मैं उसकी प्रार्थना में बैठने लगा और तब यह समझ में आया धीरे-धीरे कि इस आदमी के पास खाँचे हैं ही नहीं!

गाँधी धर्म का चेहरा बदलने की बात करते हैं। जहाँ हर धर्म के नाम पर लोग अपने चेहरे बदल लेते हैं, वहाँ यह आदमी जो कह रहा है, उसका मतलब क्या है! धर्म

का चेहरा! कैसा होना चाहिए धर्म का चेहरा? देव का नहीं तो दानव का भी नहीं, कम-से-कम मनुष्य का तो हो! मनुष्य जिस सूरत से भय खाये और जिस सूरत की रक्षा में आपको हमेशा तलवार उठाये रखनी पड़े, वह क्या किसी ऐसे धर्म की सूरत हो सकती है जो मनुष्यों को जोड़ता हो, उनके चित्त को उदात्त बनाता हो, जो उनके कल के और आज के और कल के कर्तव्यों और विचार-भूमि को सींचता व पाटता हो? इसलिए तो सारे संसार में जितना रक्तपात धर्म की रक्षा के नाम से हुआ है, उतना साम्राज्यवादी या राजनीतिक कारणों से भी नहीं हुआ है। एक अर्थ में देखें तो दुनिया भर में धर्म साम्राज्यवादी शक्तियों का सफरमैना बन कर चला है और शनैःशनैः उसने उनके कपड़े भी पहन लिए हैं। जब मन बदला, चाल बदली और कपड़े भी उनके ही पहन लिए तब फिर फर्क नहीं पड़ता है कि उसने धोती पहनी है कि लुंगी; गले में सलीब पहन रखी है कि रुद्राक्ष की माला; वह पवित्र अग्नि की इबादत करने आतशबहेराम जाता है कि कड़ा-कच्छा-कृपाण लेकर स्वर्ण मन्दिर; उसके पास गीता या कुरआन या बाइबल या समणसुत्तम् कि जपुजी कि गुरु ग्रन्थसाहब है कि जिसके पन्ने भी उसने कभी पलटे नहीं! धर्म उस दिन से अधर्म में बदलने लगा जिस दिन से हमने उसे गिनने, तोलने, नापने, बेचने, बदलने की वस्तु बना दिया।

फिर आया पश्चिमी ढंग का लोकतन्त्र जिसने संख्यासुर का बीज बोया! इसने आदमी की गुणात्मकता को खारिज कर दिया और संख्या को देवता बना दिया। दोष तब भी कम नहीं था जब गुणात्मकता को डंडा बनाकर सुविधाप्राप्त लोग आम जन को खारिज करके चलते थे! फिर जैसे-जैसे सामाजिक चेतना फैलने लगी, इस सुविधाप्राप्त वर्ग की विशिष्ट स्थिति पर चोट पड़ने लगी। तब इसी वर्ग ने एक नयी चाल चली और संख्याबल का आधार सामने रखा! तभी से बन्दों को तौलने का नहीं, गिनने का दर्शन मान्य हुआ; और कहीं अँधेरे में यह बात भी इसमें जोड़ दी गयी कि गिनने का ये सारा कीमिया उसी विशिष्ट वर्ग के हाथ रहेगा जिसके हाथ में समाज तब था जब गुणों के आधार पर उसका संचालन-नियमन होता था, क्योंकि ऐसे सारे गुणा-भाग की अक्ल तो इनके पास ही थी! संख्या किसकी है, यह गिनने का अधिकार और यह गिनने का तन्त्र अपने हाथ में रख कर, इस वर्ग ने संख्यासुर का ऐसा दानव स्थापित कर दिया जिसने समझदारी व विवेक को नहीं, उन्माद को हथियार बना दिया! उसकी विषबेल सब दूर ऐसी फैली कि धर्म क्या है, क्यों है और कैसे है, मानव समाज में इसकी भूमिका क्या है जैसी बातें निरर्थक होती गयीं और यह गिनती ही अन्तिम सत्य बन गयी कि किस धार्मिक संकल्पना के पीछे कितने लोग हैं। लोग यानी भीड़—भीड़ यानी जिसके पास गिनने को सर होते हैं, नापने को विवेक नहीं होता; चलनेवाले

अनगिनत पाँव होते हैं, दिशा दिखनेवाली आँख नहीं होती! भीड़ की ताकत है कि उसमें कितने लोग हैं और उनका उन्माद कितना अंधा है! धर्म को हमारे विश्वास का निजी तत्व नहीं, एक ऐसा सार्वजनिक हथियार बना दिया गया जिससे हर वह गर्दन काटी जाने लगी जो सर को थामने का काम करती है।

धर्म का सीधा मतलब होता है—वह जो धारण करता है! वह जो सँभालता है; वह जो दशा समझता है और दिशा देता है! निजी स्तर पर धर्म वह है जो हमारा स्वभाव है—आग का धर्म है कि वह जलाती है, पानी का धर्म है कि वह गीला करता है, हवा का धर्म है कि वह बहती है, रोशनी का धर्म है कि वह अँधेरा काटती है। करुणा मनुष्य का धर्म है क्योंकि वह सहज स्वभाव से ही करुणाप्रेरित होता है! निजी स्तर पर यदि यह धर्म है तो धर्म का सामाजिक मतलब उस संकल्पना से प्रेषित होता है जिसे समाज धारण करता है ताकि वह उसे धारण कर ले! यह कुछ वैसा है जैसे हम भारतीय संविधान के प्रारम्भ में ही कहते हैं कि हम भारत के लोग अपना संविधान बना कर, इसे अपने ऊपर लागू करते हैं। हर दौर का समाज अपने नियमन, संचालन व व्यवहार के लिए एक वह साँचा या ढाँचा बनाता है जिसके भीतर वह समझता है कि उसका बसर हो सकता है; कि जिसके भीतर उसके गुणों के विकास की पूर्ण संभावना है। वह उसके सारे यम-नियम तय करता है जिसके बन्धन में रहना उसे श्रेयस्कर लगता है। वह पुरस्कार व निषेध के वे सारे मानक बनाता है जिनसे बँधकर जीना उसे गुलामी की तरफ नहीं, उत्तरोत्तर विकसित होती स्वतन्त्रता की तरफ ले जाता है।

यह समझना जरा भी कठिन नहीं होना चाहिए कि सारे समाज को बाँधनेवाली, सारे समाज को स्वीकार हो, ऐसी संकल्पना का अवगाहन कोई विशिष्ट प्रतिभासम्पन्न व्यक्ति ही कर सकता है। इसलिए यह अकारण नहीं है कि हर धार्मिक संकल्पना का कोई-न-कोई विशिष्ट प्रज्ञावान जनक होता है—कहीं ईसा तो कहीं गौतम, कहीं मुहम्मद तो कहीं महावीर, कहीं जरथुष्ट्र! मतलब यह कि संसार के सारे धर्म अपने-अपने समय के समाज को सँभालने के लिए मनुष्य ने खुद ही बनाये हैं। भगवान बेचारे की इसमें कोई भूमिका नहीं रही है, लेकिन सारे धर्म टिके इसी मान्यता पर हैं कि इनका कोई-न-कोई दैवी आधार है! ऐसा इसलिए कि सामान्यतः मनुष्य मनुष्य की बनायी व्यवस्था में बँध कर हमेशा-हमेशा रहेगा, उसे इतना विवेकवान बनाने की मशक्कत हम करना नहीं चाहते हैं और वह इतना विवेकवान हो सकता है, इस पर हमारा विश्वास नहीं होता है। इसलिए मनुष्य के बनाये धर्म को हम आधार ईश्वर का ही दे देते हैं—ईश्वर यानी मनुष्य द्वारा रची एक ऐसी संकल्पना जो मनुष्य से भी बड़ी व सामर्थ्यवान हो गयी है।

इसलिए हर धर्म की जन्मकथा किसी दैवी घटना या अवतार या किताब या चमत्कार से जुड़ी होती है। यह समझना बहुत टेढ़ी खीर नहीं है कि यदि धर्मों के रचने में सर्वशक्तिमान भगवान का हाथ होता तो वह इसके इतने-इतने संस्करण तो नहीं बनाता! उसने सारी दुनिया में इनसान तो एक ही तरह के बनाये—बाहर से भी और भीतर से भी! फिर उसे इतनी फुर्सत भला कैसे मिली, और जरूरत कैसे आन पड़ी कि उसने धर्मों के इतने संस्करण बनाये और वे भी ऐसे कि एक-दूसरे को काटते हों; और ऐसे काटते हों कि उसी आधार पर, उसके अनुयायी एक-दूसरे की गर्दन काटते हों? नहीं, संसार के सारे धर्म इनसानों ने, अपने-अपने वक्त के समाज की जरूरतों को पूरा करने के लिए बनाये हैं और इसलिए इनसानों को यह पूरा हक है कि वे जब भी और जहाँ भी जरूरी समझें, धर्मों में फेर-बदल करें या कि एक सर्वथा ही नया धर्म सामने ला सकें! अगर वैदिक धर्म को हम अपना सबसे पुराना धर्म मानते हैं तो हमारे बीच सबसे नया धर्म वहाई धर्म है और ये सभी अपनी पूरी हैसियत व मान्यता के अधिकारी हैं।

धर्म और धार्मिकता का सवाल काफी उलझाता है कि इनके बीच के फर्क को कैसे देखें व समझें! शायद सबसे आसान होगा कि हम खुद से पूछें कि जब हम किसी के बारे में यह सुनते हैं कि वह सच्चा मुसलमान है, तो हमारे मन में क्या तस्वीर उभरती है? सच्चा मुसलमान है तो दाढ़ी रखता होगा, लुंगी या लंबे पाँयचेवाला पाजामा पहनता होगा, पाँच वक्त की नमाज जरूर पढ़ता होगा, गो-मांस खाता होगा! कहीं भी चले जायें हम और किसी से भी पूछें तो एक सच्चे मुसलमान की परिकल्पना कुछ इधर-कुछ उधर कर के ऐसी ही होगी। फिर हम खुद से पूछें कि जब हम किसी के बारे में यह सुनते हैं कि वह सच्चा हिन्दू है, तो हमारे मन में क्या तस्वीर उभरती है? सच्चा हिन्दू है तो तिलक लगाता होगा, जनेऊ धारण करता होगा, बिना पूजा-अर्चना के मुँह में जल भी नहीं लेता होगा, सुबह-शाम मन्दिर जाता होगा, गो-ग्रास जरूर देता होगा, जाति व्यवस्था को मानता होगा, ऊँची आवाज में हर-हर महादेव का घोष करता होगा! कहीं भी चले जायें हम और किसी से भी पूछें तो एक सच्चे हिन्दू की परिकल्पना कुछ इधर-कुछ उधर कर के ऐसी ही होगी।

ऐसा ही सारे धर्मों के बारे में सच है।

अब इसी परिकल्पना को एक दूसरे स्तर पर टटोलें हम! जब हम सुनते हैं कि फलाँ आदमी बड़ा धार्मिक है तो हमारे मन में क्या तस्वीर उभरती है? यह सुनते ही हम एक ऐसे आदमी की परिकल्पना करने लगते हैं जो दयालु और ईमानदार होगा, सब की मदद करता होगा और सब को साथ लेकर चलता होगा, भूखे की भूख और प्यासे के पानी की चिन्ता करता होगा! वैष्णव जन तो तेणे कहिए जे पीड़ परायी

जाणे रे—जैसा कोई उदात्त भाव उभरता है मन में जब हम किसी के धार्मिक होने की बात सुनते हैं। तब कपड़े, तिलक-टीका, जनेऊ-टोपी, लुंगी-धोती, नमाज-प्रार्थना सब जैसे संदर्भहीन हो जाते हैं और जो बचा रहता है वह एक खालिस मनुष्य होता है। धर्म संकीर्ण करता है, बाँधता है, आदमी के विकास को एक खास बिन्दु से आगे जाने देना नहीं चाहता है क्योंकि मानवीय चेतना का सीमित विकास ही संगठित धर्मों का आधार है।

धर्म जब अपने सारे केंचुल उतार कर समाज के सामने खड़ा होता है तब धार्मिकता उन बाह्य प्रतीकों को काटने के बाद आकार लेती है। मैं ऐसे कहूँ तो बात शायद ज्यादा साफ होगी कि धर्म जब आदमी की चमड़ी के भीतर उतरता है तब आदमी धार्मिक बनने लगता है। धर्म की जकड़बन्दी जैसे-जैसे टूटने लगती है, धार्मिकता सर उठाने लगती है। संगठित धर्म के ठेकेदार सावधान रहते हैं कि आदमी धर्म के दायरे के बाहर न जाये, क्योंकि संगठित धर्मों के दायरे के बाहर निकलते ही वह आदमी बनने लगता है और आप ज्यों-ज्यों आदमी बनने लगते हैं, धर्म के काम के नहीं रह जाते हैं। जैसे ही धार्मिकता आपके केन्द्र में बसने लगती है, संगठित धर्म आवाज लगाता है : धर्म खतरे में है!

महात्मा गाँधी अपने विकास-क्रम में संगठित धर्मों से कई स्तरों पर रू-ब-रू हुए और बार-बार उन्हें धर्मों के ढूह-खँडहर पार करने पड़े, जमींदोज करने पड़े; और फिर-फिर मानवीय चेतना के नये आयाम खोजने व प्रतिष्ठित करने पड़े। वे जिस धर्म में पैदा हुए और जिसमें गहरी धँसी उनकी जड़ें उन्हें रससिक्त भी करती रहीं, उसकी अपूर्णताओं को जिस तरह उन्होंने पहचाना और जिस तरह उन्हें परिपूर्ण करने की अविरत कोशिश उन्होंने की, उसका आकलन आज तक किसी धर्मविद् पर उधार है। अपने धर्मों में सुधार की लड़ाई लड़नेवाले और भी हैं, और उनकी लड़ाई के फलस्वरूप धर्मों की सर्वथा नयी शाखाएँ भी फूटी हैं लेकिन उनमें से कोई भी धर्म की भूमिका को ले कर हमारे सामने वैसे गहरे सवाल खड़े नहीं कर सका जैसे सवाल गाँधी ने खड़े किये।

गाँधी ने धर्मों का गहन अध्ययन किया था, ऐसा कहना शास्त्री लोगों को नागवार गुजरेगा, क्योंकि विद्वत्-समाज ने कभी गाँधी को अपने साथ बैठने की इजाजत नहीं दी। वे शास्त्रीय किस्म के बौद्धिक थे भी नहीं! जयप्रकाश नारायण ने एक बार बड़े खूबसूरत शब्दों में इस फर्क को पहचाना था। उन्होंने कहा कि महात्मा गाँधी हम युवा समाजवादियों-मार्क्सवादियों के बौद्धिक मन को उस तरह छूते नहीं थे जिस तरह जवाहरलाल छूते थे! और ऐसा इसलिए था कि हम भी किताबों से निकले थे और जवाहरलाल भी! महात्मा गाँधी किताबों से पैदा नहीं हुए थे, किताबें

उनसे पैदा होती थीं। वे इस हद तक मौलिक थे कि उनकी कही बातों, स्थापनाओं को समझने में मुझे वर्षों लगे हैं। इस संदर्भ को समझें हम तब हम यह भी समझेंगे कि धर्म-ग्रन्थों से बाहर निकल कर, गाँधी ने धर्मों का गहरा अध्ययन किया था। वे कहते हैं : 'वेदों के संदर्भ में मैंने जान-बूझ कर कहा कि वे अपौरुषेय हैं—ईश्वरीय विशेषण का प्रयोग नहीं किया। कारण, मैं ऐसा नहीं मानता कि सिर्फ वेद ही अपौरुषेय हैं। बाइबल, कुरान तथा जेंद अवेस्ता के पीछे भी मैं उतनी ही ईश्वरीय प्रेरणा पाता हूँ। इसके अलावा, हिन्दू धर्मग्रन्थों में मेरा विश्वास मुझे यह नहीं कहता कि उनके एक-एक शब्द, एक-एक पंक्ति को ईश्वरप्रेरित मानूँ। न मैं ऐसा ही कोई दावा करता हूँ कि मैंने इन अद्‌भुत ग्रन्थों का मूल रूप में स्वयं अध्ययन किया है। लेकिन मेरा यह दावा जरूर है कि तत्वतः वे जो कुछ सिखाते हैं, उस सत्य को मैं जानता हूँ और उसका अनुभव करता हूँ। उनकी चाहे जितनी पांडित्यपूर्ण व्याख्या की जाये, अगर वह मेरे विवेक और नैतिक बुद्धि को नहीं रुचती है तो मैं ऐसी किसी भी व्याख्या को बंधन स्वीकार करने का तैयार नहीं हूँ।' (यंग इंडिया, 6 अक्टूबर 1921)

अपने धर्म के अलावा गाँधी ने दो धर्मों को बहुत करीब से देखा और समझा। एक वह धर्म जिसके अनुयायियों के देश में वे छात्र बन कर पहुँचे थे— ईसाई धर्म! बाइबल उन्होंने खास तौर पर पढ़ी थी क्योंकि वे बाइबल के देश में ही अपनी चेतना की आँखें खोल रहे थे। न्यू टेस्टामेंट और ईसा के 'गिरि-प्रवचन' का हिस्सा उनका खासा प्रिय हुआ। वे प्रारम्भ से ही इतने सच्चे थे कि उनके सम्पर्क में आनेवाला हर कोई उन्हें अपने साथ करना चाहता था और इसलिए उनके ईसाई मित्रों ने यह कोशिश की कि गाँधी ईसाई धर्म स्वीकार कर लें। इस्लाम के साथ भी उनका सफर लम्बा चला और उनके मुसलमान सहयोगियों ने भी इसकी काफी कोशिश की कि गाँधी इस्लाम कबूल कर लें। ईसाई और इस्लाम के इन अनुयायियों की इन कोशिशों का गाँधी को पता नहीं चला, ऐसा नहीं था। वे धर्म परिवर्तन को राजी नहीं हुए, इसमें कोई खास बात नहीं थी। खास बात इसमें थी कि वे इस नतीजे पर पहुँचे कि कि संसार के सारे ही धर्म अपूर्ण हैं क्योंकि सभी अपूर्ण इनसानों द्वारा रचे गये हैं। वे मानते हैं कि संसार का कोई भी धर्म कालातीत नहीं है और इसलिए उनकी मूल्य-मान्यताओं की समीक्षा करने का आदमी को अधिकार है। वे बार-बार जोर दे कर कहते हैं कि धर्म की कमियों-बुराइयों से आप धर्म बदल कर नहीं लड़ सकते, क्योंकि आप अपने जन्म धर्म से निकल कर जिस धर्म में जायेंगे, वहाँ भी स्थितियाँ ऐसी ही मिलेंगी। वे बार-बार कहते हैं कि हमें अपने-अपने जन्म-धर्म को परिपूर्ण करने की ही कोशिश करते रहनी चाहिए, क्योंकि यह दूसरे धर्मावलंबियों को भी ऐसा प्रयास करने की प्रेरणा देता है। वे निजी विश्वासों के आधार पर धर्म-परिवर्तन के

अधिकार को स्वीकार करते हैं लेकिन उनकी आधारभूत मान्यता यह थी कि हमारी सावधान कोशिश यह होनी चाहिए कि सभी अपने धर्म के सच्चे अनुयायी बनें, हम इसमें मदद करें।

उनके आश्रम में एक अँगरेज लड़की रहने आयी। हुआ कुछ ऐसा कि इधर वह लड़की आश्रम पहुँची और उधर गाँधी जी जेल भेज दिये गये। गाँधी जेल में हैं लेकिन इस चिन्ता में हैं कि कहीं उनके साथी उस लड़की के लिए आश्रम को ही जेल न बना दें! वे बार-बार उस लड़की को पत्र लिखते हैं और उसे समझाते हैं कि उसे आश्रम को कैसे देखना चाहिए। वे आश्रम के व्यवस्थापकों को भी लिखते हैं कि उन्हें आश्रम के कौन-से नियम इस लड़की के लिए ढीले कर देने चाहिए। नियम था कि आश्रम की प्रार्थना में सब समय से पहुँचें। इसके अपवाद इक्का-दुक्का ही हुआ करते थे। उस लड़की को इससे परेशानी हो रही थी तो गाँधी ने जेल से निर्देश दिया कि उस लड़की को इस नियम से मुक्ति दे दी जाये। गाँधी जेल में ही थे जब उस लड़की की भारत से वापसी हुई। गाँधी ने उसे लिखा : मैं चाहता यह हूँ कि तुम वापस जाते हुए पहले से बेहतर ईसाई बन कर जाओ। हम सभी अपने धर्मों के सच्चे अनुयायी बनें तो धर्मों द्वारा खोदी गयी अलगाव की खाई पाटी जा सकती है, यह धार्मिकता की टेक है।

अपनी धर्म-यात्रा में गाँधी एक ऐसे मुकाम पर पहुँचे जहाँ उन्होंने कहा : ईश्वर ही सत्य है! लेकिन उस यात्रा-क्रम में वे आगे इस नतीजे पर पहुँचे कि ऐसे तो सभी संगठित धर्मों को यह मौका मिल जाता है कि वे अपने-अपने ईश्वरों को दूसरे के ईश्वरों से आमने-सामने कर दें और वही पुराना मुकाबला जारी रहे! और फिर उनका सफर बढ़ता हुआ इस मुकाम पर पहुँचा कि वे कह उठे : सत्य ही ईश्वर है!

मन के स्तर पर एक क्रांति घट गयी! गाँधी से पहले किसी भी धार्मिक अवतार ने, किसी भी समाज सुधारक ने, किसी भी पैगंबर या ऋषि ने ऐसा नहीं कहा था। यह ऐसा आर्षवचन था जिसने एक झटके में वह घटित कर दिया जो मानवीय चेतना के ऊर्ध्वगामी विकास में अब तक कभी घटा नहीं था। गाँधी के इस अनुभूत सत्य ने सारे धर्मों की दीवारें गिरा दीं। धर्मोपदेश की ऐसी चुनौती को सामने खड़ा कर दिया जिसमें दीवारें खड़ी करने की नहीं, दीवारें गिराने की खोज करनी थी; हर धर्म को मनुष्यों में विभाजन करने का नहीं, एकात्मकता पैदा करने का मार्ग खोजना है, गाँधी ने यह नयी भूमिका हमारे सामने रखी। धर्म पीछे छूट गये, धार्मिकता अपनी पूरी प्रखरता के साथ उभर आयी।

गाँधी मानवीय चेतना के इस बिन्दु तक हमें पहुँचा कर विदा हुए! हमने जब उन्हें गोली मारी तब वे ऐसी ही साधना का कर्म-पक्ष तलाश रहे थे और भारत के विभाजन की नैतिक व राजनीतिक भित्ति को ढहाने का तानाबाना बुनने में लगे थे।

जिन लोगों ने विभाजन का आधार धर्म को बनाया था—मुहम्मद इकबाल से ले कर सावरकर, जिन्ना, गोलवलकर—उन सबको वे एक दूसरे धरातल पर ले जाने में लगे थे जहाँ धर्म नहीं, संस्कृति से राष्ट्र बनते हैं। इसलिए धर्मों को पीछे छोड़ते हुए, वे हमें एक नये दायित्व से जोड़ गये—सबमें धार्मिकता को प्रतिष्ठित करो; वही ऐसे धर्म की प्रस्थापना करेगा जो सार्वभौम होगा!

भारत इस अर्थ में नियति का चुना हुआ देश है कि यहाँ वह प्रयोग संभव है जिसकी संभावना गाँधी ने देखी और साबित करने की कोशिश की। यहाँ आज से नहीं, सदियों से वे सारे धर्म साथ रहते आये हैं जो दुनिया के दूसरे हिस्सों में एक-दूसरे का अस्तित्व भी स्वीकार करने को तैयार नहीं होते हैं। दुनिया के सारे जीवित धर्मों का एक-न-एक आराधक भारत की इस धरती पर, कहीं-न-कहीं रहता है और हमारा संविधान व हमारी परम्परा, आस्था के उसके निजी अधिकार को स्वीकार भी करती है और उसकी रक्षा का आश्वासन भी देती है। ऐसा नहीं कि हम आपस में टकराते नहीं हैं, साथ रहने की इस कला में विफल नहीं होते हैं लेकिन इतिहास गवाह है कि अपनी हर विफलता और टकराव में से हम ज्यादा सयाने बन कर बाहर आये हैं। आधी शताब्दी से अधिक के इस सहधर्मी सामाजिक जीवन के बाद यहाँ से एक नये धर्म के उदय की यह वेला है। यह धर्म वह नहीं होगा जो हमारे निजी विश्वासों को संचालित करेगा बल्कि वह होगा जो हमारे सामूहिक जीवन की मर्यादाओं और संभावनाओं को उजागर करेगा। और यह बात कहने की नहीं है कि हम जैसा सामूहिक जीवन जीते और जिस दिशा में जाने का समवेत प्रयास करते हैं, उससे हमारा निजी जीवन और हमारा सहज सोच भी प्रभावित होता है और अंततः हमें भीतर-बाहर से अपने अनुकूल बना लेता है।

हमारी नवीनतम संकल्पना का सबसे ताजा पुष्प है लोकतंत्र! यह नवीनतम धर्म है जो भीड़ को स्वरूप व संस्कार देता है। यह वह संकल्पना है जो बंदों को गिनती भी है और तौलती भी है। यह वह धर्म है जो अपने अनुयायियों को बंधन में बाँध कर, हर संभव छूट देता है—इस हद तक कि वे चाहें तो इसे खारिज कर, एक नया ही लोकतंत्र सामने ला खड़ा करें! इस धर्म के साथ चलने का संकल्प करनेवाले समाजों में स्वतः ही यह अनुशासन बनता है कि किसी भी जाति-धर्म-विश्वास-परंपरा-रीति रिवाज की ध्वजा इतनी ऊपर न जायेगी कि लोकतंत्र की ध्वजा से टकरायेगी। जब भी ऐसी नौबत आयेगी, लोकतंत्र की ध्वजा के सामने दूसरी सारी ध्वजाएँ झुकेंगी! फिर निजी आस्थाओं-विश्वासों की जगह क्या होगी? निजी आस्थाओं-विश्वासों की जगह निजता में ही होगी, क्योंकि वे वहीं संरक्षित हो सकते हैं। हम सबकी चौखट के भीतर हमारी निजी आस्थाएँ रहेंगी लेकिन जैसे ही आप अपनी चौखट लाँघते हैं

वैसे ही आप लोकतंत्र के बड़े धर्म-विश्वास के आँगन में प्रवेश करते हैं और तब आप की दूसरी सारी ध्वजाएँ इतनी ही उठेंगी जितनी उठने से किसी से, कहीं भी कोई टकराव न हो!

हम इस धर्म-देहरी पर खड़े हैं और समय-देवता इंतजार कर रहा है कि कब हम देहरी पार करते हैं। यह बौद्धिक कसरत तो है ही, एक गहन सांस्कृतिक यात्रा भी है जिसमें गाँधी कंपास बन सकते हैं।

(kprashantji@gmail.com)

# धर्म को सत्ता क्यों चाहिए

## रंजन गुप्त

धर्मसत्ता वंध्यापुत्र या आकाशकुसुम जैसा शब्द है। वंध्या है तो पुत्र कैसे हुआ? आकाश में कहीं फूल खिलते हैं? इसी तरह, जहाँ धर्म है, वहाँ सत्ता कैसे? दुनिया में कम से कम दो ऐसी जगहें हैं जहाँ किसी की सत्ता नहीं हो सकती—विज्ञान और धर्म। बड़े-से-बड़े वैज्ञानिक की स्थापना को एक विद्यार्थी अपनी किसी मामूली खोज से ध्वस्त कर सकता है। क्योंकि यहाँ मालिक व्यक्ति नहीं, विचार है। किसी देश का सर्वोच्च वैज्ञानिक संस्थान कहता है कि लोहे को सोना कहा जाये, तो उसके अधीन काम करनेवाले वैज्ञानिक भले ही इसे स्वीकार कर लें और इनमें से कुछ चापलूसी की अदम्य कामना से यह सिद्ध भी करने लगें कि लोहे में वे सारे गुण होते हैं जो सोने में पाये जाते हैं, तब भी लोहा लोहा रहेगा और सोना सोना। क्योंकि यहाँ वस्तु अपने अधीन है, किसी और के अधीन नहीं। अधीनता या अधीनस्थता प्रकृति में नहीं है, यह आदमी का निजी आविष्कार है।

धर्म में सत्ता का तत्व हो, यह बात समझ में नहीं आती, लेकिन धर्म जहाँ भी पाया जाता है, अपनी सत्ता के साथ ही पाया जाता है। सच तो यह है कि व्यक्ति का धर्म नहीं होता। वह उसका अपना विचार होता है। धर्म को अगर व्यक्तिगत मामला बना दिया जाये, तो धर्म का अस्तित्व ही नहीं रह जायेगा। वास्तव में, एक विचारधारा के रूप में धर्म का अस्तित्व समुदाय से ही है। कोई भी समुदाय अपनी शक्ति या संख्या कम नहीं करना चाहता, इसीलिए जन्मना हिन्दू या जन्मना मुसलमान जैसी कु-घटना अभी भी अस्तित्व में है। वरना चेतना के विकास के साथ-साथ जन्म से जुड़े इस तर्क को कभी का खत्म हो जाना चाहिए था। हम सभी जानते हैं कि ईश्वर किसी को हिन्दू या मुसलमान बनाकर नहीं भेजता, 'पुण्य' का यह काम हम खुद करते हैं। परन्तु मनुष्य की इस अधिनायकवादी क्षमता को किसी भी धर्मशास्त्र में चुनौती नहीं दी गयी है।

वास्तव में धर्म के खिलाफ पहला तर्क यहीं से पैदा होता है। क्या यह बात

अजीब नहीं लगती कि व्यक्ति धर्म को नहीं चुनता, बल्कि धर्म ही व्यक्ति को चुनता है, मानो धर्म झाड़ी में दुबका हुआ कोई जानवर हो जो किसी का जन्म होते ही उस पर हमला कर देता है। खुद धर्म में इतनी शक्ति नहीं होती कि वह आदमी को अपनी ओर आकर्षित करे। इसीलिए धर्म के प्रसार में माँ-बाप का सहारा लिया जाता है, जिनके सामने हर बच्चा असहाय होता है। कितना अच्छा हो, अगर बच्चों को, जन्म लेते ही, समाज से अलग करने का कार्यक्रम कुछ समय तक चलाया जाये। तभी उनका समग्र विकास हो सकता है। अपनी सन्तान पर अपना धर्म लादने की कुप्रथा खतम हो जाये, तो देखना है कि पचास साल बाद कितने हिन्दू रह जाते हैं, कितने मुसलमान और कितने सिख।

अर्थात अन्य सभी सत्ताओं की तरह धर्मसत्ता में भी तानाशाही का तत्व होना अनिवार्य है। धर्म कैसा भी हो, उसका एक जरूरी अवयव होता है विवेक। यानी क्या करना ठीक है और क्या करना ठीक नहीं है। लेकिन व्यक्तिगत विवेक नहीं, जिसके आधार पर कुछ भी अपनाया या कुछ भी छोड़ा जा सकता है, सामुदायिक विवेक, जिससे किसी तरह की छूट या छुट्टी नहीं मिल सकती। जैसे कोई मुसलमान सूअर का मांस नहीं खा सकता या कोई हिन्दू गाय का मांस नहीं खा सकता, जबकि ईसाई किसी भी जानवर का मांस खा सकता है। स्पष्ट है कि मुद्दा गाय, सूअर या बकरे में निहित कोई खास गुण या अवगुण नहीं है, मुद्दा यह है कि धर्मसत्ता क्या कहती है। धर्मसत्ता चाहे तो किसी भी तरह के मांसाहार को निषिद्ध कर सकती है। यानी क्या करना चाहिए और क्या नहीं, इसका निर्णय करने का अधिकार मुझे नहीं है, मेरे लिए यह निर्णय पहले ही किया जा चुका है। धर्म भले ही आदमी को मुक्त करे, पर धर्मसत्ता हमेशा आदमी को बाँधती है।

किसी भी सत्ता की ताकत यह होती है कि हम उससे डरते हैं। बहुतों को पता तक नहीं चल पाता कि वे डरते हैं। उनका डर इतना अमूर्त हो चुका रहता है कि वे उसे पहचान भी नहीं पाते—कहीं-कहीं तो यह प्रेम में बदल जाता है। अकबर इलाहाबादी के शब्दों में, बीए किया, नौकर हुए, पेंशन मिली, फिर मर गये। जीने और मरने का एक ढर्रा बन जाता है। इस ढर्रे में विचार के लिए कोई जगह नहीं है। वस्तुतः जीने के लिए विचार नहीं, मेहनत की जरूरत होती है। अगर समाज के सभी सदस्यों को मेहनत करने की सुविधाजनक जगह और मेहनत का उचित पारिश्रमिक दिया जाने लगे, तो वे विचार करने का कष्ट क्यों करेंगे? विचार मूलतः एक दैहिक आवश्यकता है। देह की जरूरतों को पूरा करने के लिए विचार की न्यूनतम मात्रा भी काफी है। इस सीमा से परे विचार जहाँ भी है, वह प्रश्न या विद्रोह की शक्ल में है। अन्य किसी भी सत्ता की तरह धर्मसत्ता प्रश्नों से घबराती है। इसलिए वह एक ऐसा दिमाग बनाती है जिसमें सन्देह और प्रश्न के स्थान पर श्रद्धा

और विश्वास हो। धर्म अगर जनता क़ी अफीम है तो धर्मसत्ता वह केन्द्र है जहाँ यह अफीम बाँटी जाती है। यह चौबीसों घंटे खुली रहनेवाली दुकान है। दुकान खुली रहती है, दुकानदार बदलते रहते हैं। हर समाज में सौ-डेढ़ सौ सालों में एक नयी दुकान खुल जाती है। एक बार में सौ लोग भी किसी नयी दुकान की अफीम चाट लें, तो पाँच सौ साल में उनकी संख्या लाखों में हो जाएगी और वे गर्व से बताएँगे कि हम क नहीं, ख हैं, मानो ख किसी और रास्ते से ख बने हों।

और सत्ताएँ अपने बल पर खड़ी होती हैं तथा अपना यह बल उन्हें लगातार बनाये रखने पड़ता है। धर्मसत्ता ने अपना अवलंबन एक ऐसी चीज को बनाया है जो अमर-अजर है। ईश्वर न कभी बूढ़ा होता है न मरता है। हाँ, वह हम सब को बूढ़ा या बीमार जरूर कर देता है, ताकि मृत्यु की तारीख तय करने में कोई समस्या न हो। धर्मसत्ता इस महाबली का लाभ उठा कर अपने को भी अमर-अजर बना लेती है। जो कोई उसके ईश्वर को शक की निगाह से देखता है, उस पर वह टूट पड़ती है। आज ईश्वर की हैसियत बहुत कमजोर हो चुकी है, इसलिए धर्मसत्ताएँ भी सिमटती जा रही हैं। लेकिन दुश्मन चूँकि हमारे भीतर है और हम हमेशा अपने मित्र नहीं होते, इसलिए धर्म के नाम पर अधर्म की सत्ता कमजोर भले होती जाये, परन्तु खत्म नहीं हो रही है। रोम की तरह, ईश्वर भी एक दिन में नहीं बना था। इसलिए वह एक दिन में खत्म हो जाये, यह आशावाद नहीं, उसकी चटनी है।

कोई भी संस्था कुछ मान्यताओं पर खड़ी होती है। मान्यताओं के ढह जाने पर संस्था भी ढह जाती है। धर्म ही एकमात्र संस्था है जिसकी पूँजी अभौतिक होती है। हवा गुणे हवा भागे हवा धन हवा घटा हवा—उत्तर हवा। चूँकि यह पूँजी भौतिक नहीं होती, इसलिए उसे प्रमाणित करने की जरूरत भी नहीं पड़ती। पता नहीं कितने लोगों ने ईश्वर का अवतार होने का दावा किया है और उनके अनुयायियों ने ईश्वर रूप में उन्हें स्वीकार भी कर लिया है। इस दावे को परखने का कोई सभ्य तरीका नहीं है, क्योंकि ईश्वर को विज्ञान की किसी भी प्रयोगशाला में उपस्थित होने के लिए समन जारी नहीं किया जा सकता। इसलिए धर्मसत्ता हमेशा हवा में टँगी होती है। लेकिन उसके पैर जमीन पर मजबूती से टिके रहते हैं। वह अपना टैक्स वसूल करना कभी नहीं छोड़ती। अगर यह कानून बना दिया जाये कि कुछ निश्चित घंटे काम करने के बाद ही किसी को रोटी मिलेगी, तब देखिएगा कि धर्मसत्ता डगमगाती है या नहीं। पंडित या पुजारी अपने को प्रजा की नहीं, राजा की कोटि में रखते हैं। कोई भी सत्ता लाइन में खड़ा होना पसन्द नहीं करती। शासक शासितों में ही एक हो, यह एक क्रान्तिकारी विचार है, इसलिए लोकतंत्र एक क्रान्तिकारी इरादा है। परन्तु समानता के नाम पर खड़ी की गयी संस्थाएँ भी विषमता के द्वीप पैदा करने में संकोच नहीं करतीं, इसलिए निर्वाचित शासक भी अपने को विशिष्ट मानने लगता है। सब

लोग बराबर हैं, परन्तु वह कुछ ज्यादा ही बराबर है। इसलिए ईश्वर की तरह वह भी लाइन में कभी नहीं लगता।

धर्म दुनिया का सबसे पुराना और सबसे बड़ा लोकतंत्र है। सभी ईसाई अपने आप को भगवान की संतान मानते हैं। इसलिए वे भाई-बहन हुए। बहुत-से हिन्दू भजन भी ऐसा ही बताते हैं। जिन धर्मों में ईश्वर को मान्यता नहीं है, वहाँ तो लोकतंत्र ही लोकतंत्र है, क्योंकि आत्माओं में जाति प्रथा नहीं होती। लेकिन यह सब सिद्धांत है। व्यवहार में सभी धर्म लोकतंत्र-विरोधी हैं। धर्म इसी दुनिया का उत्पाद है, इसलिए वह अपनी मातृभूमि के अनिवार्य गुणों से अछूता नहीं रह सकता। पूरी दुनिया में समाजवाद आ जाये—जो बहुत कठिन है, लेकिन असंभव नहीं, तब तमाम ईश्वर भागते नजर आयेंगे, क्योंकि किसी के भी शास्त्र में समानता के पक्ष में कोई फरमान नहीं है। इसलिए धर्म में तो समानता की संभावना है, पर धर्मसत्ता में हरगिज नहीं। धर्म इसलिए आकर्षक होता है, क्योंकि वह मनुष्य के भीतर मौजूद सद्गुणों को जगाये रखने की कोशिश करता है, लेकिन धर्मसत्ता मनुष्य के भीतर मौजूद सभी अवगुणों को अभिव्यक्त और पुष्ट करती है। वह अच्छाई की ताकत पर खड़ी हो कर बुराई का पक्ष लेती है। चूँकि धर्मसत्ता के बिना धर्म रह नहीं सकता—वह व्यक्ति का अपना विचार हो जाएगा, इसलिए अच्छाई और बुराई का यह धूपछाँही खेल जारी रहता है।

दरअसल, किसी भी संगठित व्यवस्था में सिर्फ अच्छाई नहीं हो सकती। व्यवस्थाएँ आदमी ही बनाता है, इसलिए प्रत्येक व्यवस्था, आदमी की तरह, अपूर्ण रहने को बाध्य है। जो कानून ज्यादातर के लिए ठीक है, वह कुछ के लिए खराब हो सकता है। एक बार किसी ने गाँधी जी से पूछा—प्रेम और न्याय में बड़ा कौन है? गाँधी जी ने क्षण मात्र में जवाब दिया—प्रेम, क्योंकि जहाँ प्रेम है, वहाँ अन्याय हो ही नहीं सकता। अभी भी आम मान्यता यह है कि प्रेम न्याय के मार्ग में बाधा है। गाँधी जी की तरह जहाँ तक वह धर्म है, वहाँ तक सत्ता के लिए कोई गुंजाइश नहीं है। वास्तव में असली सत्ता तो नैतिक ही हो सकती है, जो सत्ता ही नहीं है, प्रेरणा का स्रोत है। धार्मिक व्यक्ति किसी और को यह अधिकार नहीं दे सकता कि वह उसका कर्तव्य निर्धारित कर दे। जहाँ तक दखल का सवाल है, इसके लिए कानून काफी है। धर्मसत्ता ज्यादा से ज्यादा वाद-विवाद सभा का काम कर सकती है। इससे ज्यादा की कामना करना अतिक्रमण है, कमीज को त्वचा से सिल देना है।

(मो. 011-22711569)

# धर्म की सत्ता : सत्ता का धर्म

## प्रफुल्ल कोलख्यान

धर्म और सत्ता में बहुत नजदीकी संबंध रहा है। धर्म अपने आप में एक तरह की सत्ता है, जो अपने काम-काज को धार्मिक आभा की पवित्रता में देखे जाने का आग्रही होती है। धर्म और सत्ता में टकराव के बिंदु भी कम नहीं हैं, लेकिन मनुष्य को इन दोनों टकराव के साथ नहीं सहारे के साथ जीना पड़ता है। धर्म और सत्ता दोनों की आकांक्षा रहती है कि मेरे शरण में आ जाओ। दोनों ही मनुष्य से निःशर्त समर्पण की माँग करते हैं। दोनों ही इस समर्पण को मनोरम और पवित्र बनाने के सारे प्रबन्ध करते हैं। इस प्रबन्ध में प्रेम का इस्तेमाल कौशल और तत्व दोनों के रूप में होता है। इस तरह समर्पण धर्म में आस्था और श्रद्धा आदि के रूप में प्रकट होता है तो सत्ता में प्रतिबद्धता और वफादारी आदि के रूप में प्रकट होता है। भारत का अनुभव तो इस मामले में अद्‌भुत है। यहाँ द्वि-राष्ट्रीयता की सैद्धान्तिकी ऐसी परवान चढ़ी कि राज और राष्ट्र एक ही अर्थ ध्वनित करने लगे। पहले राज के साथ प्रेम की कोई गुंजाइश नहीं थी। राज प्रेम का कहीं कोई प्रसंग नहीं बनता था। राज धर्म और राजभक्ति का चलन था। राज या शासक के प्रति राजभक्ति से मर्यादित होता था। राज के स्थान पर राष्ट्र के आने के साथ पहले प्रेम जुड़ा और फिर राष्ट्र धर्म जुड़ा और फिर भक्ति भी जुड़ गयी। यह साधारण प्रक्रिया नहीं है। इसे समझना जरूरी है। यहाँ एक और बात को ध्यान में रखे जाने की जरूरत है, सत्ता को धर्म निरपेक्ष बनाने के लिए बहुत प्रयास हुए, कमोबेश सफल भी हुए, लेकिन धर्म को सत्ता निरपेक्ष बनाने की बात ही कभी नहीं उठी। क्यों? क्या इसलिए कि सत्ता को धर्म निरपेक्ष बनाया जा सकता है, कुछ हद तक ही सही, लेकिन धर्म को सत्ता निरपेक्ष नहीं बनाया जा सकता है। भारत के संविधान में भारत राष्ट्र की सत्ता को तो धर्म निरपेक्ष बनाने का प्रावधान है, लेकिन धर्म को सत्ता निरपेक्ष बनाने का कोई प्रावधान नहीं है। धर्मनिरपेक्ष राज्य और धर्म पर आधारित भारतीय समाज के बीच जाति-धर्म की राजनीतिक रस्साकशी चलती रहती है।

धर्मनिरपेक्ष राज्य और धर्म पर आधारित भारतीय समाज के बीच के संबंधों की जटिलताओं को समझने के लिए इनके गठन की ऐतिहासिक प्रक्रियाओं को समझना जरूरी है। इन जटिलताओं को बहुत संवेदनशील बना दिया गया है : इस पर किये जाने वाले संवाद में अतिरिक्त संवेदनशीलता और संतुलन की भी जरूरत है। किसी भी प्रकार के सरलीकरण और अधीर कथन से संवाद प्रक्रिया क्षतिग्रस्त हो सकती है। सभ्यता में आधुनिक चेतना के समावेश के बाद से शिक्षा का एक वैश्विक आयाम सर्वदा आकांक्षित रहा है। इसी आकांक्षा के कारण शिक्षा के शिखर संस्थानों को विश्वविद्यालय कहा जाता है। आज जीवन के अन्य प्रसंगों में भूमण्डलीकरण की प्रक्रिया को, विश्व-स्तरीय जनविरोध के बावजूद, निर्बाध चलाने की कोशिश की जा रही है। राष्ट्रीयकरण और भारतीयकरण एक ही नहीं हैं। शिक्षा के 'राष्ट्रीयकरण' की यह भावुक माँग अपने आशय में इस भूमंडलीकरण की प्रक्रिया की विरोधी है या राष्ट्रीय चेतना से ओत-प्रोत प्रतीत होने वाली यह माँग अपने आशय में इस भूमंडलीयकरण की प्रक्रिया की ही मददगार है? विज्ञान और वाणिज्य की शिक्षा का भारतीकरण क्या हो सकता है! सीधी बात यह है कि 'भारतीयकरण' की इस माँग का संदर्भ मानविकी से जुड़ता है। हम जानते हैं कि मानविकी से जुड़े विषयों, विशेषकर इतिहास, साहित्य आदि से संबंधित विषयों, को लेकर पिछले कुछ वर्षों से किस प्रकार का शैक्षणिक और सामाजिक वातावरण बनाने की कोशिश निरंतर की जा रही है। इस वातावरण में इस माँग से जो संकेत मिलते हैं उनसे तो यही लगता है कि 'भारतीयता' और हिन्दुत्व' को एक दूसरे का समव्यापी पर्याय मानकर ही यह माँग की जाती रही है। शिक्षा के 'भारतीयकरण' की माँग असल में शिक्षा के 'हिन्दुत्वीकरण' की ही माँग ठहरती है। इस माँग का एक सिरा मिशनरियों के स्कूलों और मदरसों के पाठ्यक्रम से भी जुड़ जा सकता है। सर्वोच्च न्यायालय का इस मामले में एक महत्वपूर्ण फैसला भी है। मोटे तौर पर राज्य से अनुदान प्राप्त शिक्षण संस्थान को ही सरकार के अनुमोदन की जरूरत रह जाती है। जो अनुदान न दे उसके अनुमोदन की परवाह वैसे भी कौन करता है! जब शिक्षा के आधार पर राज्य हमें जीवनयापन की बुनियादी सुविधाएँ देने की स्थिति में नहीं रहेगा तब उसके द्वारा किसी की शिक्षा को मान्य या अमान्य करने से क्या फर्क पड़ता है! लेकिन शिक्षा का मकसद क्या रोजगार उपार्जन में सक्षम बनाने के प्रयोजन तक ही सीमित है या जटिल परिस्थितियों में बेहतर सामाजिक और नागरिक निर्णय लेने के सक्षम सामाजिक और नागरिक मन बनाने तक फैला हुआ है? इस सवाल पर गंभीरता से विचार करना चाहिए। औपनिवेशिक राज्य शिक्षा के मकसद को रोजगार में सक्षम बनाने तक सीमित रखता है। स्वाधीन राज्य शिक्षा के मकसद को जटिल परिस्थितियों में बेहतर निर्णय लेने में सक्षम सामाजिक और नागरिक मन बनाने तक फैलाने की

कोशिश करता है। ऐसा सामाजिक और नागरिक मन सिर्फ धर्मनिरपेक्ष शिक्षा ही बना सकती है, धर्म आधारित शिक्षा नहीं। धर्म से संबंधित विचार विज्ञान और तर्क का विरोध करता रहा है। धर्म से संबंधित विचार और विश्वास को अटूट मान कर मनुष्य उससे चिपका रहता तो आज कहाँ और किस दशा में होता, इसका अनुमान लगाना कठिन नहीं है। धर्म से संबंधित विचार और विश्वास को अतिक्रमित करता हुआ मनुष्य आगे बढ़ा तो इस राज-सत्ता, चाहे वह अपनी घोषणाओं में जितनी भी धर्मनिरपेक्ष रही हो, का अधिक योगदान नहीं रहा है।

असली सत्ता जनता में निहित होती है। जनता समाज बनाकर रहती है। इसलिए असली सत्ता मूल रूप से समाज के पास होती है। समाजों के समवेत से बने राज्य में समाज की सत्ता अंतरित हो जाती है। राज्य का यह दायित्व हो जाता है कि वह समवेत समाज से प्राप्त सत्ता का सही और सार्थक इस्तेमाल करते हुए समवेत समाज के हितों की शांतिपूर्ण रक्षा करे। सत्ता के समाज से राज्य में अंतरित हो जाने से समाज में एक प्रकार का खालीपन बनता है। इस खालीपन के दुष्प्रभाव से समाज को बचाने की सतत चेष्टा राज्य को करनी चाहिए। यह काम सबसे अधिक जनतंत्रात्मक राज्य में ही सम्भव हो सकता है। जनतंत्र के प्रति व्यावहारिक सम्मान में कमी और वोट के समीकरण के कारण यह अधूरा रह जाता है। नतीजा, एक ही राज्य के विभिन्न समाजों में तनाव बना रहता है। इस तनाव को टूट और सहनशीलता की सामान्य सीमा से बाहर नहीं जाने देने का दायित्व राज्य और समाजों का होता है। इसमें राज्य की भूमिका सामाजिक न्यायकर्त्ता के रूप में महत्त्वपूर्ण हो जाती है। इसके लिए राज्य को प्रामाणिक आधार संविधान देता है। चूँकि जनतंत्र में संख्या का अपना महत्त्व होता है इसलिए संख्याबल की दृष्टि से अधिक शक्तिशाली समाज और कमजोर समाज के बीच राज्य किसी प्रकार का कोई भेदभाव न करे, इसका प्रावधान सत्ता के धर्मनिरपेक्ष स्वरूप में होता है।

समाज के बनाव के कई आधार होते हैं। इन कई आधारों में से कोई एक मुख्य आधार होता है। यह मुख्य आधार उस समाज के अधिकतर सदस्यों के मूल चरित्र का निर्मायक और नियामक होता है। यह दुखद ही है कि ज्ञान-विज्ञान के आज के युग में भी सामाजिकता के लिए 'हम' और 'अन्य' के रूप में चिह्नित किये जाने के मुख्य आधार का अधिकांश धर्म ही बनाता है। इस पेंच को समझना होगा कि ऐसा क्यों होता है। यदि आर्थिक आधार पर सामाजिकता का बनाव होगा तो संसार के सारे धनवान अल्पसंख्यक हो जायेंगे। कहने की जरूरत नहीं कि बहुसंख्यक समाज में अल्पसंख्यक समाज पर चढ़ बैठने की तीव्र प्रवणता होती है। अर्थ के आधार पर बने बहुसंख्यक समाज की अन्तर्निहित प्रवणता के खतरों से अल्पसंख्यक समाज को बचाने, अर्थात गरीब लोगों के दबाव से अमीर लोगों को बचाने के वास्ते

यह जरूरी हो जाता है कि 'हम' और 'अन्य' के रूप में चिह्नित किये जाने के लिए मुख्य आधार के बनाव का निर्मायक और नियामक तत्त्व अर्थ के प्रसंग से तय न होने लगे। इसके लिए धर्म से अधिक विश्वसनीय आधार और क्या हो सकता है? सामाजिकता के बनाव के निर्मायक और नियामक तत्त्वों का मुख्य आधार धर्म बना रहे, इसके लिए धनवानों की सत्ता सदैव सक्रिय रहती है। ऐसी सत्ता एक हाथ से धार्मिक अल्पसंख्यकों को धार्मिक बहुसंख्यकों के किसी भी प्रकार के दबाव से बचाने का आश्वासन देती है और दूसरे हाथ से धार्मिक बहुसंख्यकों को धार्मिक अल्पसंख्यकों के मन में डर बैठाने के लिए उकसाती भी रहती है। इसमें राज्य सत्ता के द्वारा धर्मनिरपेक्षता का सबसे कुत्सित इस्तेमाल होता है। दुखद है कि भारतीय राज सत्ता भी धर्म निरपेक्षता के इस कुत्सित इस्तेमाल से पूरी तरह बच नहीं पायी। बल्कि ज्यों-ज्यों भारतीय राज्य में पूँजीवादी रुझानों के समावेश का आग्रह बढ़ता गया त्यों-त्यों धर्मनिरपेक्षता के कुत्सित इस्तेमाल की प्रवृत्ति भी बढ़ती और उजागर होती गयी है। सत्ता की धर्मनिरपेक्षता और समाज की धर्मनिरपेक्षता में भी अन्तर होता है। धर्म में सत्ता-निरपेक्षता का अभाव राज-सत्ता और समाज-सत्ता दोनों को संकट में डाल देता है। इस संकट के दुष्प्रभाव में सामाजिक साझापन कम होता जाता है।

भयावह यह कि इधर हमारे शासकों के अंतर्मन में जनतंत्र से प्राप्त शक्तियों के बल पर राजतंत्रीय आचरण के प्रति तीव्र आकर्षण बढ़ता ही जा रहा है। राज्य और नागरिक के संवैधानिक सम्बन्ध की आत्मीयता में भारी गिरावट आयी है। जन के लिए जनतन्त्र कवच का काम करता है। कवच आघातों से हमारी रक्षा करता है, अगर हम कवच की रक्षा कर सकें। अभी तो राज-सत्ता खुद इस कवच को धर्म की सत्ता सापेक्षता की चौकठ पर गिरवी रखने को तत्पर है और इस काम में उसे धन सत्ता का साथ मिलता है। जन सत्ता की सक्रियता के अभाव में चमचम जनतंत्र बुनियादी और सामान्य नागरिक अभिलाषा के भी काम का नहीं रह पाता है। सम्राट अशोक ने बौद्ध धर्म को अपनाया, लेकिन वह उनका व्यक्तिगत धर्म था। बाबर ने हुमायूँ के लिए लिखे वसीयतनामे में दर्ज है कि भारत धार्मिक बहुलता से सम्पन्न देश है, इसलिए सभी धर्मों की भावनाओं का खयाल रखते हुए निष्पक्ष होकर न्याय करना। अशोक ने बौद्ध धर्म को व्यक्तिगत तौर पर अपनाया और बाबर ने निष्पक्ष होकर न्याय करने के महत्त्व को समझा। यह समझ उस समय थी जब न तो ज्ञान, विज्ञान का इतना विकास हुआ था, न मानवाधिकार का प्रसंग आकार में आया था और न ही भारत में धर्मनिरपेक्ष संवैधानिक जनतन्त्र की स्थापना हुई थी। आज कुछ लोग यह धारणा फैलाने में लगे हैं कि भारत एक धर्मप्राण देश रहा है। धर्म इसके लिए सबसे बड़ा मूल्य रहा है। धर्मनिरपेक्षता अ-भारतीय अवधारणा है। यह सेकुलरिज्म का अनुवाद मात्र है, भारतीय अनुभव नहीं। यह सच है कि भारत

धर्मप्राण देश है लेकिन सच यह भी है कि जब पूरी दुनिया के धर्मों में अपेक्षाकृत अधिक कट्टरता थी, तब भी धर्म को लेकर भारतीय समाज में उदारता थी। धर्मनिरपेक्षता का अनुभव दुनिया को अप्रतिम भारतीय देन है। आज विज्ञान और मानवीय विकास के इस युग में जब पूरी दुनिया समानता और स्वतन्त्रता का आश्वासन देनेवाले जनतंत्र को सामाजिक व्यवस्था के मूलाधार के रूप में बरत रही है तब धुरंधर लोग समाज को धर्म के जंजाल में नये सिरे से फाँसने के कूट उद्यम में लगे रहते हैं। कूट उद्यम को बल मिलता है धर्म की सत्ता सापेक्षता से।

अशोक के बौद्ध और बाबर के इस्लामी सन्दर्भ के साथ-साथ हिन्दू सन्दर्भ से भी यह बात पुष्ट होती है। हिन्दू जीवन में चार पुरुषार्थों अर्थात जीवन के चार महान लक्ष्यों की बड़ी चर्चा होती है। ये चार पुरुषार्थ या महान लक्ष्य हैं—धर्म, अर्थ, काम और मोक्ष। इनके पारस्परिक सम्बन्ध के बारे में बताया जाता है कि वही धर्म है जो अर्थ के अर्जन में सहायक होता है; वही अर्थ है जो काम की सन्तुष्टि में सहायक होता है; वही काम है जो मोक्ष लाभ करने में सहायक होता है। मोक्ष परम मूल्य है, सबसे बड़ा पुरुषार्थ। धर्म सबसे शुरुआती पुरुषार्थ है। मिलकर चलने की बात वेद में भी कही गयी है। चरैवेति, चरैवेति भारतीय जीवन के अन्य पक्षों के साथ-साथ इसके धर्म की गत्यात्मकता को भी प्रतिध्वनित करता है। जब विभिन्न धर्म अपने आज के रूप में नहीं थे तब भी धर्म को लेकर भारतीय मानस बहुत गतिशील था। यक्ष ने यह भी तो पूछा था धर्मराज से कि क्या है धर्म। इस सवाल का जवाब उतना ही आसान होता जितनी आसानी से आज के धर्मधुरंधर इसका जवाब दे देते हैं, तब यह प्रश्न बनता ही क्यों? धर्म बहुत ही जटिल मामला है। इसे किसी एक ही ओर से समझने का दुराग्रह हमें खतरे में डालता है। मूल बात यह है कि एक घाट पर बँधकर धर्म गतिशील नहीं रह सकता है। इसलिए धर्मनिरपेक्षता धर्म के प्राणवन्त बने रहने की भी अनिवार्य शर्त है। इस तथ्य को अपने ऐतिहासिक विकासक्रम में भारतीय राज्य और समाज दोनों ने हासिल कर लिया था। न सिर्फ हासिल कर लिया था, बल्कि अपने अस्तित्व के लिए इसे अपनी संवेदना का अंग भी बना लिया था। बावजूद इसके धर्म सत्ता निरपेक्ष नहीं रहा, यह भी सच है। धर्म के सत्ता निरपेक्ष नहीं रहने के कारण ही भारतीय समाज अन्दर से विखंडित समाज बन कर रह गया। धर्म की सत्ता-सापेक्षता उसे पुरोहितवाद की तरफ ले जाती है और धर्म की सत्ता-निरपेक्षता भक्ति की तरफ ले जाती है। भक्ति धर्म की सत्ता-सापेक्षता का विस्तार नहीं है, बल्कि वह धर्म की सत्ता-निरपेक्षता का विकल्प है। इसलिए कोई भक्त तो 'संतन को कहा सीकरी सों काम' कह कर सत्ता से अपने को दूर रख सकता है, लेकिन कोई धार्मिक ऐसा कह कर अपने को सत्ता से दूर नहीं कर सकता, बल्कि सत्ता के बिना तो वह जी ही नहीं सकता। स्पष्ट है कि राजनीतिक सत्ता और धर्म-सत्ता ने एक दूसरे के साथ मिलकर समाज-सत्ता का दुरुपयोग किया है। इस दुरुपयोग का अपना इतिहास

रहा है। सच्चे साधु-सन्तों और साहित्यिकों ने इसे उसी ऐतिहासिक विकासक्रम में इस दुरुपयोग को समझा भी है और उसके प्रति सावधान भी किया है।

इस सावधान करने का भी अपना इतिहास है। बहुत विस्तार में जाने की गुंजाइश यहाँ नहीं है, फिर भी प्रसंगवश कुछ की चर्चा तो की ही जा सकती है। इससे उनकी चिन्ता के मूल केन्द्र और उस समय के सामाजिक सम्बन्ध में धार्मिक परिप्रेक्ष्य से बनाये जा रहे मारक तनाव का भी पता चलता है। हम जानते हैं कि धर्म और भक्ति एक ही नहीं हैं, फिर भी ध्यान में रखने की बात यह है कि ये कवि उस अर्थ में अ-धार्मिक नहीं थे। आज के किसी भी स्वनामधन्य धार्मिक से अधिक धार्मिक थे। लेकिन उनका अपना धर्म उनके निर्विशिष्ट मनुष्य बनने में कहीं से बाधक नहीं बन रहा था। बल्कि निज धर्म के ढाँचे की कोष्ठबद्धता से बाहर निकलकर उनके मनुष्यतर बनने की प्रेरणा बन रहा था। गोरखनाथ, नामदेव, कबीर, दादूदयाल, रज्जब जी आदि के भक्ति-सन्दर्भ से हम समझ सकते हैं कि सामाजिक एकता के सन्दर्भ में धर्मनिरपेक्ष होकर किस प्रकार धार्मिक हुआ जा सकता है। धर्म मूलतः उस लोक का मामला माना जाता है। इन कवियों के यहाँ धर्म के ये भक्ति सन्दर्भ पूर्णतः इसी लोक से सम्बन्धित हैं। यह स्थिति उस राजतंत्र में थी जिस राजतंत्र में देश के शासन की बागडोर उन मुसलमान शासकों के हाथ में थी, जिन्हें आज कट्टर और क्रूर बताया जाता है। इस पूरे प्रकरण में एक बात की ओर ध्यान गये बिना नहीं रहता कि उस समय भी सवर्ण कवियों की वाणी में अन्य उदात्त चेतना चाहे जितनी हो लेकिन हिन्दू-मुसलमान सम्बन्धों में मधुरता के लिए राम और रहीम के एक होने की बात या तो है ही नहीं या बिल्कुल अप्रभावी है। यह तथ्य तब और परेशान करता है जब हम आज के भारतीय समाज में राजतन्त्र की उपस्थिति में भी लक्षित करते हैं कि हिन्दू-मुसलमान के बीच कटुता पैदा करनेवालों में निर्णायक स्वर सवर्णों का ही दीखता है। क्या यह महज संयोग है? या इसके पीछे सामाजिक-आर्थिक संरचना के धर्मेतर प्रसंगों का भी महत्त्वपूर्ण योगदान है?

धर्म और सत्ता दोनों कहते हैं कि मेरी शरण में आ जाओ, निःशर्त समर्पण ही सुख और समृद्धि का रास्ता है। आज यही बात बाजार की सत्ता भी कहती है। मनुष्य से समर्पण करवाने की धर्म, राज्य और बाजार की संयुक्त इच्छा इनके संश्रय की नाभिकीय बिन्दु है।

(prafullkolakhyan@gmail.com)

# धर्म की राजनीति

## सत्येन्द्र रंजन

नरेंद्र मोदी जब भारतीय जनता पार्टी के प्रधानमंत्री पद के उम्मदीवार बनने की होड़ में थे, तब एक इंटरव्यू में उन्होंने खुद को 'हिंदू नेशनलिस्ट' कहा। इसका विस्तार किया कि चूंकि वे हिंदू हैं और राष्ट्रवादी हैं, इसलिए वे हिंदू राष्ट्रवादी हैं। क्या यह बात उतनी भोली है, जितनी मोदी ने दिखानी चाही? या इसके पीछे निहितार्थ कहीं गहरा है, जिसका सीधा संबंध हमारे राष्ट्रवाद से है? दरअसल, जब हम 'हमारे राष्ट्रवाद' की बात करते हैं, तभी विचार करना महत्त्वपूर्ण हो जाता है कि इस 'हमारे' में कौन-कौन शामिल है? एक हिंदू राष्ट्रवादी के नजरिए से कौन-कौन से 'हम' का हिस्सा है और उस भारतीय राष्ट्रवाद की अवधारणा में 'हम' के दायरे में आता है? अगर स्वतंत्रता आंदोलन के दौर से आज तक के भारतीय इतिहास पर हम गौर करें तो यह फर्क न सिर्फ, बल्कि प्रतिस्पर्धी और काफी हद तक परस्पर विरोधी रूप में भी सामने आयेगा। इस फर्क को समझे बिना हम राष्ट्रीय स्वयंसेवक संघ और उससे प्रेरित भारतीय जनता पार्टी की राजनीति को नहीं समझ सकते। तो सबसे पहले देखते हैं कि यह फर्क कैसा है?

कुछ वर्ष पहले 14 फरवरी को भाजपा शासित छत्तीसगढ़ के सरकारी स्कूलों में 'मातृ-पितृ पूजन' दिवस मनाया गया। सामान्य स्थितियों में इसमें वैसे बहुत आपत्ति की बात नहीं होती। मगर गौरतलब यह है कि यह दिन मनाने की योजना वेलेंटाइन दिवस के मुकाबले बनायी गयी और अल्पसंख्यक स्कूलों की भावना का बिना खयाल किये उनसे भी अपेक्षा की गयी कि वे भी इस दिन को इसी तरह मनायें। इसके पहले मध्य प्रदेश और गुजरात के स्कूलों में सूर्य नमस्कार और मध्य प्रदेश में गीता सार की पढ़ाई को इसी तरह अनिवार्य बनाने की कोशिश हुई थी। मध्य प्रदेश में भाजपा सरकार ने जैसा सख्त गोहत्या निषेध कानून बनाया, वह खासा चर्चित रहा। गोहत्या रोकने का एजेंडा हमेशा से भाजपा (पहले भारतीय जनसंघ) के एजेंडे में रहा है। मध्य प्रदेश के कानून के कुछ प्रावधान मानवाधिकारों का हनन करते दिखे, लेकिन इससे

राज्य सरकार पर कोई फर्क नहीं पड़ा। और फिर सबसे ऊपर गुजरात का उदाहरण है, जहाँ नरेंद्र भाई ने हिंदुत्व को जो नमूना दिखाया, वही आगे चल कर उनकी सियासी ताकत बना। गोधरा ट्रेन अग्निकांड के बाद नरेंद्र मोदी ने न्यूटन के बहुचर्चित क्रिया के बराबर लेकिन विपरीत प्रतिक्रिया के सिद्धांत का बखान कर दंगों को उचित ठहराया था। उसके बाद मियाँ मुशर्रफ और पाँच बीवियाँ पच्चीस बच्चोंवाले उनके बयान एक खास ढंग की गोलबंदी करते रहे। दंगों में इंसाफ की बात तो दूर है, दंगा पीड़ितों को मुआवजा देने में भी राज्य सरकार ने जो बेरुखी दिखायी वह अब इतिहास में दर्ज है। गुजरात हाई कोर्ट ने 2002 के दंगा पीड़ितों को मुआवजा देने के मामले में अदालत के आदेश का पालन करने के लिए राज्य प्रशासन के खिलाफ अवमानना का नोटिस जारी किया था। उन्हीं दंगों में क्षतिग्रस्त धर्म स्थलों के पुनर्निर्माण के लिए सहायता न देने के लिए हाई कोर्ट को राज्य सरकार को फटकार लगानी पड़ी है। इन दंगों के संदर्भ में सुप्रीम कोर्ट को पहले काफी सख्त टिप्पणियाँ करनी पड़ी थीं। इसके बावजूद राज्य सरकार 'राजधर्म' निभाने को प्रेरित नहीं हुई। उलटे मुख्यमंत्री नरेंद्र मोदी सांप्रदायिक आधार पर गोलबंदी की अपनी राजनीतिक पूँजी को सहेजने में लगे रहे। उससे राष्ट्रीय स्तर पर उनकी सियासी ताकत बनी।

इन और इनके जैसे बहुत सारे घटनाक्रमों को एक साथ जोड़ कर देखें तो एक ऐसी राजनीति की सूरत उभरती है, जिसका भारतीय संविधान की मूल भावना से अंतर्विरोध लक्षित होता है। दरअसल, लोकतंत्र एवं मानवाधिकारों की आधुनिक भावना पर आधारित एक सर्व-समावेशी संविधान के तहत चल रही व्यवस्था में धार्मिक एवं वर्चस्ववादी नीतियों के आधार पर राजनीतिक गोलबंदी भाजपा की सियासत का एक ऐसा पहलू है, जो उसे सबसे अलग पहचान देता है। सार्वजनिक जीवन में स्वच्छता एवं विकास और प्रगति की खास नीतियों के आधार पर भले अब भाजपा के *पार्टी विथ ए डिफरेंस* (यानी सबसे अलग पार्टी) होने के दावे पर कोई भरोसा नहीं करता हो, लेकिन इस दूसरे अर्थ में वह जरूर एक ऐसी पार्टी है। इस अर्थ में वह भारत की परिकल्पना के दो प्रतिस्पर्धी विचारों में से एक का प्रतिनिधित्व करती है। इसीलिए उसका राजनीति में एक बड़ी ताकत बने रहना ऐसी परिस्थिति पैदा करता है, जिसकी वजह से जनता के व्यापक हितों की समझ के आधार पर प्रगतिशील राजनीति की तरफ बढ़ने का मार्ग अकसर अवरुद्ध हो जाता है।

इस बात को समझने के लिए एक प्रश्न पर ध्यान देना चाहिए कि कांग्रेस किस विचार का प्रतिनिधित्व करती है। मौजूदा वक्त में सकारात्मक तर्कों से इसे समझाना मुश्किल हो सकता है। लेकिन जब ध्यान भाजपा पर जाता है, तो वैचारिक एवं राजनीतिक वर्ग चरित्र से जुड़े तमाम सवालों से घिरे होने के बावजूद भारत के

दीर्घकालिक भविष्य के संदर्भ में कांग्रेस अप्रासंगिक ताकत महसूस होने लगती है। कारण यह कि पिछले तकरीबन डेढ़ सौ साल में विभिन्न सामाजिक एवं राजनीतिक संघर्षों से जिस भरतीय राष्ट्रवाद या भारत के जिस विचार का उदय हुआ, वह आज भी तमाम खतरों से मुक्त नहीं है। उसके लिए सबसे बड़ी चुनौती के रूप में आज भाजपा खड़ी है। दरअसल, अगर गहराई में जाएँ तो भाजपा उदात्त भारतीय राष्ट्रवाद के लिए एक खतरा महसूस होती है?

यह समझने की बात है कि आखिर वह भारतीय राष्ट्रवाद क्या है, और भाजपा क्यों उसकी एंटी-थीसिस (यानी प्रतिवाद) है? इसे हम भारतीय राष्ट्रवाद के उदय के ऐतिहासिक क्रम और इसके मुख्य आधार बिंदुओं का उल्लेख करते हुए तथा भाजपा की मूलभूत मान्यताओं के बरक्स उन्हें रखते हुए आसानी से समझ सकते हैं। आधुनिक भारत का विचार—जिसकी अभिव्यक्ति हमारे संविधान में हुई—भारतीय जनता के आर्थिक हितों के साझापन की एक व्यापक समझ के साथ आगे बढ़ा। इसके आरंभिक सूत्र दादाभाई नौरोजी द्वारा ब्रिटिश साम्राज्यवाद के हाथों भारत के आर्थिक शोषण के गहरे विश्लेषण से निकले, जिसका निहितार्थ यह रहा कि हमें आजादी इसलिए चाहिए क्योंकि यह हम सबके आर्थिक हित में है। नवजागरण के मनीषियों ने जिस सर्व-समावेशी समाज एवं दिमागी खुलेपन की संस्कृति पर जोर दिया, वह इस राष्ट्रवाद का दूसरा आधार है। इसका निहितार्थ है कि भारत में जनमा हर शख्स यहाँ का बाशिंदा है और उनके बीच धर्म, जाति, नस्ल या किसी अन्य आधार पर कोई भेदभाव नहीं हो सकता। इसमें तीसरा पहलू लोकतंत्र का जुड़ा, जो हमारे स्वतंत्रता संग्राम में व्यापक जन भागीदारी, उसमें पैदा हुई जन चेतना, और विभिन्न विचारधाराओं के संघर्ष एवं समन्वय की परिणति है। और चौथा आधार विकास का वह एजेंडा है, जिसे लेकर आजादी के बाद यह राष्ट्र आगे बढ़ा। इस रूप में भारतीय राष्ट्रवाद की एक प्रमुख वाहक शक्ति कांग्रेस रही है।

कांग्रेस आज समूचे भारतीय जन के आर्थिक हितों की नुमाइंदगी करती है, यह शायद ही कहा जा सकता है। सर्व-समावेशी धारणा में उसकी आस्था संदिग्ध है, क्योंकि उस पर नवंबर चौरासी के सिख दंगों का दाग है एवं उस पर अनेक मौकों पर सांप्रदायिक कार्ड खेलने के विश्वसनीय आरोप हैं। आदर्श रूप में पार्टी का स्वरूप लोकतांत्रिक नहीं है, यह उसके वंशानुगत नेतृत्व से जाहिर है। और आज उसका जो विकास संबंधी एजेंडा है, वह प्रभुत्वशाली तबकों के हितों में झुका हुआ है, इसे तर्कों से साबित किया जा सकता है। मगर ये तमाम बातें उस समय छोटी हो जाती हैं, जब उसके सामने भाजपा खड़ी दिखती है। इसलिए कि भाजपा मूल रूप से आधुनिक राष्ट्रवाद की धारणा को ही चुनौती देने वाली शक्ति है। भाजपा जिस संघ परिवार का हिस्सा है, उसकी राष्ट्रवाद की समझ में आर्थिक हितों के साझापन,

सर्व-समावेशी स्वरूप, प्रगतिशील लोकतंत्र और जनपक्षीय विकास की कोई जगह नहीं है। इसके विपरीत यह राष्ट्रवाद कथित सांस्कृतिक आधार से परिभाषित होता है। सीधे शब्दों में कहें तो इसका अर्थ पुरातन हिंदू संस्कृति है। यह संस्कृति अपने आप में एक विवादास्पद धारणा है, लेकिन अगर कोई राष्ट्रवाद मजहबी संस्कृति पर खड़ा होगा, तो स्वाभाविक रूप से उसमें उन लोगों का स्थान उस सांस्कृतिक मान्यता के मुताबिक श्रेणीक्रम में ऊपर या नीचे तय हो जायेगा। संघ परिवार का सारा विमर्श इस बात की पुष्टि करता है कि भाजपा जो सांस्कृतिक राष्ट्रवाद स्थापित करना चाहती है, उसमें एक इंसान की कीमत पुरातन मान्यताओं से तय होगी। इसलिए यह राष्ट्रवाद सिर्फ धार्मिक अल्पसंख्यकों के लिए नहीं, बल्कि दलितों, पिछड़ी जातियों, महिलाओं और आधुनिक-खयाल तमाम लोगों के लिए एक चुनौती है।

यह कथन कि व्यावहारिक राजनीति की मजबूरियाँ भाजपा को एक सामान्य राजनीतिक दल बना देती हैं और सत्ता की चाह में उसकी राष्ट्रीय स्वयंसेवक संघ की विचारधारा अप्रासंगिक हो जाती है, अनुभव से सिद्ध नहीं है। बल्कि आज भी यह गौर करने योग्य है कि भाजपा किन मुद्दों पर वोट माँगती है। उसके मुख्य मुद्दे अयोध्या में राम मंदिर का निर्माण, समान नागरिक संहिता और संविधान की धारा 370 की समाप्ति हैं। उत्तर प्रदेश के पिछले चुनाव में भी पार्टी के वादों में अयोध्या में विशाल राम मंदिर के निर्माण की बात शामिल है। इसके अलावा गो-रक्षा, स्कूलों में सूर्य नमस्कार एवं गीता की पढ़ाई थोपना, पाठ्यक्रम में अंधविश्वास भरी विषयवस्तुओं को जगह देना और विकास की धारणा को पूर्णतः अभिजात हितों के मुताबिक प्रस्तुत करना भाजपा शासन में रोजमर्रा के अनुभव हैं। दरअसल, खुद भाजपा इन मुद्दों को अपनी खास पहचान मानती है। जाहिर है, इनके आधार पर ही बहुमत जुटाकर वह सत्ता में आना चाहती है। इस परिप्रेक्ष्य में नरेंद्र मोदी पार्टी में कोई अपवाद नहीं, बल्कि उसके सबसे स्पष्ट प्रतीक हैं। इस राजनीति में जोर-जबर्दस्ती का तत्व नैसर्गिक रूप से शामिल है, क्योंकि सिर्फ उसके जरिए ही कोई जीवन शैली या संस्कृति किसी अन्य पर थोपी जा सकती है। इसलिए वेलेंटाइन डे मना रहे लोगों पर हमला या किसी किताब, कला-संस्कृति या अभिव्यक्ति के दूसरे माध्यमों की आजादी को प्रतिबंधित करने की प्रवृत्ति कोई अलग-अलग रुझान नहीं, बल्कि इस विचारधारा का अभिन्न अंग है।

1980 के दशक तक भाजपा हाशिए पर की ताकत थी। लेकिन राम जन्मभूमि आंदोलन और बाबरी मस्जिद के ध्वंस के बाद बनी परिस्थितियों में वह देश की प्रमुख राजनीतिक शक्ति बन गयी। इसके साथ राजनीति में वह विभाजन रेखा (फॉल्टलाइन) सबसे प्रमुख हो गयी, जिसके आधार पर भाजपा एक तरफ और बहुसंख्यक वर्चस्ववाद एवं रूढ़िवाद विरोधी ताकतें दूसरी तरफ खड़ी दिखती हैं। चूँकि 1990

के दशक के घटनाक्रम ने भाजपा को केंद्र की सत्ता में पहुँचा दिया और सत्ता का अपना गतिशास्त्र होता है, इसलिए बहुत-से ऐसे दल, जो मूल रूप से संघी राष्ट्रवाद से सहमत नहीं हैं, भाजपा के सहयोगी बन गए। सांप्रदायिकता की विभाजन रेखा की इस अनदेखी ने सब के साथ न्याय एवं सब को साथ ले कर चलने वाले राष्ट्रवाद के लिए गंभीर चुनौती पैदा कर दी। चूँकि यह स्थिति आज भी कायम है, इसीलिए भारतीय जनता के व्यापक एवं दीर्घकालिक हित में संसदीय राजनीति के भीतर उस धुरी की प्रासंगिकता कायम है, जिसका नेतृत्व कांग्रेस करती है। अगर देश में दो धर्मनिरपेक्ष विकल्प होते, तो निःसन्देह जन-पक्षीय नीतियों एवं व्यापक जनतांत्रिक कार्यक्रम से तय होने वाली विभाजन रेखा के आधार पर राजनीतिक रुख या मतदान का फैसला करने की सुविधाजनक स्थिति होती। उस निर्णय में अपनी मौजूदा नीतियों एवं वर्ग चरित्र के कारण संभवतः किसी प्रगतिशील शक्ति की पसंद नहीं होती। मगर मुश्किल यह है कि 1990 के दशक में जब भाजपा के नेतृत्व में सांप्रदायिक-धुर दक्षिणपंथी शक्तियाँ उभार पर थीं, उस समय भी अपना किला मजबूत रखनेवाली वामपंथी ताकतें आज कमजोर हो चुकी हैं। ऐसे में शासन की नीतियों को वाम झुकाव देने की चुनौती और गहरी हो गयी है।

इस परिस्थिति में आधुनिकता एवं प्रगतिशीलता के अर्थ में राष्ट्र-भक्त एवं जन-पक्षीय लोगों के सामने पहला लक्ष्य भारत के आधुनिक विचार की रक्षा और भारतीय राज्यव्यवस्था को राष्ट्रवाद के उस सिद्धांत पर टिकाये रखना है, जो न्यायपूर्ण समाज के निर्माण की एक अनिवार्य शर्त है। कम्युनिस्ट विचारधारा में वस्तुगत परिस्थितियों के वस्तुगत विश्लेषण का सिद्धांत बहुमूल्य माना जाता है। इस सिद्धांत को अगर आज हम अपने हालात पर लागू करें, तो उससे यही समझ निकलती है कि धर्मरिपेरक्ष लोकतंत्र एवं संवैधानिक व्यवस्था की रक्षा एवं समाज के उत्तरोत्तर लोकतंत्रीकरण के संदर्भ में उन तमाम शक्तियों की आवश्यकता बनी हुई है, जो भाजपा के खेमे में नहीं हैं। जब तक भाजपा के राष्ट्रवाद को परास्त नहीं कर दिया जाता, भारतीय राष्ट्रवाद की यह मजबूरी बनी रहेगी। मगर यह दुर्भाग्यपूर्ण है कि भारतीय राजनीति की इस प्रमुख विभाजन रेखा की प्रासंगिकता की समझ कांग्रेस एवं अन्य धर्मनिरपेक्ष शक्तियों में हाल के वर्षों में धुंधली होती गयी है। इसके लिए काफी हद तक कांग्रेस नेतृत्ववाले यूपीए की नीतियाँ जिम्मेदार हैं, लेकिन इसकी कुछ जिम्मेदारी उन पार्टियों की भी है, जिन्होंने फौरी राजनीतिक फायदों को दीर्घकालिक उद्देश्यों पर ज्यादा तरजीह दी है। बहरहाल, यह पूरे धर्मनिरपेक्ष खेमे के लिए विचारणीय प्रश्न है कि क्या इस क्रम में भारत की आधुनिक-लोकतांत्रिक एवं प्रगतिशील संकल्पना के लिए खतरा और संगीन नहीं होता जा रहा है?

परिणाम भाजपा/संघ के राष्ट्रवाद के लिए बढ़ी स्वीकृति के रूप में सामने है।

उसी अनुपात में अल्पसंख्यकों, दलितों, महिलाओं और कमजोर वर्गों के नजरिये से समाज को देखने वाली विचारधाराएँ कमजोर पड़ी हैं। सांस्कृतिक राट्रवाद के पैरोकार तुष्टिकरण विरोध के नाम पर मुसलमानों/अन्य अल्पसंख्यकों, आरक्षण विरोध के नाम पर पिछड़ों और भारतीय संस्कृति के नाम पर महिलाओं के उस स्थान को भी संकुचित करने में सफल होते दिखते हैं, जो दशकों के संघर्ष से बना था। प्रश्न यही है कि एक हिंदू राष्ट्र में आखिर इन तबकों के लिए क्या जगह होगी? उनके कल्याण या विकास के लिए विशेष उपायों की कितनी गुंजाइश वहाँ बचेगी? आइए, कुछ तथ्यों पर गौर करें।

2013 में यह खबर आयी कि इस साल आईआईटी-जेईई की प्रवेश परीक्षा में तकरीबन चार सौ मुस्लिम छात्र-छात्राएँ सफल हुए, जो एक रिकॉर्ड है। यह उपलब्धि इसलिए हासिल हो सकी, क्योंकि कुछ महीने पहले केंद्र सरकार ने अन्य पिछड़ी जातियों (ओबीसी) के लिए आरक्षित सत्ताईस प्रतिशत स्थान के अंदर साढ़े चार फीसदी सीटें धार्मिक अल्पसंख्यकों के सामाजिक एवं शैक्षिक रूप से पिछड़े समूहों के लिए रिजर्व रखने का फैसला किया था। अंग्रेजी अखबार 'द इंडियन एक्सप्रेस' में छपी इस खबर के मुताबिक आरक्षित सब-कोटे के अंदर 325 छात्र चुने गये। 180 मुस्लिम छात्र सामान्य श्रेणी के अंदर सफल हुए। 2013 की साझा आईआईटी-जेईई प्रवेश परीक्षा में साढ़े पाँच लाख से ज्यादा छात्रों ने भाग लिया, जिनमें से परामर्श (काउंसेलिंग) के लिए 24,112 छात्र चुने गए। उनमें 391 मुस्लिम थे। यानी 24,112 में देश की तकरीबन 14 फीसदी आबादीवाले समुदाय के सिर्फ 391 छात्र।

अगर राजिंदर सच्चर कमेटी और रंगनाथ मिश्र आयोग की रपटों की चर्चा फिलहाल छोड़ दें, तो यह संख्या भी अपने आप में काफी कुछ कहती है। यह खबर यह संकेत देती है कि अगर शिक्षा एवं अन्य बुनियादी जरूरतों तथा सुविधाओं से विभिन्न कारणों से वंचित रहे समुदायों को शामिल करने की सुविचारित नीतियाँ अपनायी जायें, तो वास्तव में फर्क पड़ सकता है। आंध्र प्रदेश हाई कोर्ट के एक फैसले को इस संदर्भ में रख कर देखा जाये, तो उसके प्रभावों एवं परिणामों को बेहतर ढंग से समझा जा सकता है। हाई कोर्ट के मुख्य न्यायाधीश मदन बी लोकुर और न्यायमूर्ति पीवी संजीव कुमार की बेंच ने तब सब-कोटे को रद्द कर दिया। उन्होंने कहा कि यह आरक्षण धार्मिक आधार पर है, और यह किसी अन्य तार्किक या अनुभवजन्य आँकड़ों पर आधारित नहीं है। इससे मुस्लिम आरक्षण के विरोधियों को बल मिला।

मगर यहाँ जरूरत इस बहस को राजनीतिक दलों के स्वार्थी तर्क-वितर्क से ऊपर ले जाने की है। क्या सचमुच मुस्लिम पिछड़े वर्गों के लिए आरक्षण को सही ठहराने के कोई अनुभवजन्य तर्क नहीं हैं? अगर ऐसा है, तो साझा आईआईटी-जेईई प्रवेश

परीक्षा के ताजा आँकड़े क्या कहते हैं? अगर कई पिछड़ा वर्ग आयोगों ने अनेक मुस्लिम समुदायों को पिछड़े वर्ग की सूची में रखा, तो क्या उनके पिछड़ेपन को दूर करने के विशेष उपाय धार्मिक आरक्षण कहे जायेंगे? कहा जा सकता है कि वे मुस्लिम सत्ताईस प्रतिशत आरक्षित सीटों में तो जगह पा सकते हैं, लेकिन उसके भीतर सब-कोटा रखना धार्मिक पहलू जोड़ देता है। लेकिन यह पूरे संदर्भ की बहुत मशीनी व्याख्या है।

किसी आधुनिक व्यवस्था में अदालतों से उम्मीद विकसित होती स्थितियों की अभिनव व्याख्या की होती है। खुद न्यायपालिका ने अपने संदर्भ में ऐसी व्याख्याएँ की हैं। मसलन, संविधान के बुनियादी ढाँचे का सिद्धांत, जनहित याचिका, संविधान की नौवीं अनुसूची के संदर्भ में मूल अधिकारों की सर्वोच्चता का सिद्धांत आदि से संबंधित फैसलों से न्यायपालिका को ऐसे अधिकार मिले हैं, जो संविधान के मूल दस्तावेज का हिस्सा नहीं हैं। इन फैसलों पर अगर कोई एतराज नहीं करता, तो इसका कारण यही धारणा है कि उससे भारत की धर्मनिरपेक्ष-लोकतांत्रिक व्यवस्था अधिक सुरक्षित हुई है। मगर भारतीय जनता पार्टी और संघ परिवार इस विकासक्रम को अवरुद्ध करने पर उतारू हो जाते हैं। उनके लिए सच्चर कमेटी का गठन ही वोट बैंक की पोलिटिक्स है और मुसलमानों के हित में उठाया गया हर कदम तुष्टीकरण है। वे इस प्रश्न पर विचार करने को तैयार नहीं हैं कि देश के विभाजन की पृष्ठभूमि में जब संविधान बना, तब भले धार्मिक आधार पर आरक्षण को स्वीकार नहीं किया गया, लेकिन अब साढ़े छह दशक बाद, जब धार्मिक आधार पर पिछड़ापन बहुत साफ है, तब भी उस एक्सक्लूजन को दूर करने के विशेष उपायों को अस्वीकार करना आखिर कितना औचित्यपूर्ण है? जबकि इस संदर्भ में यह प्रश्न उठाने की जरूरत है कि क्या बिना न्याय एवं निष्पक्षता के धर्मनिरपेक्षता सार्थक बनी रह सकती है? न्याय का मुद्दा यह है कि आरक्षण की व्यवस्था पहले से ही भेदभाव के शिकार धार्मिक अल्पसंख्यकों के एक और एक्सक्लूजन का जरिया बन गयी है। अगर आप 22.5 फीसदी सीटें दलित-आदिवासी जातियों के लिए आरक्षित कर देते हैं, तो उसका अर्थ है कि धार्मिक अल्पसंख्यकों के पास प्रतिस्पर्धा के लिए सिर्फ तीन चौथाई सीटें ही बचती हैं। क्या यह इंसाफ है?

अगर हम अपने अवचेतन मन में इस सोच से ग्रस्त न हों कि भारत हिंदुओं का देश है, जहाँ धार्मिक अल्पसंख्यक अधिकार के साथ नहीं, बल्कि बहुसंख्यक समुदाय की उदारता या मर्जी से रहते हैं, तो हमें इंसाफ के इस सवाल से जरूर परेशान होना चाहिए। यह सवाल सिर्फ कानून और कोर्ट का नहीं है। यह बड़े सामाजिक दर्शन से जुड़ा मुद्दा है। चूँकि इस सवाल पर साधिकार और साहस के साथ बोलने के लिए कोई तैयार नहीं होता, और इसके पक्ष में सारी दलीलें बचाव की मुद्रा

के साथ दी जाती हैं, इसलिए अंततः उसका कोई दूरगामी सकारात्मक परिणाम सामने नहीं आता। राजनीतिक दलों के लिए चूँकि यह आस्था का नहीं, बल्कि वोटों के समीकरण का सवाल है, इसलिए वे आधुनिक धर्मनिरपेक्ष दर्शन को बेलाग ढंग से जनता के सामने नहीं रखते। इससे संघ परिवार का काम आसान होता गया है।

अब जाति के प्रश्न पर आते हैं। हालाँकि पिछड़ी जातियों को हिंदुत्व की अपनी व्यापक परियोजना से जोड़ने के लिए गुजरे दशकों में संघ परिवार ने अपने सवर्ण स्वरूप को कुछ मद्धम किया है, इसके बावजूद जाति व्यवस्था आज भी उसके विमर्श का एक अहम हिस्सा है। जाति या वर्ण व्यवस्था के समूल नाश की बात उसके द्वारा कभी नहीं कही गयी। इसलिए यह स्वाभाविक ही है कि उसके समर्थक वर्ग में आरक्षण के सिद्धान्त के प्रति द्रोह भाव देखा जाता है। इसीलिए संघ परिवार और भाजपा से इस स्पष्टीकरण की माँग अवश्य होनी चाहिए कि उनके सांस्कृतिक राष्ट्रवाद में दलितों और पिछड़ी जातियों का क्या स्थान होगा? क्या उन्हें सवर्णों के बराबर का दर्जा मिलेगा? आरक्षण व्यवस्था में निश्चय ही अनेक विसंगतियाँ घुस आयी हैं। इसके बावजूद तथ्य यही है कि इसे जाति आधारित ऐतिहासिक सामाजिक अन्याय को दूर करने के लिए अपनाया गया था। इसके विरोधी शुरू में यह तर्क देते हैं कि आरक्षण से योग्यता की अनदेखी होती है। क्या यह सच है?

उदाहरण लेते हैं। जस्टिस अल्तमस कबीर भारत के प्रधान न्यायाधीश पद से 2013 में रिटायर होने से पहले दो ऐसे न्यायिक फैसलों में सहभागी बने जिनमें न्याय को ले कर न्यायपालिका के सामाजिक दर्शन पर विचार किया जाये तो अवसर की समानता का कोई समर्थक बेचैन हो सकता है। जस्टिस कबीर की अध्यक्षतावाले पाँच जजों के संविधान पीठ ने अखिल भारतीय आयुर्विज्ञान संस्थान में जाति-स्तर पर आरक्षण को खारिज कर दिया। इसके लिए विशेषज्ञता (स्पेशियलिटी-सुपर स्पेशियलिटी) का तर्क दिया गया। इस बेंच ने मंडल मामले में दिये गये सुप्रीम कोर्ट के निर्णय को आधार बनाया, जिसमें कहा गया था कि कुछ मामलों में सिर्फ योग्यता (मेरिट) को ही महत्व दिया जाना चाहिए। जस्टिस कबीर की अध्यक्षतावाली बेंच ने टिप्पणी की, 'आरक्षण की अवधारणा में ही मध्यम प्रतिभा को महत्व मिलना अंतर्निहित है।'

उधर न्यायमूर्ति कबीर दवे, जस्टिस विक्रमजीत सेन और जस्टिस अनियलो आर. के. के खंडपीठ ने बहुमत से देश भर के मेडिकल कॉलेजों में दाखिले के लिए साझा प्रवेश परीक्षा आयोजित करने की हुई शुरुआत को अवैध ठहरा दिया। इस फैसले से असहमत न्यायमूर्ति दवे ने कहा कि अगर साझा परीक्षा के आधार पर दाखिला मिले तो शिक्षा के क्षेत्र में सक्रिय अनैतिक और धन को सर्वोपरि माननेवाले व्यापारियों के भ्रष्ट आचरणों पर रोक लग सकती है। मगर वे अल्पमत में थे।

आलोचकों ने ध्यान दिलाया कि सुप्रीम कोर्ट के इस फैसले से छात्रों और मरीजों के अलावा बाकी सब को लाभ होगा। साझा परीक्षा होने पर छात्र अलग-अलग कॉलेजों के लिए अलग प्रवेश-परीक्षा देने से बच जाते, देश भर में दाखिले का समान मानदंड लागू होता और कैपिटेशन फीस पर रोक लगती, जो अब कई जगहों पर करोड़ रुपयों में वसूली जा रही है। यह जान कर आप चिंतित हो सकते हैं कि प्राइवेट मेडिकल कॉलेजों से पास हुए डॉक्टरों में तकरीबन 20 फीसदी ऐसे होते हैं, जिनका वहाँ दाखिला योग्यता के आधार पर नहीं हुआ होता है। ये लोग धन के जोर से मैनेजमेंट कोटा की सीटें खरीद कर डॉक्टर बन जाते हैं। हैरतअंगेज है कि आरक्षण के कारण कथित रूप से मध्यम प्रतिभाओं के आगे बढ़ने से चिंतित सुप्रीम कोर्ट को धन के जोर से आगे बढ़नेवाली अयोग्यता से कोई परेशानी नहीं हुई। बहरहाल, इन दोनों मामलों ने मौजूदा समाज में अंतर्निहित विषमता और विशेष अवसर के सिद्धांत के संदर्भ में योग्यता बनाम अयोग्यता की बहस को फिर से प्रासंगिक कर दिया।

मुद्दा यह है कि क्या उच्च शिक्षा संस्थानों तक पहुँच एवं वहाँ सफलता सिर्फ योग्यता से तय होती रही है? क्या योग्यता सामाजिक-आर्थिक परिस्थितियों से निरपेक्ष कोई चीज है? अगर इंजीनियरिंग संस्थानों के एक हालिया आंतरिक विश्लेषण पर गौर करें तो हमें इन सवालों के जवाब ढूँढ़ने में मदद मिल सकती है। 2012 में इंजीनियरिंग में भाग लेने वाले छात्रों की जेईई कॉलेजों के लिए संयुक्त प्रवेश परीक्षा और आर्थिक स्थिति के इस अध्ययन से सामने आया कि इंजीनियरिंग कॉलेजों में दाखिले के लिए संपन्न पृष्ठभूमि और बड़े शहरों में निवास, ये दो सबसे प्रमुख तत्व हैं। कोचिंग की सुविधा और अनुकूल पारिवारिक पृष्ठभूमि हो तो काम और आसान हो जाता है। यानी अगर परिवार में पहले से कोई डॉक्टर या इंजीनियर या अन्य उच्च प्रोफेशनल हो तो उसका लाभ अगली पीढ़ी को मिलता है। सहज अनुमान लगाया जा सकता है कि जो बात इंजीनियरिंग कॉलेजों के लिए सच है वह अधिकांश उच्च तकनीकी, बल्कि तमाम शैक्षिक क्षेत्रों पर भी लागू होती है। उपलब्ध आँकड़ों के आधार पर यह दावा किया जा सकता है कि योग्यता असल में सामाजिक-आर्थिक अवसरों से तय होती है और बहुत-से साधन-संपन्न छात्र सिर्फ इसलिए सफल हो जाते हैं, क्योंकि उनके प्रतिद्वंद्वी छात्रों को उनकी तरह सुविधाएँ और अवसर नहीं मिल पाते।

भारतीय समाज में अवसरों को सीमित करने वाले जो पहलू हैं, उनमें जाति प्रमुख है। इस कारण करोड़ों लोग शिक्षा एवं रोजगार में समान अवसर पाने से वंचित रह जाते हैं। आरक्षण की अवधारणा इसी सामाजिक हकीकत को ध्यान रखते हुए विकसित हुई। यह समझना कठिन है कि आखिर न्यायपालिका इसे नजरअंदाज क्यों कर देती है, जबकि भारतीय समाज में आज भी जातिवाद की परंपरागत जकड़न

कितनी गहरी है यह किसी भी सामाजिक व्यवहार में देखा जा सकता है। वैवाहिक विज्ञापनों का अध्ययन करके केलिफोर्निया विश्वविद्यालय के तीन अनुसंधानकर्ता हाल में इस निष्कर्ष पर पहुँचे हैं कि जो लोग वैवाहिक विज्ञापनों में 'जाति की सीमा नहीं' लिखने का खुलापन दिखाते हैं उनमें भी अधिकांश की प्राथमिकता पहले अपनी जाति में ही जीवनसाथी चुनने की होती है। इस क्रम में एक मैट्रिमोनियल वेबसाइट द्वारा दी गयी यह जानकारी महत्वपूर्ण है कि जो अपने विज्ञापन में 'जाति की सीमा नहीं' लिखते हैं उनमें से 90 फीसदी लोग इश्तहार में अपनी जाति का उल्लेख जरूर कर देते हैं। पिछले राष्ट्रीय पारिवारिक स्वास्थ्य सर्वेक्षण में सामने आया था कि भारत में अंतरजातीय विवाहों की संख्या में बढ़ोतरी नहीं हो रही है। यह संख्या कुल विवाहों के 10 प्रतिशत तक सीमित है। इस 10 प्रतिशत में अधिकांश विवाह वे हैं जिन्हें प्रेम विवाह की श्रेणी में रखा जाता है।

प्रश्न यह है कि संघ परिवार आखिर इस सामाजिक यथार्थ से अनजान क्यों बना हुआ है? यह तो स्वागतयोग्य है कि सरकार ने उपर्युक्त दोनों फैसलों पर पुनर्विचार याचिका देने का निर्णय किया और यह घोषणा की कि अगर फैसला अनुकूल नहीं रहा तो वह संविधान संशोधन का रास्ता अपनाएगी। लेकिन इससे योग्यता की समाजनिरपेक्ष और अमूर्त अवधारणा को तोड़ने में बहुत मदद नहीं मिलेगी। इसके लिए सायास और सक्रिय प्रयासों की जरूरत होगी। इस निराधार धारणा को चुनौती देना एक बड़ा काम है। ऊँचे पदों पर बैठे लोगों को यह जरूर बताया जाना चाहिए कि मुमकिन है कि वे अपनी योग्यता से नहीं, बल्कि अपने परिवार की सामाजिक-आर्थिक हैसियत के कारण मिली विशेष सुविधाओं और अवसरों से मिली हैं। सदियों से जो समूह इन सुविधाओं और अवसरों से वंचित हैं, उनके विकास एवं प्रगति की राह में इस विषम सामाजिक व्यवस्था के कारण लाभ पा रहे लोग योग्यता की अयथार्थ एवं मनोगत दीवारें खड़ी नहीं कर सकते। लेकिन क्या यह सच नहीं है कि हिन्दुत्व की राजनीति असल में ऐसी मनोगत दीवार खड़ी करने का उपक्रम रही है?

भारतीय समाज (इसमें सभी धर्म और समुदाय शामिल हैं) में महिलाओं की स्वतंत्रता के मुद्दे पर कैसी संकुचित धारणाएँ फैली हुई हैं, यह बात दिल्ली में निर्भया बलात्कार कांड से जाहिर हुई। निर्भया कांड के खिलाफ जन प्रतिरोध से समाज में खुलेपन और स्त्री अधिकारों के प्रति नयी जागरूकता की संभावना तो बनती दिखी, मगर उसी दौरान रूढ़िवाद का पलटवार भी हुआ। चूँकि यहाँ हमारी चर्चा का संदर्भ हिंदुत्व और हिंदू राष्ट्रवाद है, अतः हम अपनी चर्चा को हिंदू नेताओं के विचारों तक ही सीमित रखते हैं, जिनमें पितृसत्तात्मक सोच की स्पष्ट अभिव्यक्ति हुई। उनकी प्रतिक्रियाओं का निष्कर्ष यही था कि पितृसत्तात्मक उसूलों में ढली मानसिकता

आसानी से स्त्रियों पर अपने नियंत्रण और अपने संरक्षण की दीवारों से बाहर उन्हें निकलने देने को तैयार नहीं है। वरना, यह विडंबना ही है कि जो मुद्दा बलात्कार और यौन हिंसा के खिलाफ कानून बनाने और समाज में महिलाओं के लिए अधिक सुरक्षित माहौल बनाने से जुड़ा है, उसमें बहस का केन्द्र यह बन गया कि लड़कियों के यौन सम्बन्ध बनाने की सहमति देने की सही उम्र क्या होनी चाहिए! तब प्रस्तावित बलात्कार विरोधी कानून (जो बाद में पास हुआ, लेकिन उससे यह प्रावधान हटा दिया गया) में अगर यह उम्र 16 वर्ष रखने का प्रावधान किया गया, तो उसका सिर्फ इतना मतलब था कि उस उम्र में होनेवाली गलती सख्त सजा का कारण न बन जाये, जिससे कि दो नौजवानों की जिन्दगी तबाह हो सकती है। लेकिन इसे इस रूप में पेश किया गया है, जैसे सरकार 16 वर्ष के किशोरों को यौन सम्बन्ध बनाने के लिए प्रोत्साहित कर रही है। दरअसल, मुद्दा यही है कि स्त्री की सुरक्षा को उसकी स्वतंत्रता के साथ देखा जाता है, या पितृसत्तात्मक अभिभावकीय नजरिए से। लोक सभा में विपक्ष की नेता सुषमा स्वराज ने निर्भया कांड पर बहस के दौरान कहा था कि बलात्कार पीड़िता का जीवन लाश से बदतर होता है। स्त्री को उसके शरीर या यौन शुचिता से जोड़ कर देखने के नजरिए का इजहार ऐसे ही बयानों से होता है। सीता और सावित्री का आदर्श जब समाज में पेश किया जाता है, तो उसका मतलब ऐसे दृष्टिकोण की पुनर्पुष्टि होती है। यह आदर्श ऐसा है, जिसमें स्त्री की अपनी कोई स्वतन्त्र अस्मिता नहीं है। संघ परिवार से यह पूछा जाना चाहिए कि क्या उसके हिन्दू राष्ट्र में स्त्रियों की यही स्थिति एवं हैसियत नहीं बनी रहेगी?

नरेंद्र मोदी को जिस तरह भारतीय जनता पार्टी का प्रधानमंत्री पद का उम्मीदवार चुना गया उससे यह साफ हो गया कि राष्ट्रीय स्वयंसेवक संघ का भाजपा पर न सिर्फ शिकंजा कायम है, बल्कि वह मजबूत हो रहा है। दरअसल, नरेंद्र मोदी के नेता चुने जाने की यही विशेषता है कि इसके साथ भाजपा अपनी जड़ों की तरफ लौटी। (अयोध्या में) मंदिर 'वहीं' बनाने के लिए भीड़ जुटाने और उसे उत्तेजित करने के बाद उसके परिणाम यानी (बाबरी) मस्जिद के ध्वंस को अपनी जिन्दगी का सबसे अफसोसनाक दिन बताने का जो पाखंड 1990 के दशक में शुरू हुआ था, यह एक तरह से उसका अन्त हुआ। भाजपा ने जो उसका मुख है, उसी को मुखौटा बनाने का फैसला किया। मगर यह वोट की राजनीति की मजबूरी है कि यह मुखौटा चुनाव अभियान के दौरान उतना स्पष्ट नहीं रहा। हिंदुत्व को पृष्ठभूमि में रख कर विकास का चोला उसने पहना। यह नरेंद्र मोदी के मूल स्वभाव के खिलाफ है, मगर निगाह देश के सिंहासन पर और उसके लिए गठबंधन साथी जुटाने की अनिवार्यता हो तो अपने मूल स्वभाव पर भी समझौता करना पड़ता है। प्रधानमंत्री पद का उम्मीदवार

बनने के पहले तक नरेंद्र मोदी की खासियत यही थी कि वे वही कहते थे, जो उनकी समझ है और फिर उस पर ही अमल करते रहे। उसी आधार पर गुजरात में उन्होंने ऐसा मजबूत राजनीतिक बहुमत तैयार किया है, जो भारतीय राजनीति में अनूठा है। कहा जा सकता है कि अपनी स्थापना के बाद भारतीय जनसंघ जो करना चाहता था, उसे नरेंद्र मोदी ने गुजरात में कर दिखाया। हिन्दुत्व की विचारधारा को व्यवहार में उतारते हुए कैसे सत्ता पर कायम रहा जा सकता है, इसका उनसे बेहतर नमूना किसी और ने नहीं दिखाया है। मुक्त बाजार और पूँजी के अनुकूल नीतियों पर निर्बाध अमल का भी संभवतः सबसे प्रभावी मॉडल मोदी के राज में ही देखने को मिला है। यह ऐसा मॉडल है, जिसकी तरफ कॉरपोरेट जगत, शहरी मध्यम वर्ग और बहुसंख्यक वर्चस्ववादी समूहों का आकर्षित होना लाजिमी है।

1980 में अपने नए अवतार में भारतीय जनता पार्टी ने पहले गाँधीवादी समाजवाद को अपनी मूल विचारधारा के रूप में अपनाया, फिर उग्र हिंदुत्व की राह चली और उसके बाद सुविधा के मुताबिक दोनों में से जब जिससे फायदा दिखा, उस मुखौटे को अपने चेहरे पर लगाती रही। इस दौर में कभी समाजवादी राजनीति के दिग्गज रहे जॉर्ज फर्नांडिस से लेकर नीतीश, शरद यादव, रामविलास पासवान, तथा मध्यमार्गी राजनीति से आये नेताओं के लिए गैर-काँग्रेसवाद के नाम पर भाजपा की धुरी पर इकट्ठा होना मुमकिन बना रहा। अगर नरेंद्र मोदी अपने मूल चेहरे के साथ कायम रहते तो यह सुविधा नहीं रहती।

अकाली दल और शिवसेना को, जो खुद सांप्रदायिक या क्षेत्रीय अस्मिता की प्रतिनिधि पार्टियाँ हैं, भाजपा के साथ बने रहने में कभी कोई समस्या नहीं होगी। मगर जिन पार्टियों का राजनीतिक हित सामाजिक न्याय, धर्मनिरपेक्षता या समावेशी विकास के मुद्दों से जुड़ा है, उनके लिए नरेंद्रभाई के कारवाँ में शामिल दिखना मुफीद नहीं होता। भाजपा के सामने इसका एक स्पष्ट उदाहरण है। 1990 के दशक में लालकृष्ण आडवाणी की राम रथयात्रा ने भाजपा की तकदीर बदल दी थी। मध्य वर्ग से मीडिया तक में भाजपा लहर की सफलता पर भरोसे का आलम यह था कि विश्व हिंदू परिषद के कुछ नेता (खासकर स्वामी वामदेव) धर्मनिरपेक्ष-गणतांत्रिक संविधान की जगह लेने वाले हिन्दू राष्ट्र के संविधान का मसविदा तैयार कर उसे बाँटने लगे थे। लेकिन बाबरी मस्जिद ध्वंस के बाद साल भर के अन्दर हुए उत्तर प्रदेश के चुनाव में सपा-बसपा के गठबंधन ने बहुमत पाकर सबको चौंका दिया। मध्य प्रदेश में कांग्रेस सत्ता में आयी और फिर दिग्विजय सिंह के नेतृत्व में दस साल तक बनी रही। राजस्थान में भी भाजपा बहुमत पाने में विफल रही, हालाँकि उसने जोड़-तोड़ कर सरकार बना ली, मगर मुख्यमंत्री भैरोसिंह शेखावत बने, जिन्हें अपेक्षाकृत

उदारवादी माना जाता था। 1996 में सबसे बड़े दल के रूप में भाजपा को केन्द्र में सत्ता मिली, लेकिन कोई सहयोगी दल न मिलने के कारण 13 दिन में ही अटल बिहारी वाजपेयी को प्रधानमंत्री पद से इस्तीफा देना पड़ा। भाजपा के दिन वास्तव में तब फिरे जब वाजपेयी की कथित उदार छवि को उसने जनता के सामने पेश किया और उनके नाम पर सहयोगी दल जुटे। तभी पार्टी के सिद्धांतकार माने जानेवाले गोविंदाचार्य ने बहुचर्चित टिप्पणी की थी कि आडवाणी मुख हैं और वाजपेयी मुखौटा। यानी भाजपा की असलियत हिंदुत्व है, जबकि उदारता दिखावा है। मगर इसी दोहरेपन से भाजपा छह साल केंद्रीय सत्ता में रही। उसके बाद भी तकरीबन एक दशक तक उसने यह खेल कुशलता से खेला। मगर इस रणनीति के घटते लाभ (डिमिनिशिंग रिटर्न) 2005 में ही साफ हो गये थे। भाजपा के सामने तब रास्ता सचमुच उदार बनने या हिंदुत्ववादी राजनीति को गले लगा लेने का बचा था। कई साल वह डगमग रही। आखिरकार उसने हिंदुत्व का रास्ता चुना, मगर उदार मुखौटे की रणनीति उसे अब भी अपरिहार्य लगती है।

यह रणनीति कैसे काम कर रही है, यह गौरतलब है। जनवरी 2014 में दिल्ली के भाजपा राष्ट्रीय परिषद की बैठक और उसके अन्त में पार्टी के प्रधानमंत्री पद के उम्मीदवार नरेंद्र मोदी के भाषण से यह साफ हुआ कि भाजपा का जतन धर्मनिरपेक्षता के नाम पर ध्रुवीकरण रोकने का है। इसलिए मोदी के लगभग डेढ़ घंटे के भाषण में हिंदुत्व के किसी मुद्दे की चर्चा नहीं हुई। उसके पहले पार्टी अध्यक्ष राजनाथ सिंह ने धारा 370 पर कुछ समय पहले जम्मू में मोदी के भाषण से पैदा हुए भ्रम को बने रहने दिया। मोदी और सिंह दोनों के भाषणों का सार है कि पार्टी इस मुद्दे पर पुनर्विचार करने के लिए तैयार है। परोक्ष संकेत है कि अगर वह धारा 370 के सवाल पर ऐसा कर सकती है तो अन्य विभाजक मुद्दों पर भी अपने को लचीला कर सकती है। बाद में राजनाथ सिंह ने गुजरात दंगों के संदर्भ में कहा कि अगर भाजपा से कोई गलती हुई हो तो वह सिर झुका कर माफी माँगने को तैयार है। उसके बाद पार्टी प्रवक्ताओं ने दावा किया कि कोई गलती हुई ही नहीं तो माफी माँगने का कहाँ सवाल है।

तो 16वीं लोकसभा के चुनाव के दौरान भाजपा ने जनता को बताने का जो कथानक तैयार किया, वह कुछ इस तरह का है—यूपीए के भ्रष्टाचार और अनिर्णय के कारण अर्थव्यवस्था बिगड़ी, महँगाई बढ़ी, लोगों का जीना मुहाल हुआ और भारत के विकसित देश बनने का सपना चकनाचूर हो गया। दूसरी तरफ नरेंद्र मोदी ने अपने नेतृत्व से गुजरात में विकास का वह मॉडल तैयार किया, जिस पर आज कॉरपोरेट जगत से लेकर मध्य वर्ग तक मोहित है। कांग्रेस एक परिवार की थाती

है जब कि भाजपा में वह व्यक्ति भी सर्वोच्च स्तर तक पहुँच सकता है जिसका जन्म पिछड़ी जाति में हुआ, जिसकी माँ घरों में सफाई-बरतन का काम करती थी और जिसने चाय बेचनेवाले लड़के के रूप में अपनी जिन्दगी शुरू की। यह यूँ ही नहीं था कि मोदी ने अपनी चुनाव सभाओं में (खासकर उत्तर प्रदेश और बिहार में) अपने पिछड़ी जाति से आने की चर्चा खूब विस्तार से की। इस तरह भाजपा खुद मंडल राजनीति की विरासत हथियाने की कोशिश में दिखी।

लेकिन क्या सचमुच भाजपा ने अपने उस कथानक को अलविदा कर दिया है, जिसमें धारा 370 संहिता पर अमल और समान नागरिक अयोध्या में राम मंदिर के निर्माण की समाप्ति को 'मुख्य मुद्दे' बताया जाता था? इन मुद्दों से जो राजनीतिक कार्यक्रम जाहिर होता है, उसके पीछे का संदेश कहीं अधिक गहरा है। राष्ट्रवाद की पृष्ठभूमि में एक विशिष्ट धारणा है राष्ट्रवाद जिसे राष्ट्रीय स्वंसेवक संघ परिवार सांस्कृतिक कहता है। मूल रूप से यही हिंदुत्व का विचार है। स्वतंत्रता संग्राम और उसके बाद के दशकों में इस विचार की भारतीय राष्ट्रवाद की उदार धारणा से सीधी प्रतिस्पर्धा रही। दोहराव के जोखिम के बावजूद यह रेखांकित करने की जरूरत है कि आर्थिक हितों पर आधारित एवं सबसे न्याय का वादा करनेवाले राष्ट्रवादी, लोकतांत्रिक, सर्वसमावेशी और हिंदू राष्ट्र बनाने का वादा करनेवाली विचारधारा तब से भारतीय राजनीति में सबसे प्रमुख विभाजक रेखा बनी हुई है। अपने मूल विचार में संघ परिवार संघीय व्यवस्था के खिलाफ भी रहा है। हालाँकि अब राजनीतिक जरूरतों के कारण भाजपा खुद को संघवाद का पैरोकार बताती है। इसके बावजूद इससे भाजपा के मुख्य समर्थन आधार पर असर नहीं  पड़ता है तो इसलिए कि नरेंद्र मोदी जैसे नेता की राजनीतिक विरासत के साथ एक खास तरह का पैगाम जुड़ा हुआ है। हिंदुत्व समर्थक समूहों को उत्साहित करने के लिए सिर्फ उनका नाम ही काफी है। फिर भाजपा पर आज भी राष्ट्रीय स्वयंसेवक संघ का नियंत्रण कायम है। ऐसे में भाजपा के साथ संघ की मूल विचारधारा का संदेश अंतर्निहित है। यह वह विचारधारा है, जिसने आरंभिक दौर में अपना प्रसार हिंदू, हिंदी, हिंदुस्तान के नारे के साथ किया जिसमें पितृभूमि और पुण्यभूमि की धारणा प्रचारित करते हुए जोर दिया गया कि भारत भूमि सिर्फ उसी की है, जिसकी उपर्युक्त दोनों भूमियाँ (यानी जन्म स्थल और मुख्य उपासना स्थल) इसी जमीन पर हैं, जिसमें बार-बार विभिन्नताओं को नकारने की कोशिश होती है और कहा जाता है कि संघ की राय में भारत में कोई अल्पसंख्यक नहीं है, जिसमें अल्पसंख्यकों से 'मुख्यधारा' में शामिल होने का आह्वान किया जाता है और अतीत में कई बार बेलाग चेतावनी दी गयी है कि ऐसा न करनेवालों को दूसरे दर्जे का नागरिक बनने के लिए तैयार रहना चाहिए। इस

सांस्कृतिक राष्ट्रवाद ने आज तक जाति व्यवस्था को नष्ट करने की बात नहीं की और आज तक महिलाओं की पूर्ण स्वतंत्रता को स्वीकार नहीं किया है। इसीलिए यह मानने का आधार लगातार बना हुआ है कि यह विचारधारा उन मूल्यों के विरुद्ध है, जिनकी अभिव्यक्ति हमारे संविधान में हुई है। यह भारत के उस विचार के खिलाफ है, जिसे लेकर हम स्वतंत्रता संग्राम के दिनों से आगे बढ़े और पिछले साढ़े छह दशकों में एक आधुनिक राष्ट्र का निर्माण किया है।

(satyendra.ranjan@gmail.com)

# धर्म के नाम पर

अनिल जैन

पिछले कोई ढाई-तीन दशकों से देश में हर कहीं धार्मिक जलसों की बाढ़-सी आयी हुई है। कहीं लक्षचंडी-सहस्त्रचंडी यज्ञ होते हैं, तो कहीं भागवत कथा और रामकथा के आयोजन, और कहीं महामस्तकाभिषेक जैसे पाँच सितारा धार्मिक अनुष्ठान। जगद्गुरुओं, आचार्यों, महामंडलेश्वरों, बापुओं, मुनियों-महामुनियों और साध्वियों-देवियों के प्रवचनों का सिलसिला लगातार बना रहता है। लाखों-करोड़ों रुपए के खर्च से होनेवाले इन विराट आयोजनों में हजारों लोग जुटते हैं और मंत्रमुग्ध कर देनेवाले प्रवचनों को कानों की कटोरी बनाकर पी जाते हैं। गाँव-गाँव, नगर-नगर इन धार्मिक समारोहों-प्रवचनों की चर्चा होती है। लेकिन धार्मिकता के इस ज्वार के बावजूद सब कुछ वैसा ही चल रहा है, जैसा चलता आया है। राजनीति लोकविमुख हो कर आकंठ भ्रष्टाचार में डूबी हुई है। सत्ता में बैठे राजनेताओं और नौकरशाहों के नित-नए घोटाले सामने आ रहे हैं। बच्चे टूटे-फूटे स्कूलों में टाट-पट्टी के चिथड़ों पर बैठ कर उसी तरह का अपना भविष्य बना रहे हैं। शिक्षक स्वयं के भविष्य के प्रति आश्वस्त हो कर हमेशा की तरह पहली तारीख की राह देखते हैं। बढ़ती हुई महँगाई और दोहरी मूल्य प्रणाली ने भोजन के इंतजाम को इकहरा कर दिया है। झुग्गियों के मटमैले टाटों पर पपड़ियाँ जम रही हैं। रोजगार के लिए आदमी की जद्दोजहद जारी है। औरत की अस्मत किस्मत के हवाले है। फिर भी लोग अपने पारलौकिक जीवन के लिए चिंतित और परेशान हैं।

प्रवचनकार या कथावाचक कोई भी हो, आम तौर पर सभी के प्रवचनों का तात्विक निष्कर्ष मोक्ष या मुक्ति के इर्द-गिर्द मँडराता रहता है। यहाँ धर्माचार्यों में कोई परस्पर मतभेद नहीं हैं। वे इहलोक की निस्सारता पर एकमत हैं। समष्टि से व्यक्ति को काट कर सीधे परमेष्टि से जोड़ने के फार्मूले को सभी ने बुनियादी सिद्धांत की तरह प्रचारित किया है। भारतीय समाज का इतिहास व्यक्ति, समाज और ब्रह्म के

सही संतुलन की शिनाख्त करनेवाले तत्वचिंतन का इतिहास है। श्रुति, स्मृति और पुराणों के सम्यक निष्कर्षों पर धर्म-चर्चा होती रही है। लेकिन इन दिनों होनेवाले लोकप्रिय प्रवचनों में श्रुति और स्मृति के तत्वों का जिक्र ही नदारद रहता है। ये प्रवचन सिर्फ पुराणों की ललित कथाओं तक ही सीमित रहते हैं और भक्ति से तर्क को अलग करते हैं। तर्कविहीन भक्ति मायावाद और भाग्यवाद को बढ़ावा दे रही है। इसी मायावाद और भाग्यवाद के कारण हमारा विगत हजार वर्षों का इतिहास पराजित समाज का इतिहास कर रहा है।

व्यक्तिगत मोक्ष और परमेश्वर से सीधा साक्षात्कार, समाज के इहलौकिक जीवन को नजरअंदाज करके कतई संभव नहीं है। 'जो ईश्वर अथवा ब्रह्म मुझमें विद्यमान है, वही सारे जगत में ओतप्रोत है', यह दृष्टि तब तक वस्तुतः प्रत्यक्ष नहीं हो सकती, जब तक उसमें इहलौकिक जीवन का अधिष्ठान न हो। ऋषियों और संतों की 'विराट' के चिंतन की परंपरा, सामाजिक संदर्भों को मोक्ष-मुक्ति से जोड़ कर तत्व चिंतन की रही है। वैदिक ऋषि की 'त्वहं कामये राज्यं, न स्वर्गं न पुनर्भवम्' की मोक्ष कामना में समाज की यह चिंता भी जुड़ जाती है—कामये दुःखतत्पानां प्राणिनाम् आर्तिनाशनम्। मध्य युग में नरसी मेहता के 'वैष्णव जन तो तेणे कहिए जे पीर परायी जाणे रे' की सामाजिक विरासत तो हमारे स्वाधीनता आंदोलन का प्रेरणास्रोत ही बन गयी थी।

कहा जा सकता है कि या तो हमारे धर्म-ध्वजाधारी दीन-दुनिया से बेखबर हैं या जान-बूझकर उसे नजरअंदाज कर रहे हैं। सामाजिक और आर्थिक विषमता से पैदा होनेवाली हिंसा उनके मोक्ष-चिंतन में कोई खलल नहीं डालती। अहिंसा के सिद्धांत को धर्माचार्यों ने शाकाहार-मांसाहार की बहस तक सीमित कर दिया है। धर्म की समाज से बेखबरी की यह इन्तहा ही है कि विश्वव्यापी आतंकवाद के खात्मे और विश्व शांति की स्थापना के लिए तरह-तरह के यज्ञ हो रहे हैं। जनसंख्या विस्फोट के खतरे से लोगों को आगाह करने और उन्हें जनसंख्या नियंत्रण के उपाय अपनाने के लिए प्रेरित करने की बजाय कुछ मूढ़-मगज धर्म-व्यापारी उन्हें पाँच-पाँच बच्चे पैदा करने की सलाह दे रहे हैं। यह सलाह देते हुए मुसलमानों और ईसाइसों की आबादी और जन्म दर के मनगढ़ंत आँकड़े पेश कर हिंदुओं में यह काल्पनिक भय पैदा किया जा रहा है कि कुछ ही वर्षों में भारत में मुसलमान और ईसाई, ये दोनों समुदाय अपनी आबादी निर्बाध रूप से बढ़ाते हुए संख्या के मामले में हिंदुओं को पीछे छोड़ कर उन्हें अल्पसंख्यक बना देंगे। कहा जा रहा है कि उस भयावह स्थिति को आने से रोकने का उपाय यही है कि हिंदू अधिक से अधिक बच्चे पैदा करें। कहा जा सकता है कि तर्क से धर्म का संबंध विच्छेद-सा हो गया है। सवाल है कि आखिर इहलौकिक दुखों के सही कारणों के उल्लेख से धर्म घबराता क्यों है?

दरअसल, हमारे समाज की विडंबना यह है कि धार्मिक गतिविधियों में इजाफा होने के साथ-साथ ही बलात्कार, हिंसा, भ्रष्टाचार, नफरत और तमाम दूसरे अपराध भी तेजी से बढ़ रहे हैं। यानी धार्मिकता बढ़ने के बावजूद कोई सभ्य, मर्यादित और सदाचारी समाज नहीं बन पा रहा है, बल्कि इसके विपरीत एक ज्यादा क्रूर, ज्यादा कलहप्रिय, ज्यादा दुराचारी, ज्यादा डरावना और ज्यादा संवेदनाशून्य समाज बन रहा है। जाहिर है कि यह सारी दिखाऊ धार्मिकता न सिर्फ अतार्किक और असात्विक है, बल्कि अपने फलितार्थों में असामाजिक और अमानवीय भी है, जो समाज को लगातार तोड़ रही है।

संपत्ति की आकांक्षा को समाप्त करने का उपदेश लगातार दिया जाता है, लेकिन संपत्ति का केंद्रीकरण जारी है। धर्म का व्यासपीठ उन्हीं लोगों के तत्वावधान में तैयार हो रहा है, जो न सिर्फ संपत्ति का केंद्रीकरण करते हैं, बल्कि उस संपत्ति को बनाते और जुटाते भी अनैतिक हथकंडों से हैं। ऐसी संपत्ति की प्रतिष्ठा धर्म के तत्वावधान में लगातार बढ़ ही रही है। दरअसल, धर्म आज शोषकों के हाथों का खिलौना बन गया है। तमाम धर्माचार्यों के इर्द-गिर्द जो लोग होते हैं, जरा उन पर नजर डालिए। कोई भी मुनि, महंत या महामंडलेश्वर हो, उसके प्रवचन पीठ के आधार स्तंभ वे ही लोग होते हैं जो कालाबाजारी, मुनाफाखोरी, जमाखोरी, रिश्वतखोरी और जमीनों की हेराफेरी के धंधे में लिप्त होते हैं। अपनी पाप की कमाई को धर्म की चादर से ढँकने और सामाजिक प्रतिष्ठा पाने के लिए धार्मिक आयोजनों में लाखों रुपए चंदा देनेवाले ऐसे लोगों से कोई यह सवाल नहीं करता कि उनके इस पैसे की नैतिक या कानूनी हैसियत क्या है?

सामाजिक सत्य से उदासीन होकर संपत्ति की अनासक्ति का उपदेश कभी प्रभावी हो ही नहीं सकता। परमार्थ का उपदेश भी तब तक निर्गुण है जब तक परमार्थ के साथ सामाजिक दृष्टि नहीं हो। सामाजिक दृष्टिवाले परमार्थ के उपदेशों से ही सामाजिक सुधार के आंदोलन पैदा हो सकते हैं। कबीर से ले कर स्वामी विवेकानंद तक की परंपरा के लोगों ने धर्म के तत्वावधान में सामाजिक हलचल पैदा की थी, तो इसका कारण था उनकी परमार्थ-कल्पना की सामाजिक परिणति। समाज की इहलौकिक अवस्था के संदर्भ में उन्होंने 'मोक्ष और मुक्ति' के चिरंतन तत्व से साक्षात्कार किया था। समाज को बिलखता छोड़, व्यक्तिगत मोक्ष की कामना करना क्या शुद्ध स्वार्थ नहीं है? जब इहलौकिक समस्याओं के समाधान के मानवीय प्रयत्न असफल होते नजर आने लगते हैं, तो चारों तरफ निराशा फैलती है। इस निराशा के घटाटोप के बीच ईश्वर की कृपा का सितारा सदियों से टिमटिमाता रहा है। कहा जा सकता है कि धार्मिक पुनरुत्थान का यह दौर भी सामाजिक निराशा-हताशा की ही उपज है।

इस अतार्किक, असात्विक, अमानवीय और समाजतोड़क धार्मिकता की आँधी में न सिर्फ धर्म का स्वरूप विकृत हो रहा है, बल्कि धार्मिक गिरोहों के सरगनाओं से धर्म, संप्रदाय और जाति आधारित राजनीति करनेवाले भ्रष्ट और निकृष्ट राजनेताओं और समाजसेवी का लबादा ओढ़े दलालों-मुनाफाखोरों-जमाखोरों की जगजाहिर साँठगाँठ भी कई गंभीर सवाल खड़े करती है। ये ऐसे सवाल हैं जिनसे बचा नहीं जा सकता, क्योंकि 15 अगस्त 1947 को जिस भारतीय राष्ट्र राज्य का उदय हुआ, उसका अस्तित्व धर्मनिरपेक्षता की शर्त से बँधा हुआ है। धर्मनिरपेक्षता ही वह एकमात्र संगठक तत्व है, जिसने भारत के राष्ट्रीय राष्ट्र को एक संघ राज्य के रूप में बनाए रखा है। धर्म से क्रमशः अलगाव की बजाय राज्यसत्ता के साथ उसके रिश्तों को मजबूत बनाने में वामपंथी दलों को छोड़ कर सभी राजनीतिक दल बढ़-चढ़ कर भूमिका निभाते हैं। इन दलों ने धर्मनिरपेक्षता के सिद्धांत को विकृत कर उसे सभी धर्मों के पाखंडों के प्रति समभाव का अवसरवादी सिद्धांत बना दिया है।

आजकल राजनेताओं की सरपरस्ती या सरकारी तत्वावधान में होनेवाले धार्मिक आयोजन यह जाहिर करते हैं कि राज्य के साथ धर्म के नाजायज रिश्ते प्रगाढ़ होते जा रहे हैं, जब कि संविधान ने यह तय किया है कि धर्म संबंधी किसी मामले में राज्य कोई संलग्नता प्रकट नहीं करेगा। आज के बाबाओं और स्वयंभू भगवानों को सत्ता के उच्च पदों पर बैठे लोगों द्वारा सार्वजनिक रूप से महिमामंडित किए जाने के प्रसंग यह दर्शाते हैं कि राज्य पर जो लोग काबिज हैं वे धर्मनिरपेक्षता को और प्रकारांतर से देश को कमजोर कर रहे हैं। दरअसल, भारत का शासक वर्ग बेरोजगारी, भुखमरी और दमन से पीड़ित शोषित वर्ग को बरगलाने के लिए धर्म का इस्तेमाल कर रहा है। एक सोची-समझी साजिश है कि लोग भूख, गरीबी, अशिक्षा, बेरोजगारी जैसे मुद्दों पर गोलबन्द न हों, इसके लिए धार्मिक आयोजनों के मंच सजाये जायें और लोगों को परलोक और परमात्मा का भय दिखा कर अंधविश्वास और अज्ञान के अँधेरे में रखा जाए।

धर्मनिरपेक्षता के हमारे झंडाबरदारों ने भी हमेशा इस भ्रम को बनाये रखने की कोशिश की है कि जैसे-जैसे औद्योगिक विकास और आधुनिकीकरण होता जायेगा, धर्म की सार्वजनिक भूमिका क्षीण होती जायेगी। लेकिन हम देखते हैं कि धार्मिक समारोह उन्हीं शहरों में ज्यादा जोर-शोर से होते हैं, जिन्हें हमारे औद्योगिक विकास ने बसाया है। दरअसल, औद्योगिक विकास धर्मनिरपेक्ष समाज की संरचना में तभी सहायक हो सकता है जब वह न्यायपूर्ण संबंधों पर आधारित हो। हमारे देश में विकास का जो ढाँचा खड़ा किया गया है उससे साक्षरता तो बढ़ी है, लेकिन उस साक्षरता से पैदा हुई जागरूकता का केंद्र निजी स्वार्थ ही है। लोगों में सामाजिक बोध

भी पैदा हुआ है लेकिन वह जाति के संकीर्ण दायरे से आगे नहीं बढ़ पाया।

देश की आजादी के बाद आधुनिक राष्ट्रीयता के विकास के लिए धर्मनिरपेक्षता को मजबूत करने के जितने भी प्रयास किए गए, वे सब नाकारा साबित हुए हैं। सत्ताधीशों ने हमेशा धर्मनिरपेक्षता को 'सर्वधर्म समभाव' का नाम दे कर रूढ़िवादी और अंधविश्वास फैलानेवाले धार्मिक नेतृत्व को पनपाने की कोशिश की और धर्मनिरपेक्षता के वास्तविक स्वरूप को लोगों को सामने रखने का कभी साहस नहीं किया। धर्मनिरपेक्षता को सर्वधर्म समभाव बनाने के चक्कर में सभी धर्मों के पाखंडों का पोषण किया गया और सुधारवादी आंदोलन निरुत्साहित किए गए। धर्मनिरपेक्षता का वास्तविक अर्थ है—इहलोकवाद, यानी राष्ट्र के लोगों के दुनियावी व्यवहार धर्मेतर विचारों से संचालित हों। भारत के लिए राज्य की अवधारणा सिर्फ उसका संविधान ही हो सकती है। इस लिहाज से भारत के लिए धर्मनिरपेक्षता का अर्थ है—सभी धर्मसत्ताओं का संवैधानिक सत्ता में विलय। यह ठीक है कि सदियों पुरानी धर्मसत्ताओं को रातोंरात खत्म नहीं किया जा सकता लेकिन वास्तव में हमारी आस्था धर्मनिरपेक्षता में है तो धार्मिक गतिविधियों को लोगों के व्यक्तिगत जीवन तक सीमित करने की कोई प्रक्रिया तो शुरू करनी ही होगी। यह प्रक्रिया सिर्फ राजनीतिक स्तर पर नहीं चल सकती। इसे आर्थिक, सामाजिक और सांस्कृतिक स्तरों पर राष्ट्र के पुनर्निर्माण के अंग के रूप में चलाना होगा।

देश में धार्मिक पुनर्जीवनवाद का संकट गहराता जा रहा है। धर्मांध ताकतें दिन ब दिन मजबूत होती जा रही हैं। ऐसा लग रहा है कि देश इस इक्कीसवीं सदी के लिए नहीं बल्कि सत्तरहवीं सदी के इतिहास के लिए संघर्ष कर रहा है। बहुत घिनौनी शक्ल बन गयी है हमारे समाज की, जिसमें धर्म की शक्ल इनसानी खून से सराबोर नजर आती है। आधुनिक और वैज्ञानिक नजरिए से देखें और सोचें तो इक्कीसवीं सदी के समाज का आशय एक ऐसे समाज से है जिसमें इनसान और इनसान के बीच रिश्ते में धर्म की कोई भूमिका न रहे। भारतीय स्वतंत्रता संग्राम की विचारधारा का निचोड़ भी एक ऐसे ही धर्मनिरपेक्ष समाज की स्थापना का सपना है।

यह सच है कि कश्मीर से कन्याकुमारी और कच्छ से कामरूप तक फैले गरीबी और बेरोजगारी के हिंद महासागर में गले-गले तक डूबे हमारे देश की तमाम समस्याओं का एकमात्र हल आर्थिक विकास ही नहीं है। इसमें भी कोई दो राय नहीं कि विविधता से भरे हमारे भारतीय समाज में धर्म की भी अपनी एक भूमिका है, जिसे अफीम बता कर खारिज नहीं किया जा सकता। इसलिए आधुनिक जीवन में जो कुछ खींचतान, छीनाझपटी, लूट-खसोट और उठा-पटक मची हुई है, उसके चलते आम आदमी अगर धर्म या आस्तिकता की शरण में जा कर कुछ शांति या स्थायित्व खोजता है, तो इसमें हैरानी की कोई बात नहीं है। लेकिन होता यह है कि ऐसे

स्थायित्व या ठहराव का राजनीतिक और बाजारू इस्तेमाल ऐसे तत्व करने लगते हैं, जो धर्म के नाम पर हिंसा, नफरत और आतंक फैलाने को अपना परम धर्म समझते हैं। इसकी एक बड़ी मिसाल हम संघ परिवार की अगुआई में चले राम मंदिर आंदोलन के रूप में देख चुके हैं जिसकी परिणति विवादित बाबरी मस्जिद के ध्वंस और उसके बाद देश भर में हुए भीषण सांप्रदायिक दंगों में हुई।

धर्म के नाम पर आपराधिक तत्व धर्माचार्यों का लबादा ओढ़ कर लोगों की आस्थाओं से खिलवाड़ करते हुए किस तरह अकूत दौलत का साम्राज्य खड़ा कर लेते हैं और अपने आश्रमों में किस तरह आपराधिक गतिविधियाँ संचालित करते और भोली-भाली लड़कियों का यौन शोषण करते हैं, इसकी भी मिसालें हम हाल के दिनों में देख चुके हैं। ऐसे ही पाखंडियों में से कुछ तो इस समय जेल की हवा खाते हुए गंभीर आपराधिक मुकदमों का सामना भी कर रहे हैं। अतः आज सबसे ज्यादा जरूरत इस बात की है कि धर्म और धार्मिकता को ढोंगी-पाखंडी, धूर्त-मक्कार और लुच्चे-लफंगे धार्मिक नेताओं तथा दलालों, मुनाफाखोरों, कालाबाजारियों और घोटालेबाजों के चंगुल से मुक्त कराकर उसे सही मायनों में मानवीय और सार्थक तथा सामाजिक अर्थों में चौकन्ना और जवाबदेह बनाया जाए।

वैसे धार्मिक पुनर्जीवनवाद की जिस चुनौती से हम आज जूझ रहे हैं वह कोई नयी परिघटना नहीं है। इस चुनौती से स्वामी विवेकानंद को भी अपने जीवन काल में दो-दो हाथ करने पड़े थे। विवेकानंद कोई राजनेता नहीं थे। वे विशुद्ध रूप से धार्मिक-आध्यात्मिक व्यक्ति थे और भारतीयता के क्रांतिकारी अग्रदूत भी। उन्होंने धर्म के ठेकेदारों और ढोंगी-पाखंडी धर्माचार्यों के बारे में भारतीय जनों को आगाह करते हुए अपने प्रसिद्ध व्याख्यान 'कास्ट, कल्चर एंड सोशलिज्म' में कहा है—'सैकड़ों वर्षों तक अपने सिर पर गहरे अंधविश्वास का बोझ रख कर, सैकड़ों वर्षों तक केवल इस बात पर चर्चा में अपनी ताकत लगा कर कि किस भोजन को छूना चाहिए और किसको नहीं, और युगों तक सामाजिक जुल्मों के तले सारी इन्सानियत को कुचल कर आपने क्या हासिल किया और आप क्या हैं?... आओ, पहले मनुष्य बनो और उन पंडे-पुजारियों को निकाल बाहर करो जो हमेशा आपकी प्रगति के खिलाफ रहे हैं, जो कभी अपने को सुधार नहीं सकते और जिनका हृदय कभी भी विशाल नहीं बन सकता। वे सदियों के अंधविश्वास और जुल्मों की ही उपज हैं। इसलिए पहले पुजारी-प्रपंच का नाश करो, अपने संकीर्ण संस्कारों की कारा तोड़ो, मनुष्य बनो और बाहर की ओर झाँको। देखो कि कैसे दूसरे राष्ट्र आगे बढ़ रहे हैं...।'

यद्यपि विवेकानंद समकालीन राजनीति से दूर रहते थे लेकिन उनका धर्म सामाजिक सत्ता के सवाल से लगातार टकराता था। यही कारण है कि राजनीति के प्रति विरक्ति का भाव रखनेवाले विवेकानंद कई राजनीतिकर्मियों के लिए प्रेरणास्रोत

बनते रहे। यही कारण है कि धर्म की आड़ में शोषणकारी समाज-सत्ता को बनाए रखने की इच्छुक ताकतें इस योद्धा संन्यासी को अपनी विचार-परंपरा का पुरखा बताकर उसे हथियाने की बार-बार फूहड़ कोशिश करती रहीं और अब भी कर रही हैं, ताकि उसकी प्रखर सामाजिक चेतना का इस्तेमाल छद्म सांस्कृतिक राष्ट्रवाद के हित में किया जा सके। हालाँकि इस खतरे का अंदाजा विवेकानंद को भी था। इसीलिए उन्होंने कहा था—'कुछ लोग देशभक्ति की बहुत बातें करते हैं। लेकिन मुख्य बात है—हृदय की भावना। यह देख कर आपके मन में क्या भाव आता है कि न जाने कितने समय से देवों और ऋषियों के वंशज पशुओं जैसा जीवन बिता रहे हैं? देश पर छाया अज्ञान का अंधकार क्या आपको सचमुच बेचैन करता है?... यह बेचैनी ही आपकी देशभक्ति का पहला प्रमाण है।'

दरअसल, धार्मिक पुनर्जीवनवाद की चुनौती सिर्फ सशस्त्र आतंकवाद ही नहीं है। राष्ट्रीय एकता और अखंडता के लिए चुनौती के रूप में दिखाई दे रहा सशस्त्र आतंकवाद धार्मिक पुनर्जीवनवाद का सिर्फ एक पहलू है। असल चुनौती तो मानसिक आतंकवाद की है। यह आतंकवाद सामान्य दृष्टि से दिखाई नहीं देता लेकिन विभिन्न समूहों की गतिविधियों को बारीकी से देखें तो इस आतंकवाद की खतरनाक तस्वीर सामने आती है। यह मानसिक आतंकवाद धार्मिक-आध्यात्मिक दुकानदारियों की आड़ में हमारी सामाजिक और सांस्कृतिक संरचना को निरंतर खोखला बना रहा है। धर्म और धर्मनिरपेक्षता को असली खतरा धर्म-अध्यात्म के नाम पर चल रही निहित स्वार्थों की साजिशों से है। धर्म के मठ सामाजिक बदलाव के हर दौर में प्रतिक्रियावादियों के साथ रहे हैं। काले धन से भरी तिजोरियों को धर्म की चादर से ढँक कर लोगों को ईश्वर के नाम पर बरगलाने का काम धर्म के ठेकेदारों ने हमेशा ही खूबसूरत आडंबरों के साथ किया है। पारलौकिक मृगमरीचिका में इनसान को फँसा कर उसे दुनिया के यथार्थ से दूर ले जाने का नाम ही आज 'धर्म' है। धर्म के इसी मानव विरोधी स्वरूप से संघर्ष आज की पहली प्राथमिकता होना चाहिए। सामाजिक स्तर पर व्याप्त निराशा का यही वास्तविक कर्तव्य है और यही धर्म भी।

(anilj137@gmail.com)

# क्या ईश्वर मर चुका है

डॉ. रमेंद्र

**'ईश्वर' क्या है?**

ईश्वर का अस्तित्व है या नहीं, इस बारे में कोई चर्चा करने से पहले यह जरूरी है कि हम यह तय कर लें कि 'ईश्वर' शब्द का अर्थ क्या है। जब एक औसत व्यक्ति 'ईश्वर' शब्द का प्रयोग करता है, तो उसका तात्पर्य क्या होता है?

ईश्वर के अस्तित्व के सवाल पर चर्चा शुरू होते ही कई लोग 'ईश्वर' की अपनी मनमानी परिभाषा गढ़ने लगते हैं। यहाँ पर हमें यह ध्यान रखना चाहिए कि कोई भी शब्द किसी व्यक्ति-विशेष की निजी सम्पत्ति नहीं होता, जब कि वह शब्द उस व्यक्ति द्वारा गढ़ा गया नया शब्द न हो। जब किसी शब्द का इस्तेमाल किसी भाषा में लम्बे समय से हो रहा हो, तो उस भाषा को बोलनेवाले अधिकांश लोग उस शब्द का इस्तेमाल एक निश्चित अर्थ में करते हैं, जिसे हम उस शब्द का सार्वजनिक अर्थ कह सकते हैं। इसलिए, जब हम यह सवाल पूछते हैं कि 'ईश्वर' शब्द का अर्थ क्या है, तो हमारा मतलब 'ईश्वर' शब्द के सार्वजनिक अर्थ से होता है।

'ईश्वर' शब्द का सार्वजनिक अर्थ क्या है? यह सही है कि प्रयोग में लापरवाही और अन्य कारणों से अकसर एक शब्द का कई अर्थों में इस्तेमाल होने लगता है, लेकिन ऐसी दशा में भी उस शब्द का एक मुख्य अर्थ तो होता ही है। 'ईश्वर' शब्द के साथ भी यही बात है। आम तौर पर 'ईश्वर' को विश्व के सृष्टिकर्ता के तौर पर समझा जाता है। इसके अलावा, 'ईश्वर' को सर्वज्ञ, सर्व-शक्तिमान, परमदयालु, सृष्टिकर्ता, पालक, संहारक इत्यादि माना जाता है।

सम्भव है कि कुछ लोग यह दावा करें कि 'ईश्वर' शब्द का मुख्य सार्वजनिक अर्थ यह नहीं कुछ और है। लेकिन यहाँ पर हम इस विवाद में नहीं पड़ेंगे। हमारे लिए इतना ही पर्याप्त है कि 'ईश्वर' शब्द का प्रयोग इस या लगभग इस अर्थ में बड़ी संख्या में लोगों द्वारा किया जाता है। यहाँ के बाद इस निबंध में जब भी 'ईश्वर' शब्द का प्रयोग किया जाएगा, तो इसी अर्थ में किया जाएगा। जो लोग इससे बिल्कुल

अलग अर्थ में 'ईश्वर' शब्द का इस्तेमाल करते हैं, या करना चाहते हैं, उनसे हम सिर्फ इतना कहेंगे कि ऐसा करके वे न सिर्फ दूसरों को बल्कि अपने-आप को भी भ्रम में डाल लेंगे।

**क्या ईश्वर है?**

ईश्वर का अस्तित्व है, ऐसा मानने के लिए हमारे पास कौन-से प्रमाण हैं?

दर्शन-शास्त्र के इतिहास में ईश्वरवादी विचारकों ने ईश्वर के अस्तित्व को प्रमाणित करने के लिए कई युक्तियाँ दी हैं। यहाँ पर हम उन सभी युक्तियों की विस्तृत चर्चा नहीं करेंगे; क्योंकि इनमें से कई युक्तियाँ ऐसी हैं, जो सिर्फ उसी व्यक्ति के दिमाग में आ सकती हैं, जिसने पहले से ही अन्य कारणों से ईश्वर के अस्तित्व में विश्वास स्थिर कर लिया हो (या जिसके दिमाग में यह विश्वास बचपन से ही अतार्किक तरीकों से बैठा दिया गया हो) और फिर उसके बाद वह अपने विश्वास को सत्य ठहराने के लिए तर्क गढ़ रहा हो। हम सिर्फ उन्हीं युक्तियों की चर्चा करेंगे जो तार्किक दृष्टि से कम से कम ऊपर से देखने में विश्वसनीय लगती हों, और जो किसी ऐसे व्यक्ति के दिमाग में आ सकती हैं, जो पूर्वाग्रहमुक्त हो कर इस विषय पर स्वतंत्र और वस्तुपरक चिंतन करना चाहता हो।

जैन और बौद्ध धर्मों को छोड़ कर जो कि निरीश्वरवादी हैं, संसार के प्रमुख संगठित धर्म, जैसे, हिन्दू, इस्लाम, सिख, ईसाई और यहूदी, ईश्वरवादी धर्म हैं। इन सभी धर्मों में ईश्वर की अवधारणा केन्द्रीय महत्व की है। बच्चा किस धर्म को माननेवालों के बीच पैदा होता है, या किस धर्म को माननेवालों द्वारा गोद ले लिया जाता है, यह एक ऐसा संयोग है, जिस पर स्वयं बच्चे का कोई नियंत्रण नहीं होता है। फलस्वरूप अधिकांश बच्चों के दिमाग में, एक ऐसे समय जबकि उनमें सोचने-समझने की स्वतंत्र क्षमता का विकास नहीं हुआ होता, उनके अभिभावकों द्वारा अतार्किक और अवैज्ञानिक तरीके से ईश्वर में विश्वास बैठा दिया जाता है, ठीक वैसे ही जैसे उन अभिभावकों के साथ किया गया था, जब वे बच्चे थे। इसका नतीजा यह होता है कि उम्र हो जाने पर भी बहुत कम ही लोग पूर्वाग्रहमुक्त होकर इस विषय पर तर्कसंगत चिंतन करने के योग्य हो पाते हैं। ईश्वर का अस्तित्व है या नहीं इस विषय पर सिलसिलेवार चिंतन करना तो दूर, अधिकांश लोग यह कल्पना भी नहीं कर पाते हैं कि "ईश्वर का अस्तित्व है या नहीं?"—यह एक विचारणीय प्रश्न भी हो सकता है। शायद यही कारण है कि कई लोगों के लिए ईश्वर के अस्तित्व का सबसे बड़ा प्रमाण यही बन जाता है कि "सभी ईश्वर के अस्तित्व में विश्वास रखते हैं।"

एक तो यह मानना ही गलत है कि सभी मनुष्य ईश्वर के अस्तित्व में विश्वास

रखते हैं। जैसा कि पहले उल्लेख किया गया है, जैन और बौद्ध धर्मों में ईश्वर की अवधारणा नहीं पायी जाती है। बीसवीं शताब्दी के प्रमुख पश्चिमी विचारकों में बर्ट्रेण्ड रसेल और ज्याँ पाल सार्त्र निरीश्वरवादी या नास्तिक हैं। इसी तरह बीसवीं शताब्दी के प्रमुख भारतीयों में एम.एन. रॉय, डॉ. अम्बेडकर, रामास्वामी नायकर (पेरियार), भगत सिंह, गोरा—और भी कई नाम गिनाए जा सकते हैं, लेकिन यहाँ हमारा प्रयोजन यह नहीं है। क्योंकि अगर सभी या लगभग सभी लोग ईश्वर के अस्तित्व में विश्वास रखते होते, तो भी उससे यह प्रमाणित नहीं हो जाता कि ईश्वर का अस्तित्व है। एक समय लगभग सभी यह मानते थे कि पृथ्वी चपटी है, जबकि आज हम यह जानते है कि वह गोल है। इसी तरह, एक समय यह लगभग सर्वप्रचलित मान्यता थी कि सूर्य पृथ्वी के इर्द-गिर्द घूमता है, जबकि आज हम यह जानते हैं कि स्वयं पृथ्वी अपनी धुरी पर, और सूर्य के इर्द-गिर्द घूमती है। इसलिए, किसी मान्यता के सर्वप्रचलित होने को उसकी सत्यता का प्रमाण नहीं माना जा सकता। किसी मान्यता के सर्वप्रचलित होने से कुछ भी प्रमाणित नहीं होता, सिवाय इसके कि वह मान्यता सर्वप्रचलित है। हाँ, अगर किसी मान्यता को गलत मानने के लिए हमारे पास पर्याप्त प्रमाण हों, तो उसके सर्वप्रचलित होने से यह जरूर प्रमाणित होता है कि वह एक बहुप्रचलित अंधविश्वास है। यह एक बहुत ही साधारण बात है, और कोई भी व्यक्ति, जो ज्ञान-विज्ञान के विकास के इतिहास से परिचित है, इसे आसानी से समझ सकता है।

ईश्वरवादियों द्वारा ईश्वर के अस्तित्व को प्रमाणित करने के लिए दी जानेवाली युक्तियों में कार्य-कारण युक्ति या आदि-कारण युक्ति एक प्रमुख युक्ति है। इसके अनुसार प्रत्येक कार्य का कोई कारण होता है। इसलिए इस जगत का भी कोई कारण होना चाहिए और वह कारण ईश्वर है। अब अगर इस युक्ति को सही मान भी लें, तो इससे यह प्रमाणित नहीं होता कि जगत के तथाकथित कारण 'ईश्वर' में वे गुण भी हैं जो ईश्वरवादियों ने उस पर आरोपित कर रखे हैं। अगर यह युक्ति सही भी होती, तो भी इससे सिर्फ इतना ही प्रमाणित हुआ होता कि इस विश्व का कोई कारण है, लेकिन उस कारण के स्वरूप के बारे में कोई भी निष्कर्ष इस युक्ति के आधार पर नहीं निकाला जा सकता है। लेकिन बात सिर्फ इतनी ही नहीं है। दरअसल, यह युक्ति दोषपूर्ण है। क्योंकि अगर प्रत्येक कार्य का कारण होना चाहिए, तो हम कह सकते हैं कि ईश्वर का भी कोई कारण होना चाहिए। यहाँ पर ईश्वरवादी कहेंगे कि ईश्वर का कोई कारण नहीं है। लेकिन यह मान लेने पर कि "ईश्वर का कोई कारण नहीं है", इस युक्ति का आधार—प्रत्येक कार्य का कोई कारण होना चाहिए—नष्ट हो जाता है। अगर ईश्वर बिना कारण हो सकता है, तो जगत बिना कारण क्यों नहीं हो सकता? इस प्रश्न का कोई संतोषजनक उत्तर ईश्वरवादियों के पास नहीं है।

आदि-कारण युक्ति के अतिरिक्त जो युक्ति बहुप्रचलित है, वह है रचना युक्ति या आयोजन युक्ति। इस युक्ति के अनुसार इस विश्व में सभी कुछ एक निश्चित ढंग से व्यवस्थित है। प्रकृति के विभिन्न क्षेत्रों में एक प्रकार का समायोजन है। अगर विश्व जैसा है, उससे थोड़ा भी अलग हुआ होता, तो मानव का अस्तित्व असम्भव हो जाता। मिसाल के तौर पर, अगर सूर्य में रोशनी नहीं होती, या पृथ्वी पर हवा नहीं होती, जो जीवन का अस्तित्व भी नहीं होता। इसलिए, यह सब कुछ अनायास बिना किसी आयोजन के नहीं हो सकता। अवश्य ही इसके पीछे किसी कुशल योजनाकार का हाथ है; और वह योजनाकार या आयोजक ही ईश्वर है।

इस युक्ति के सम्बन्ध में पहली बात तो यह है कि विश्व उतना सुव्यवस्थित है ही नहीं, जितना ईश्वरवादी कल्पना या दावा करते हैं। तारों का धीरे-धीरे ठण्डा होकर बुझ जाना, (वैज्ञानिक बताते हैं कि एक दिन सूर्य भी ठण्डा हो जायेगा और तब पृथ्वी पर से जीवन समाप्त हो जायेगा), भूकम्प, बाढ़, आँधी-तूफान, अकाल, भुखमरी और युद्ध को अगर 'कुशल आयोजन' का उदाहरण मान भी लिया जाए, जिस पर ईश्वरवादी इतने मुग्ध हैं, तो कम से कम इतना तो मानना ही होगा कि ऐसे विश्व का आयोजक सर्वशक्तिमान और दयालु नहीं हो सकता। दूसरे, यह मानना भी एक भूल है कि इस विश्व की रचना मनुष्य को ध्यान में रख कर की गयी है। यह मानना ठीक उसी तरह है जैसे कोई कहे कि हमारे चेहरे पर नाक इसलिए है ताकि हम चश्मा लगा सकें! मानव की आवश्यकता के अनुसार विश्व की रचना नहीं की गयी है। दरअसल, मानव विश्व के अनुसार है, विश्व मानव के अनुसार नहीं। डारविन के विकासवाद के सिद्धान्त से पता चलता है विकास के क्रम में एक लम्बे 'जीवन संघर्ष' (struggle for existence) और 'योग्यतमावशेष' (survival of the fittest) के आधार पर इस पृथ्वी पर मानव का उदय हुआ है। ऐसे जीव-जन्तु जो पृथ्वी पर बदलते हुए वातावरण के अनुकूल अपने को ढाल नहीं सके, या जीवन संघर्ष में पीछे छूट गये, धीरे-धीरे गायब हो गये। अब तक मानव अपनी अनुकूलन क्षमता (adaptibility) के बल पर जीवन-संघर्ष में सबसे अधिक सफल रहा है। सम्भव है भविष्य में पृथ्वी पर इस तरह का परिवर्तन आए, जिससे मानव अपने को समायोजित नहीं कर सके, और अन्य किस्म के जीव इस दौड़ में आगे निकल जायें आज जिस तरह की परिस्थितियाँ पृथ्वी पर हैं, वे मानव जैसे जीव के विकास के लिए अनुकूल थीं, इसलिए मानव का उदय हुआ। जब कभी भविष्य में वैसी परिस्थितियाँ नहीं रहेंगी, मानव पृथ्वी से लुप्त हो जाएगा। अब अगर इसके बाद भी कोई विश्व के 'कुशल आयोजन' को देख कर खुश होना चाहे तो हो सकता है। लेकिन इससे आयोजन-युक्ति के महत्व में कोई बढ़ोतरी नहीं होगी। क्योंकि अगर यह मान भी लिया जाये कि यह विश्व अत्यन्त व्यवस्थित है, तो भी इस युक्ति में

वही दोष है, जो आदि-कारण युक्ति में। दरअसल, यह युक्ति आदि-कारण युक्ति का या कार्य-कारण मुक्ति का ही विस्तार है। एक तरह से इस युक्ति के समर्थक कह रहे होते हैं कि विश्व अपने-आप इतना सुव्यवस्थित नहीं हो सकता; इसलिए, इसके कारण के तौर पर एक कुशल आयोजक का होना जरूरी है। कार्य-कारण आदि-कारण युक्ति में क्या दोष है, यह हम पहले ही देख चुके हैं, और उसे यहाँ पर दोहराने की जरूरत नहीं है।

आदि-कारण युक्ति और रचना युक्ति के अतिरिक्त एक और युक्ति काफी लोकप्रिय है, जिसे हम विशेष घटनाओं और अनुभवों पर आधारित युक्ति कह सकते हैं। इस युक्ति में चमत्कारों, प्रार्थनाओं के उत्तर और रहस्यात्मक अनुभूतियों के आधार पर ईश्वर के अस्तित्व को प्रमाणित करने का प्रयत्न किया जाता है। इस युक्ति के अनुसार मानव इतिहास में सभय-समय पर चमत्कारपूर्ण घटनाएँ होती रहती हैं। इन चमत्कारों की एकमात्र व्याख्या यही हो सकती है कि ईश्वर प्रकृति के सामान्य घटना-क्रम में हस्तक्षेप करता है, और इन घटनाओं को सम्भव बनाता है। इस तरह, चमत्कारों के अस्तित्व से यह प्रमाणित होता है कि ईश्वर का अस्तित्व है।

पहली बात तो यह है कि कई बार इस तरह की "चमत्कारिक घटनाएँ" मनगढ़न्त और काल्पनिक होती हैं। श्रद्धालु और अंधविश्वासी लोग बिना किसी छानबीन के इन्हें सत्य स्वीकार कर लेते हैं। दूसरे, जो घटनाएँ वास्तविक होती भी हैं, उनकी प्राकृतिक-वैज्ञानिक व्याख्या की जा सकती है। उदाहरण के तौर पर, अंगारों पर नंगे पाँव चलना, या हवा से "भभूत" या कोई अन्य वस्तु निकालने जैसी कई घटनाओं का सफल प्रदर्शन तर्क-बुद्धिवादियों और जादूगरों द्वारा किया जा चुका है। बाबा और साधू वगैरह इन्हीं घटनाओं को आम लोगों को "चमत्कार" कह कर दिखलाते हैं। दरअसल, इन "चमत्कारों" में चमत्कार कुछ भी नहीं होता है। या तो इनमें कोई हाथ की सफाई रहती है, और या फिर इनमें किसी ऐसी प्रक्रिया की सहायता ली जाती है, जिसकी वैज्ञानिक व्याख्या सम्भव है। परामनोविज्ञान में इस तरह की "अतिप्राकृतिक" घटनाओं का अध्ययन किया जाता है, और उनकी प्राकृतिक व्याख्या की जाती है। श्रीलंका के प्रसिद्ध बुद्धिवादी प्रो. अब्राहम टी. कोवूर इस दिशा में अग्रणी थे।

जहाँ तक प्रार्थनाओं का उत्तर देने का सवाल है, तो यह तो लगभग हर कोई चाहता है कि उसके माता-पिता और प्रियजनों की मृत्यु न हो। क्या आज तक ईश्वर ने किसी भी व्यक्ति की इस प्रार्थना का उत्तर दिया है? ईश्वर द्वारा जिन "प्रार्थनाओं का उत्तर" दिया जाता है (यानी संयोग से प्रार्थना में माँगी हुई चीज मिल जाती है), उसकी तुलना में अनगिनत प्रार्थनाओं का उत्तर नहीं दिया जाता है। लेकिन

ईश्वरवादी लोग सिर्फ ऐसे सकारात्मक उदाहरणों की ओर ही ध्यान देते हैं जिनसे उनके विश्वास की पुष्टि होती है। ऐसे नकारात्मक दृष्टांतों की ओर उनका ध्यान नहीं जाता है, जो उनके विश्वास के विरुद्ध जाते हैं। अगर हर ऐसा व्यक्ति, जो प्रार्थना में विश्वास रखता है, उन प्रार्थनाओं की एक सूची बना कर रखे, जो वह करता है, और फिर सिलसिलेवार तरीके से नियमित इसकी जाँच करे कि ईश्वर ने उसकी कितनी प्रार्थनाओं का उत्तर दिया, और कितनी का नहीं, तो वास्तविकता उसके सामने आ जायेगी। ईश्वर अगर अपने भक्तों की प्रार्थनाओं का उत्तर पूरी तत्परता से देने लग जाता, तो अब तक तो दुनिया से गरीबी, रोग और मृत्यु का नामोनिशान मिट गया होता!

कभी-कभी कुछ लोग यह भी दावा करते हैं कि उन्होंने सपने में या जागते में ईश्वर को देखा, या ईश्वर की आवाज सुनी, या उन्हें कोई "रहस्यमय" अनुभूति हुई, वगैरह-वगैरह। लेकिन इस तरह के आत्मनिष्ठ अनुभवों के आधार पर ईश्वर के अस्तित्व के समर्थन में कोई सामान्य तार्किक प्रमाण नहीं बनाया जा सकता है। जब कोई व्यक्ति यह कहता है कि ईश्वर ने सपने में उससे बात की, तो उसका अर्थ मात्र इतना होता है कि उसने यह सपना देखा कि ईश्वर ने उससे बात की।

कभी-कभी ऐसा हो सकता है कि किसी अतिश्रद्धालु व्यक्ति को ऐसा महसूस हो कि उसे ईश्वर का "साक्षात्कार" हुआ है। लेकन मजेदार बात यह है कि ईश्वर श्रद्धालु व्यक्तियों को उसी रूप में "दर्शन" देता है, जिस रूप में वे उसकी पूजा-आराधना करते हैं। उदाहरण के तौर पर, काली के भक्त को ईश्वर काली के रूप में, और हनुमान के भक्त को ईश्वर हनुमान के रूप में दर्शन देता है। ऐसा क्यों नहीं होता कि ईश्वर हनुमान के भक्त को काली, या काली के भक्तों को हनुमान के रूप में दर्शन दे? किसी पारसी, यहूदी, ईसाई या मुस्लिम व्यक्ति को तो ईश्वर काली, हनुमान, राम या कृष्ण जैसे हिन्दू देवी-देवताओं के रूप में बिलकुल ही दर्शन नहीं देता है। ऐसा क्यों होता है? ईश्वरवादियों को इसके बारे में सोचना चाहिए। वैसे भी, जितने लोग यह दावा करते हैं कि उन्हें भगवान के दर्शन हुए हैं, उससे कहीं अधिक संख्या में लोग यह दावा करते हैं कि उन्हें भूत के दर्शन हुए हैं! लेकिन इस तरह की आत्मनिष्ठ घटनाओं का धर्मदर्शन से कम और मनोविज्ञान से अधिक सम्बन्ध है। इस तरह की परिस्थितियों में व्यक्ति के साथ क्या होता है—भ्रम या विभ्रम—इसकी बेहतर व्याख्या मनोवैज्ञानिक ही कर सकते हैं।

रहस्यवादियों की अनुभूतियों के साथ समस्या यह है कि ये पूरी तौर से आत्मनिष्ठ होती हैं। रहस्यवादी अपनी अनुभूतियों का कोई वस्तुनिष्ठ और सार्वजनिक प्रमाण देने में तो असमर्थ रहते ही हैं, उलटे वे यह दावा भी करने लगते हैं कि उनकी अनुभूतियों को भाषा में व्यक्त नहीं किया जा सकता है। जब रहस्यवादी अपनी

अनुभूतियों को भाषा में व्यक्त तक नहीं कर सकते हैं, तो फिर उसकी सत्यता की जाँच कैसे हो सकती है? ईश्वर के अस्तित्व के बारे में सत्य की तलाश की दृष्टि से रहस्यवादियों के दावों का कोई मूल्य नहीं है।

इस तरह, यह स्पष्ट है कि ईश्वर के अस्तित्व को प्रमाणित करने के लिए दी जानेवाली युक्तियाँ तर्कदोष से ग्रस्त हैं। ईश्वर का अस्तित्व है, ऐसा मानने के लिए हमारे पास एक भी ठोस युक्ति नहीं है। इसके बावजूद अगर इतनी बड़ी संख्या में लोग ईश्वर के अस्तित्व में विश्वास रखते हैं, तो सिर्फ इसलिए क्योंकि यह मान्यता उनके दिमाग में एक ऐसे समय बैठा दी जाती है, जब उनमें स्वतंत्र, तर्कसंगत और वैज्ञानिक चिंतन की क्षमता का विकास नहीं हुआ होता है; और क्योंकि वे बाद में भी इस विषय पर सिलसिलेवार और तर्कसंगत चिंतन करने में असमर्थ रहते हैं। कोई भी व्यक्ति ईश्वर के अस्तित्व में इसलिए विश्वास नहीं करता, क्योंकि उसके पास ऐसा करने के लिए कोई ठोस युक्ति या प्रमाण है। इसके ठीक विपरीत, बचपन से सिखाए जाने के कारण, पहले वह ईश्वर में विश्वास करता है, और बाद में अगर उसके इस विश्वास को चुनौती दी जाय, तो इसके समर्थन में युक्ति गढ़ता है। ऐसे में कोई आश्चर्य नहीं, अगर ये युक्तियाँ तर्कदोष से ग्रस्त हैं।

यहाँ पर कोई चाहे तो यह प्रश्न उठा सकता है कि अब तक की चर्चा से सिर्फ यह प्रमाणित हुआ है कि ईश्वर समर्थक युक्तियाँ दोषपूर्ण हैं, लेकिन यह तो प्रमाणित नहीं हुआ कि ईश्वर का अस्तित्व नहीं है। किसी युक्ति के दोषपूर्ण होने से यह प्रमाणित नहीं होता कि उसका निष्कर्ष असत्य है। किसी दोषपूर्ण युक्ति का निष्कर्ष सत्य हो सकता है, हालाँकि वह उस युक्ति द्वारा प्रमाणित नहीं होता है। यह बात सही है। फिर भी, इसके उत्तर में कोई तर्कबुद्धिवादी व्यक्ति, जिसके जीवन-दर्शन का आधार तर्कसंगत और वैज्ञानिक चिंतन हो, यह कह सकता है कि अगर किसी विश्वास को सत्य मानने के लिए हमारे पास प्रमाण न हो, तो वह विश्वास सत्य भी हो सकता है, और असत्य भी; लेकिन एक ऐसे विश्वास के लिए, जिसके बारे में निश्चयपूर्वक नहीं कहा जा सकता हो कि वह सत्य है या असत्य, किसी बुद्धिवादी जीवनदर्शन में कोई जगह नहीं हो सकती। कोई भी तर्कसंगत और वैज्ञानिक दृष्टि से संपन्न व्यक्ति अपने जीवन-दर्शन का आधार इतनी कमजोर जमीन पर नहीं रख सकता। वह अपने जीवनकर्म को सिर्फ ऐसे ही निष्कर्षों और मान्यताओं के आधार पर नियंत्रित कर सकता है, जिन्हें सत्य मानने के लिए पर्याप्त प्रमाण हों। जो भी हो, यहाँ पर ईश्वरवादियों को यह सोचकर खुश होने की जरूरत नहीं है कि शायद ईश्वर का अस्तित्व हो। क्योंकि जहाँ एक ओर, ईश्वर का अस्तित्व है, ऐसा मानने के लिए हमारे पास एक भी ठोस युक्ति नहीं है; वहाँ दूसरी ओर, हमारे पास यह मानने के लिए ठोस युक्ति है कि ईश्वर का अस्तित्व हो ही नहीं सकता। यह युक्ति

बहुत सरल है, और धर्मदर्शन की भाषा में इसे "अशुभ की समस्या" कहते हैं।

विश्व में अशुभ या बुराई का अस्तित्व एक ऐसा कटु सत्य है, जिससे कोई भी ईश्वरवादी या अनीश्वरवादी इनकार नहीं कर सकता। भूकम्प, ज्वालामुखी का फटना, बाढ़, आँधी-तूफान, महामारी, अकाल, भुखमरी, हत्या, बलात्कार, युद्ध आदि का सामना मानव को समय-समय पर करना पड़ता है। विश्व में बुराई का अस्तित्व एक सर्वज्ञ, सर्वशक्तिमान और दयालु ईश्वर की अवधारणा को असंगत बना देता है। हर साल सिर्फ प्राकृतिक विपदाओं के कारण कितने बेकसूर लोग मारे जाते हैं, क्या ईश्वर को इसकी जानकारी नहीं है? अगर नहीं, तो फिर उसे सर्वज्ञ नहीं माना जा सकता है। अब, अगर ईश्वर को इन बुराइयों की जानकारी है, तो फिर वह इन्हें दूर क्यों नहीं करता? अगर ईश्वर इन बुराइयों को दूर करना चाहता है, पर दूर कर नहीं पाता, तो वह सर्वशक्तिमान नहीं हो सकता। अगर वह इन बुराइयों को दूर कर सकता है, फिर भी दूर नहीं करता, तो वह न तो दयालु है और न हमारी आराधना का पात्र। और अगर ईश्वर इन बुराइयों को दूर कर सकता है, और करना चाहता भी है, तो आखिर ये बुराइयाँ हैं क्यों? यह एक ऐसा सवाल है, जिसका कोई संतोषजनक उत्तर देने में ईश्वरवादी असमर्थ हैं।

क्या अपने ही द्वारा बनाये गये विश्व की बुराइयों को दूर करने की असमर्थता से उत्पन्न आत्मग्लानि के कारण ईश्वर ने आत्महत्या कर ली है?

"अशुभ की समस्या" से बचने के लिए कभी-कभी ईश्वरवादियों द्वारा यह कहा जाता है कि विश्व में बुराइयों का अस्तित्व मनुष्य के संकल्प-स्वातंत्र्य के कारण है। ईश्वर ने मनुष्य को स्वतंत्रता दी है, जिसके परिणामस्वरूप वह अपने सामने मौजूद कई वैकल्पिक कर्मों में से किसी भी कर्म को चुन सकता है। मानव अपनी इस स्वतंत्रता का दुरुपयोग करता हुआ, बुरे कर्म करता है। यही विश्व में बुराई या अशुभ का कारण है। इस तरह, अशुभ के अस्तित्व के लिए ईश्वर नहीं, मानव जिम्मेवार है।

इस युक्ति के साथ कठिनाई यह है कि इसमें प्राकृतिक अशुभ और नैतिक अशुभ के बीच अन्तर नहीं किया गया है। भूकम्प, ज्वालामुखी का फटना, बाढ़, तूफान, महामारी आदि प्राकृतिक बुराइयाँ हैं; जबकि दूसरी ओर हत्या, बलात्कार, युद्ध आदि नैतिक बुराइयाँ हैं, जिनके लिए मानव जिम्मेवार है। अगर ऊपर दी गयी युक्ति को सही मान भी लिया जाए, तो इससे सिर्फ नैतिक बुराइयों की व्याख्या हो सकती है, प्राकृतिक बुराइयों की नहीं। मानव को सिर्फ विश्व की नैतिक बुराइयों के लिए जिम्मेवार माना जा सकता है, प्राकृतिक बुराइयों के लिए नहीं।

यहाँ पर कुछ ईश्वरवादी कहेंगे कि मनुष्य अपने संकल्प-स्वातंत्र्य का दुरुपयोग करता हुआ जो बुरे कर्म करता है, ईश्वर उसकी सजा देने के लिए प्राकृतिक

आपदाओं को भेजता है। ये प्राकृतिक विपदाएँ "दैवी प्रकोप" हैं, जिन्हें ईश्वर मनुष्य को उसके "दुष्कर्मों" की सजा देने के लिए पैदा करता है। लेकिन ऐसा कहनेवाले यह भूल जाते हैं कि इस विश्व में प्राकृतिक अशुभ का अस्तित्व नैतिक अशुभ के पहले से है। पृथ्वी के बनने के बहुत समय बाद इस पर जीवन का, और जीवन के उद्‌गम के काफी समय बाद मानव का उदय हुआ है। इस पृथ्वी पर भूकम्प और ज्वालामुखी के फटने या आँधी-तूफान जैसी प्राकृतिक बुराइयों का अस्तित्व मानव के उद्‌गम के पहले से था। किसी कार्य का कारण उससे पहले आता है, उसके बाद नहीं। इसलिए, नैतिक अशुभ प्राकृतिक अशुभ का कारण नहीं हो सकता है। इस विश्व में मौजूद प्राकृतिक बुराइयों के लिए किसी भी तरह मानव को जिम्मेवार नहीं माना जा सकता है। फिर, ऐसा भी नहीं है कि इन प्राकृतिक विपदाओं के कारण सिर्फ बुरे मनुष्यों को कष्ट होता है। अच्छे और बुरे दोनों किस्म के लोग प्रकृति के थपेड़ों के शिकार होते हैं। यहाँ तक कि इन प्राकृतिक विपदाओं में अनगिनत छोटे बच्चे भी मारे जाते हैं। उनका क्या कसूर हो सकता है? आखिर उन्होंने ऐसा कौन-सा "पाप" किया होता है, जिसकी ईश्वर उन्हें "सजा" देता है?

सबसे महत्वपूर्ण प्रश्न, जो यहाँ पर उठाया जा सकता है, वह यह है कि अगर ईश्वर सर्वशक्तिमान है, तो फिर वह मनुष्य को बुरे कर्म करने से रोकता क्यों नहीं है? यह तो बड़ी अजीब और हास्यास्पद बात है कि पहले ईश्वर मानव से बुरे कर्म भी करवाये और फिर उलटे उसे उसकी सजा भी दे! ईश्वरवादियों के अनुसार ईश्वर सर्वशक्तिमान है, और ईश्वर की मर्जी के बिना इस विश्व में एक पत्ता तक नहीं हिलता है। अगर ऐसा है तो फिर सजा मानव को क्यों? हत्यारे द्वारा की गयी हत्या और बलात्कारी द्वारा किए गए बलात्कार के लिए भी ईश्वर जिम्मेवार है। अगर सजा मिलती है, तो सबसे पहले ईश्वर को मिलनी चाहिए!

क्या यह सम्भव नहीं था कि ईश्वर मनुष्य को स्वतंत्रता तो देता, लेकिन सिर्फ अच्छे कर्मों को करने की, बुरे कर्मों की नहीं? अगर मनुष्य को ईश्वर द्वारा बुरे कर्मों को करने की स्वतंत्रता नहीं दी जाती, तो इससे कोई नुकसान तो नहीं होता। अगर ईश्वर वास्तव में सर्वशक्तिमान और दयालु हुआ होता, तो फिर उसके लिए ऐसा कर पाना जरूर सम्भव होता। दूसरी ओर, अगर ईश्वर ने मानव को बुरे कर्मों को करने की स्वतंत्रता भी दी, और फिर वह उसे उसके बुरे कर्मों के लिए उसे सजा भी देता है, तो ऐसे में ईश्वर को सर्वशक्तिमान और दयालु नहीं माना जा सकता है।

संक्षेप में, अगर विश्व की बुराइयाँ ईश्वर की इच्छा या मर्जी से हैं, तो ईश्वर दयालु नहीं है। अगर विश्व की बुराइयाँ ईश्वर की इच्छा या मर्जी के बिना हैं, तो ईश्वर सर्वशक्तिमान नहीं है। विश्व की बुराइयाँ या तो ईश्वर की इच्छा से हैं, या ईश्वर की इच्छा के बिना हैं। इसलिए, ईश्वर या तो दयालु नहीं है या सर्वशक्तिमान नहीं है।

दूसरे शब्दों में, एक सर्वज्ञ, सर्वशक्तिमान और दयालु ईश्वर का अस्तित्व असम्भव है।

इसमें कोई संदेह नहीं कि "अशुभ की समस्या" पर आधारित यह युक्ति ईश्वरवाद के पैरों के नीचे से जमीन खिसकाने के लिए पर्याप्त है। इसके घातक प्रभाव से बचने का एकमात्र उपाय यह है कि इस विश्व में बुराई के अस्तित्व से इनकार कर दिया जाए। यह एक ऐसी हास्यास्पद बात होगी, जिसे सिर्फ ऐसा व्यक्ति ही कह सकता है, जिसने ईश्वर का अस्तित्व "प्रमाणित" करने की अतिआतुरता में अपनी सहज बुद्धि को भी तिलांजलि दे दी हो। दूसरा रास्ता यह हो सकता है कि ईश्वरवादी स्वीकार करें कि उनका "ईश्वर" सर्वज्ञ या सर्वशक्तिमान या दयालु नहीं है, यानी जिस अर्थ में "ईश्वर" शब्द का इस्तेमाल किया जाता है उस अर्थ में वह ईश्वर ही नहीं है।

अगर ईश्वरवादी इस तरह अपने "ईश्वर" को आधा ईश्वर बनाने के लिए तैयार हो भी जायें, तो भी उनके लिए ऐसे ईश्वर के अस्तित्व को प्रमाणित करने की समस्या बनी ही रहती है। जब तार्किक युक्तियों द्वारा ईश्वर का अस्तित्व प्रमाणित नहीं हो पाता है, तो कुछ ईश्वरवादी "विश्वास" की दुहाई देने लगते हैं। लेकिन, एक ऐसा विश्वास, जिसे सत्य मानने के लिए कोई प्रमाण न हो, अंधविश्वास ही कहलाएगा। और एक ऐसा विश्वास, जिसे असत्य मानने के लिए प्रमाण हो, उससे चिपके रहने की हठधर्मिता, शुतुरमुर्ग की तरह गर्दन रेत में गाड़कर, अपने-आपको धोखा देने के सिवा और कुछ भी नहीं है। यह निःसंकोच कहा जा सकता है कि ईश्वर मानव-जाति का सबसे बड़ा अंधविश्वास है। ईश्वर ने मानव को नहीं, बल्कि मानव ने अज्ञान के किसी क्षण में ईश्वर को बनाया है। मगर इस अंधविश्वास की जकड़ मानव मस्तिष्क पर इतनी मजबूत है कि इतना कुछ हो जाने पर भी ईश्वरवादी चुप नहीं बैठते। जब कुछ नहीं बचता है तो वे आम तौर पर नीतिपरक-युक्ति का सहारा लेते हैं।

विश्व में अन्याय का अस्तित्व भी एक वास्तविकता है। हम अक्सर ऐसा देखते हैं कि अच्छे कहे और समझे जाने वाले कर्म करनेवालों को तरह-तरह की तकलीफ उठानी पड़ती है, जबकि बुरे समझे जानेवाले कर्म करनेवाले बड़े आराम से रहते हैं। "अच्छे" या "बुरे" कर्म की परिभाषा क्या है? यह अपने-आप में एक जटिल समस्या है। दर्शनशास्त्र की एक प्रमुख शाखा नीतिशास्त्र के अंतर्गत इस और इस समस्या से जुड़ी अन्य महत्वपूर्ण समस्याओं का सिलसिलेवार और तर्कबुद्धिपरक अध्ययन किया जाता है। यहाँ पर हम इस चर्चा में नहीं पड़ेंगे। "अच्छे" या "बुरे" की कोई भी परिभाषा क्यों न ली जाये, ऊपर दी गयी बात सत्य होगी। वैसे भी, ईश्वरवादियों को इस समस्या की जटिलता नहीं सताती है, क्योंकि उनके लिए, जिसे धर्मग्रन्थों

में "अच्छा" कहा गया है, वह अच्छा है, और जिसे धर्मग्रन्थों में "बुरा" कहा गया है, वह बुरा है। नीतिपरक युक्ति के एक रूप के अनुसार, इस विश्व में जो अन्याय है, उसे दुरुस्त करने के लिए ईश्वर का अस्तित्व आवश्यक है। इसलिए, ईश्वर का अस्तित्व है। अब स्पष्ट है कि "ईश्वर का अस्तित्व आवश्यक है" इस आधार वाक्य से हम इस निष्कर्ष तक नहीं पहुँच सकते हैं कि "ईश्वर का अस्तित्व है।" ईश्वर का अस्तित्व आवश्यक है, या ईश्वर की जरूरत है; और ईश्वर का अस्तित्व है, ये दो अलग-अलग बातें हैं। थोड़ी देर के लिए मान भी लिया जाए कि विश्व से अन्याय को दुरुस्त करने के लिए अगर वास्तव में इस तरह का कोई ईश्वर हुआ होता, तो यह अच्छी बात हुई होती। लेकिन इससे यह निष्कर्ष कैसे निकाला जा सकता है कि वास्तव में ऐसा कोई ईश्वर है। सिर्फ हमारे चाहने या जरूरत महसूस होने से सूर्य गोल से चौकोर तो नहीं हो जायेगा! वास्तविकता हमारी इच्छाओं या आवश्यकताओं के अनुरूप है या नहीं, यह तो छानबीन करने और ढूँढ़ने की चीज है। ईश्वर नहीं है, ऐसा मानने के लिए हमारे पास प्रमाण है। इसके बावजूद ईश्वरवादी कहते हैं कि ईश्वर को होना चाहिए, क्योंकि हमें ईश्वर की जरूरत है। यह तो वैसी ही बात हुई जैसे कोई प्रमाण न होने के बावजूद कोई व्यक्ति इस निष्कर्ष पर पहुँच जाये कि कोई युवती वास्तव में उससे प्रेम करती है, क्योंकि वह चाहता है या उसे जरूरत है कि वह उससे प्रेम करे। यह सिर्फ अपनी इच्छाओं और आवश्यकताओं को वास्तविकता पर आरोपित करके अपने-आप को धोखा देना है। दरअसल, विश्व में अन्याय का अस्तित्व ईश्वर के न होने का एक और प्रमाण है, लेकिन आश्चर्य है कि ईश्वरवादी इस तथ्य के आधार पर उल्टा निष्कर्ष निकालना चाहते हैं।

नीतिपरक युक्ति के दूसरे रूप के अनुसार ईश्वर में विश्वास नैतिक दृष्टि से बहुत उपयोगी है, क्योंकि ईश्वर में विश्वास के बिना नैतिकता टिक नहीं सकती। इसलिए, ईश्वर का अस्तित्व है। यह तो स्पष्ट है कि नीतिपरक युक्ति के पहले रूप की तरह यह युक्ति भी दोषपूर्ण है। एक तो यह मानने के लिए हमारे पास रत्ती भर भी प्रमाण नहीं है कि ईश्वरवादी अनीश्वरवादियों की तुलना में अधिक "नैतिक" होते हैं। इसमें कोई संदेह नहीं कि यह एक बहुप्रचलित पूर्वाग्रह है। लेकिन इस बारे में किसी वस्तुपरक निष्कर्ष तक पहुँचने के लिए वैज्ञानिक पद्धति से सर्वेक्षण करके यह देखना चाहिए कि हत्या, बलात्कार आदि अपराध करनेवालों में ईश्वरवादियों की संख्या अधिक है, या अनीश्वरवादियों की। दूसरे, अगर ईश्वरवादियों का आचरण अधिक "नैतिक" हो भी, तो उससे यह तो प्रमाणित नहीं होता है कि यह ईश्वर में विश्वास के ही कारण है। सम्भव है यह उनके ईश्वर में विश्वास के कारण नहीं, उनके ईश्वर में विश्वास के बावजूद हो। तीसरे, अगर ईश्वर में विश्वास नैतिक दृष्टि से उपयोगी हो, तो भी कोई विश्वास इसलिए सत्य प्रमाणित तो नहीं हो जाएगा, क्योंकि

वह नैतिक दृष्टि से उपयोगी है। अगर किसी समाज की नैतिकता भूत के विश्वास पर टिकी हो, तो क्या इस आधार पर हम यह भी मान लेंगे कि भूत का अस्तित्व है? कुछ ईश्वरवादी कह सकते हैं कि ईश्वर का अस्तित्व भले न हो, फिर भी हमें ईश्वर में विश्वास रखना चाहिए, क्योंकि यह अवधारणा नैतिक दृष्टि से उपयोगी है। लेकिन यहाँ पर एक महत्वपूर्ण प्रश्न यह उठ जाता है कि क्या कोई असत्य विश्वास नैतिक दृष्टि से उपयोगी हो सकता है? अगर कोई विश्वास असत्य है, तो वह अन्ततः नैतिक दृष्टि से भी अनुपयोगी प्रमाणित होगा, चाहे थोड़े समय के लिए कितना भी उपयोगी क्यों न दिखाई दे।

ईश्वरवादी नैतिकता का आधार अंधविश्वास और भय होता है, तर्कबुद्धि नहीं। यह नहीं बताया जाता है कि कौन-से कर्म क्यों अच्छे हैं या क्यों बुरे हैं। बल्कि ईश्वर, स्वर्ग, नरक और धर्मग्रन्थों की अंधभक्ति के आधार पर नैतिकता का पालन कराने की कोशिश की जाती है। सवाल यह उठता है कि नैतिकता की बुनियाद एक अंधविश्वास पर रखना कहाँ तक उचित है? जैसे-जैसे बुद्धिवाद या वैज्ञानिक दृष्टिकोण का प्रचार और प्रसार होगा, वैसे-वैसे मानव मस्तिष्क पर से इन अंधविश्वासों की जकड़ कमजोर होती जायेगी, और अन्ततः इनके बुनियाद पर खड़ी नैतिकता की इमारत भी ढह जायेगी। एक तरह से देखें तो इस प्रक्रिया की शुरुआत हो चुकी है। ईश्वरवादी कहते हैं कि नैतिकता के लिए ईश्वर को बचाना जरूरी है, जब कि वास्तविकता यह है कि नैतिकता को ईश्वर से बचाना जरूरी है। अगर जल्दी से जल्दी तर्कसंगत और वैज्ञानिक चिंतन पर आधारित नयी, धर्मनिरपेक्ष और मानवीय नैतिकता का विकास और प्रचार नहीं किया गया, तो ईश्वर के अंधविश्वास के साथ-साथ नैतिकता का भी अन्त हो जायेगा।

इन बातों के अलावा, जो बात सबसे अधिक ध्यान देने योग्य है, लेकिन जिसकी ओर अधिकांश लोगों का ध्यान नहीं जाता है, वह यह है कि ईश्वर का अंधविश्वास एक क्षण के लिए भी नैतिक दृष्टि से उपयोगी नहीं हो सकता है। ईश्वर का अंधविश्वास न सिर्फ नैतिक दृष्टि से अनुपयोगी, बल्कि सही मायने में नैतिकता के विकास में सबसे बड़ी बाधा है। दरअसल, एक संगत ईश्वरवाद में नैतिकता के लिए कोई गुंजाइश नहीं है। कैसे? यह हम आगे देखेंगे।

**ईश्वरवाद का विरोध क्यों?**

अब तक हमने देखा कि ईश्वर है, ऐसा मानने के लिए हमारे पास एक भी तर्कसंगत युक्ति नहीं है, जबकि ईश्वर नहीं है, ऐसा मानने के लिए हमारे पास तर्कसंगत युक्ति है। इस अप्रिय स्थिति का सामना होने पर कई ईश्वरवादी यही कहते हैं कि ईश्वर की अवधारणा असत्य होते हुए भी नैतिक दृष्टि से उपयोगी है। हमने देखा कि

नैतिकता की बुनियाद एक अंधविश्वास पर रखना कितना खतरनाक है। अब हम देखेंगे कि किस तरह ईश्वरवाद ज्ञान और नैतिकता के विकास में, या दूसरे शब्दों में, समाज के विकास में एक बहुत बड़ी बाधा है। लेकिन इससे पहले हम ईश्वर की अवधारणा से जुड़ी कुछ और मान्यताओं की चर्चा कर लें, क्योंकि तब यह अधिक स्पष्ट हो सकेगा कि किस तरह ईश्वर का अंधविश्वास मानव समाज के विकास की राह का रोड़ा बना हुआ है।

**ईश्वरीय न्याय का सिद्धान्त :** अकसर हम ऐसा देखते हैं कि अच्छे समझे और कहे जाने वाले कर्म करनेवालों को तरह-तरह की तकलीफ उठानी पड़ती है, जबकि बुरे समझे जानेवाले कर्म करनेवाले बड़े मौज से रहते हैं। इस तरह की विसंगतियों की व्याख्या के लिए ईश्वरीय न्याय के सिद्धांत की सहायता ली जाती है। कहा जाता है कि ईश्वर सभी मनुष्यों के कर्मों का लेखा-जोखा रखता है, और उसके अनुसार फल भी देता है। इस सन्दर्भ में स्वर्ग और नरक की कल्पना भी की जाती है। अगर वास्तव में इस तरह के न्याय की कोई स्वचालित व्यवस्था हुई होती, तो इससे बेहतर कोई बात नहीं होती; बल्कि तब मानव-निर्मित अदालतों और न्याय-व्यवस्था को खत्म कर दिए जाने की आवश्यकता हो जाती। जब न्याय और अन्याय का फैसला करने के लिए ईश्वर की अदालत हो ही, तो फिर मानवीय न्याय-व्यवस्था खड़ी करने के लिए इतनी मेहतन क्यों की जाये?

ईश्वरीय न्याय के सिद्धान्त को मानने से पहले दो बातों को मानना जरूरी है : ईश्वर का अस्तित्व, और मृत्यु के बाद जीवन। हमने देखा कि ईश्वर के अस्तित्व में विश्वास सिर्फ एक अंधविश्वास है। इसी तरह मृत्यु के बाद जीवन है, ऐसा मानने के लिए भी कोई वैज्ञानिक प्रमाण नहीं है। ऐसा मानने का कोई कारण नहीं है कि शरीर और मस्तिष्क से अलग भी जीवन या चेतना का अस्तित्व रह सकता है। जो भी हो, यहाँ पर हम इसकी विस्तृत चर्चा नहीं करेंगे कि मृत्यु के बाद जीवन है या नहीं। ईश्वरीय न्याय के सिद्धान्त के खण्डन के लिए यह प्रमाणित करना ही पर्याप्त है कि ईश्वर का अस्तित्व नहीं है। इसलिए, ईश्वरीय न्याय का तथाकथित सिद्धान्त सिर्फ एक भ्रम है, जिसके जरिये हम कटु वास्तविकता से आँखें मोड़ कर अपने-आप को धोखा या झूठा संतोष दे सकते हैं।

**भाग्यवाद :** इस सिद्धान्त के अनुसार प्रत्येक व्यक्ति का "भाग्य" पहले से ही ईश्वर द्वारा निर्धारित रहता है; और मनुष्य चाहे जितना भी प्रयत्न क्यों न करे, "भाग्य में जो लिखा है" वह हो कर ही रहता है। ईश्वर का अस्तित्व नहीं होने के कारण यह सिद्धान्त गलत तो है ही, लेकिन मजेदार बात यह है कि इस सिद्धान्त और ईश्वरीय न्याय के सिद्धान्त के बीच संगति या सामंजस्य नहीं है। अगर मनुष्य के जीवन की सारी घटनाएँ पहले से ही ईश्वर द्वारा तय हैं, तो फिर मनुष्य को उसके

कर्मों के लिए कैसे उत्तरदायी माना जा सकता है? ऐसे में ईश्वर द्वारा मनुष्य को उसके (ईश्वर द्वारा ही निर्धारित) कर्मों का फल देने की बात हास्यास्पद है। लेकिन आश्चर्य है कि अधिकांश ईश्वरवादी इस असंगति से बेखबर एक साथ दोनों ही सिद्धान्तों को मानते चले जाते हैं।

**अवतारवाद :** अवतारवाद के अन्तर्गत यह माना गया है कि जब संसार में बुराइयाँ बहुत बढ़ जाती हैं, तो उन्हें दूर करने के लिए ईश्वर अवतार लेता है। मिसाल के तौर पर, हिन्दुओं के धर्मग्रन्थों में कई अवतारों का जिक्र आता है। लेकिन जब ईश्वर का अस्तित्व ही न हो, तो उसके अवतार लेने का प्रश्न ही कहाँ उठता है। हमने ईश्वरवाद से जुड़ी कुछ मान्यताओं की चर्चा संक्षेप में की। अब हम देखें कि ईश्वरवाद का मानव आचरण पर क्या असर होता है, और किस तरह ईश्वरवाद ज्ञान और नैतिकता के विकास में बाधा है।

ज्ञान के विकास के लिए जिज्ञासु मनोवृत्ति का होना बहुत जरूरी है। ईश्वरवाद सभी प्रश्नों के अतिसरलीकृत उत्तर के जरिये ईश्वरवादियों की जिज्ञासा पर पर्दा डाल देता है। जिस व्यक्ति के दिमाग पर ईश्वरवाद की जकड़ जितनी मजबूत है, वह व्यक्ति अपने जीवन और अपने इर्द-गिर्द घटने वाली घटनाओं के वास्तविक कारण को ढूँढ़ने से उतना ही दूर चला जाता है। क्योंकि उसके पास "ईश्वर" के रूप में जटिल से जटिल समस्या का समाधान पहले से ही मौजूद रहता है, या कम से कम वह ऐसा समझता है। इससे आगे ढूँढ़ने की कोई आवश्यकता उसे महसूस नहीं होती है। अगर डारविन ने बाइबिल में प्रतिपादित इस सिद्धान्त को मान लिया होता कि सभी जीव-जन्तुओं को, जिस रूप में वे आज पृथ्वी पर पाये जाते हैं, सीधे उसी रूप में ईश्वर ने बनाया है; तो वह विकासवाद के सिद्धान्त को नहीं ढूँढ़ पाता।

दूसरे, जब ईश्वरवादी देखते हैं कि तर्कसंगत और वैज्ञानिक ईश्वर-विरोधी युक्तियों के सामने उनका ईश्वर टिक नहीं सकता, तो ईश्वर को बनाये रखने के लिए वे स्वतंत्र, तर्कसंगत और वैज्ञानिक चिंतन को ही हतोत्साहित करना शुरू कर देते हैं। ईश्वरवादी ईश्वर में विश्वास बनाये रखने के लिए एक ओर (अंध) विश्वास, आस्था, श्रद्धा और भक्ति जैसी अवधारणाओं को बढ़ावा देते हैं; और दूसरी ओर, तर्कबुद्धि के महत्व को घटा कर दिखाने के लिए उत्सुक रहते हैं। वे जिज्ञासा और स्वतंत्र चिंतन को प्रोत्साहित करने की बजाय अंधविश्वासी मानसिकता को बढ़ावा देते हैं—यह कह कर कि ईश्वर के अस्तित्व को मानने के लिए हमारे पास प्रमाण नहीं है, फिर भी हमें ईश्वर के अस्तित्व में विश्वास रखना चाहिए। एक बार ईश्वर के अंधविश्वास को स्वीकार लेने के बाद, हर तरह के अंधविश्वास के लिए दरवाजा खुल जाता है। ईश्वरवादियों के इस रवैये से ज्ञान के विकास में बाधा पहुँचती है, क्योंकि ज्ञान के विकास के लिए जिज्ञासु मनोवृत्ति के साथ-साथ स्वतंत्र आलोचनात्मक

चिन्तन का होना बहुत जरूरी है। अगर हम पहले से ही यह मान लेंगे कि हमने अन्तिम सत्य को पा लिया है, तो फिर ज्ञान का विकास कैसे हो सकता है?

तीसरे, ईश्वरवादी धर्मों को माननेवाले अपने-अपने धर्म-ग्रन्थों को प्रामाणिक और अन्तिम सत्य मानते हैं, क्योंकि उनके अनुसार उनमें "ईश्वर की वाणी" रहती है। धर्मग्रन्थों की इस अंधभक्ति से भी ज्ञान के विकास में बाधा पहुँचती है। बाइबिल के अनुसार पृथ्वी स्थिर है, और सूर्य पृथ्वी के इर्द-गिर्द घूमता है। सोलहवीं शताब्दी में कोपरनिकस ने यह नया सिद्धान्त सामने रखा कि पृथ्वी अपनी धुरी पर और सूर्य के इर्द-गिर्द घूमती है। जब इतालवी वैज्ञानिक गैलिलियो ने इस सिद्धान्त का समर्थन किया, तो उसे जेल में डाल दिया गया और तब तक नहीं छोड़ा गया जब तक उसने यह वादा नहीं किया कि वह फिर कभी भी यह नहीं कहेंगे कि पृथ्वी स्थिर नहीं है! इसी तरह, इतालवी दार्शनिक ब्रूनो को कोपरनिकस के सिद्धान्त का समर्थन करने के कारण जेल में डाल दिया गया, और चर्च द्वारा उस पर मुकदमा चलाया गया। जब वह अपने स्वतंत्र विचारों पर अड़ा रहा, तो अन्ततः उसे रोमन चर्च के आदेश पर जिन्दा जला दिया गया। डारविन के विकासवाद के सिद्धान्त का भी आरम्भ में इस आधार पर विरोध किया गया कि बाइबिल में ईश्वरीय सृष्टि के सिद्धान्त का प्रतिपादन किया गया है। इन उदाहरणों से यह स्पष्ट हो जाता है कि "ईश्वरीय" धर्मग्रन्थों की अंधभक्ति से स्वतंत्र चिंतन का मार्ग अवरुद्ध हो जाता है, और ज्ञान के विकास में बाधा पहुँचती है।

इतना ही नहीं, "ईश्वरीय" धर्मग्रन्थों की अंधभक्ति नैतिकता के विकास में भी एक बहुत बड़ी बाधा है। ईश्वर के समर्थन में दी जानेवाली नीतिपरक युक्ति की आलोचना करते समय हमने देखा था कि तर्कसंगत और वैज्ञानिक चिंतन पर आधारित नयी, धर्मनिरपेक्ष और मानवीय नैतिकता का अविलम्ब विकास कितना जरूरी है। दर्शनशास्त्र की एक शाखा नीतिशास्त्र में नैतिकता संबंधी महत्वपूर्ण समस्याओं का सिलसिलेवार और तर्कबुद्धिपरक अध्ययन किया भी जाता है, लेकिन ईश्वरवादियों के लिए जिसे धर्मग्रन्थों में "अच्छा" कहा गया है, वह अच्छा है और जिसे धर्मग्रन्थों में "बुरा" कहा गया है, वह बुरा है। नैतिकता के बारे में उन्हें इससे आगे सोचने की कोई जरूरत नहीं महसूस होती है। जब ईश्वर ने इस समस्या का बना-बनाया समाधान दे ही दिया है, तो भला कोई इस पर दिमाग क्यों खर्च करे! कहना न होगा कि ईश्वरवादियों का यह रवैया नीतिशास्त्र और सच्चे अर्थों में नैतिकता के विकास में बाधक है। ईश्वरवादी नैतिकता के नाम पर सिर्फ जड़ परम्पराओं से चिपके रहते हैं, जिनका अकसर कोई तार्किक आधार नहीं होता है। सम्भव है कि विभिन्न धर्मों के धर्मग्रन्थों में कुछ ऐसी बातों को "उचित" बतलाया गया हो, जिन्हें हम तार्किक दृष्टि से भी उचित मान सकते हैं। लेकिन, दूसरी ओर,

लगभग सभी धर्मों में कई ऐसी बातों को उचित और सही बतलाया गया है, जो तार्किक और मानवीय दृष्टि से देखने पर सरासर अनुचित मालूम देती हैं। उदाहरण के तौर पर, मनुस्मृति जैसे हिन्दू धर्मशास्त्रों में गैरबराबरी पर आधारित वर्ण-व्यवस्था को और यहाँ तक कि छुआछूत को भी सही ठहराया गया है। इसी तरह, इस्लाम में औरत और मर्द को एक जैसे और बराबर अधिकार नहीं दिये गये हैं। धार्मिक रूढ़िवादी लोग ईश्वर और धर्मग्रन्थों की दुहाई दे कर गैरबराबरी मिटाने की दिशा में सामाजिक सुधार और परिवर्तन का विरोध करते हैं। इस तरह, "ईश्वरीय" धर्मग्रन्थों में अंधभक्ति वास्तविक नैतिकता, समाज सुधार और सामाजिक विकास के रास्ते में एक बहुत बड़ी बाधा है।

इसके अलावा, ईश्वरवादियों के अनुसार सर्वज्ञ और सर्वशक्तिमान ईश्वर की जानकारी और मर्जी के बिना इस विश्व में कुछ भी नहीं होता है। यहाँ तक कि एक पत्ता भी नहीं हिलता है। मानव के जीवन में कब और क्या होना है, यह पहले से ही ईश्वर द्वारा निर्धारित है। अगर इस बात को सत्य मान लिया जाए, तो इसका अर्थ यह हुआ कि मानव में स्वतंत्र संकल्प-शक्ति नहीं है। किन्हीं परिस्थितियों में वह क्या करेगा, यह पहले से निर्धारित है। और, अगर मानव स्वतंत्र नहीं है, तो फिर उसे उत्तरदायी भी नहीं माना जा सकता है। लेकिन, अगर मानव स्वतंत्र और उत्तरदायी नहीं है, तो नैतिकता का आधार ही नष्ट हो जाता है। नैतिकता का, यानी सही और गलत के पैमानों का, और नैतिक निंर्णयों का तभी कोई मतलब रहता है, अगर मानव में स्वतंत्र संकल्प-शक्ति है, यानी अगर वह अपने सामने प्रस्तुत कई विकल्पों में से किसी एक को चुन सकता हे। मानव को उसके कर्मों के लिए नैतिक रूप से उत्तरदायी तभी माना जा सकता है, जब वह अपने सामने के कई विकल्पों में से जिसे चाहे चुनने के लिए स्वतंत्र हो। अगर हम जो कुछ कर रहे हैं, उसके सिवा और कुछ कर ही नहीं सकते, तो फिर यह कहने का क्या मतलब रहता है कि "हमें ऐसा करना चाहिए," या "वैसा नहीं करना चाहिए"? इसलिए, एक संगत ईश्वरवाद के अन्तर्गत संकल्प-स्वातंत्र्य और नैतिकता के लिए कोई जगह नहीं है। अगर मानव में नैतिक उत्तरदायित्व की भावना का विकास करना है, तो इसके लिए ईश्वरवाद के चंगुल से मुक्त होना बहुत जरूरी है। इस तरह, हम कह सकते हैं कि ईश्वरवाद न सिर्फ तार्किक दृष्टि से गलत, बल्कि नैतिक दृष्टि से नुकसानदेह भी है।

यह सवाल कई लोगों के दिमाग में आ सकता है कि अगर ईश्वर के अस्तित्व का कोई तार्किक आधार नहीं है, तो फिर यह विश्वास इतना लोकप्रिय क्यों है। इसका एक कारण तो बौद्धिक जड़ता, और स्वतंत्र आलोचनात्मक चिंतन का अभाव है। दूसरा कारण, कई लोगों की यह गलत मान्यता है कि समाज में नैतिकता को

बनाये रखने के लिए ईश्वर को बचाये रखना जरूरी है। इसके अलावा, ऐसा लगता है कि ईश्वर का अंधविश्वास मनुष्य की कई मनोवैज्ञानिक आवश्यकताओं को गलत तरीके से पूरा करता है।

मनुष्य एक ऐसे विश्व में रहना चाहता है, जिसे वह पूरी तरह समझता है। वह बाहरी विश्व की घटनाओं को अपनी इच्छाओं और आवश्यकताओं के अनुसार नियंत्रित करना चाहता है। इतना ही नहीं, वह इस अनिश्चित और अस्थिर विश्व में सुरक्षित महसूस करना चाहता है, ठीक वैसे ही जैसे कोई बच्चा अपने माता-पिता की गोद में महसूस करता है। ईश्वर का अंधविश्वास मानव की इन आवश्यकताओं को पूरा करता है। ईश्वर के अंधविश्वास के कारण वह विश्व को समझे बिना भी संतुष्ट रहता है कि वह विश्व को पूरी तरह समझ रहा है। वह सोचता है कि ईश्वर के माध्यम से पूजा-पाठ, व्रत और प्रार्थना के जरिये वह बाहरी विश्व को अपनी आवश्यकताओं के अनुसार नियंत्रित कर सकता है; जब कि बाहरी विश्व को नियंत्रित करने के लिए—जहाँ तक उसे नियंत्रित किया जा सकता है—सामाजिक-राजनीतिक संगठन, विज्ञान और 'टेकनोलॉजी' की आवश्यकता होती है।

इसी तरह, उसे यह सोच कर अच्छा लगता है कि उसे सुरक्षा प्रदान करने के लिए, उसकी आवश्यकताओं और इच्छाओं को पूरा करने के लिए पिता-समान ईश्वर का साया हर वक्त उसके सिर पर है। एक बच्चे का अपने माता-पिता के प्रति और ईश्वर के प्रति एक ईश्वरवादी के रवैये में काफी काफी समानता है। जिस तरह बच्चा किसी खिलौने के लिए पिता के सामने रोता है, जिद करता है; ठीक उसी तरह ईश्वरवादी अपनी इच्छाओं को पूरा करवाने के लिए ईश्वर के सामने प्रार्थना करते हैं, व्रत रखते हैं। फर्क सिर्फ इतना है कि वास्तविक माता-पिता का तो अस्तित्व होता है, लेकिन "परमपिता" या ईश्वर का कोई अस्तित्व ही नहीं है। ऐसे में ईश्वर सिर्फ ऐसे कमजोर मनुष्यों का सहारा बन कर रह जाता है, जो वास्तविकता का सामना करने में असमर्थ हैं, या जो हमेशा बच्चे ही बने रहना चाहते हैं। एक वयस्क मानव को ईश्वर के झूठे सहारे की आवश्यकता नहीं होनी चाहिए।

अगर हम अपने जीवन को सही तरीके से जीना चाहते हैं; अगर हम अपनी और समाज की समस्याओं से ईमानदारी से जूझना चाहते हैं; तो इसकी पहली अनिवार्य शर्त यह है कि हम उन समस्याओं को उसी रूप में देखे और समझें, जैसी वे हैं; और अपने भविष्य के प्रति अपने उत्तरदायित्व को पूरी तरह स्वीकार करें। आज हममें से अधिकांश की स्थिति रेत में गर्दन गाड़े शुतुरमुर्ग जैसी है। न हम वास्तविकता को उस रूप में देख पा रहे हैं, जैसी वह है, और न हम अपने उत्तरदायित्व को महसूस कर पा रहे हैं। इसका प्रमुख कारण है ईश्वर का अंधविश्वास।

आज हमारे समाज में गरीबी, अशिक्षा, गैरबराबरी, जाति-व्यवस्था, छुआछूत,

धार्मिक रूढ़िवादिता और साम्प्रदायिकता जैसी बुराइयाँ हैं, जिन्हें दूर करने की जरूरत है। लेकिन अगर हम समाज में कोई सार्थक परिवर्तन लाना चाहते हैं, तो इसके लिए यह जरूरी है कि हम यह समझें कि ये सामाजिक बुराइयाँ मानव-निर्मित हैं, किसी ईश्वर का इनसे कुछ भी लेना-देना नहीं है।

इसी तरह, न्याय-अन्याय का जो भी फैसला होना है, वह इसी लोक में, और इसी जन्म में होना है, न कि किसी परलोक में किसी ईश्वर द्वारा। और यह सब अपने-आप नहीं होगा, बल्कि तभी होगा जब हम ऐसी सामाजिक व्यवस्था बनायेंगे, जिसमें न्याय-अन्याय का सही फैसला हो। और ऐसी व्यवस्था बनाने के लिए कोई अवतार पैदा नहीं होगा, बल्कि हमें खुद अपने प्रयत्नों से ऐसी व्यवस्था बनानी होगी। इस साधारण-सी बात को समझने की राह में ईश्वर का अंधविश्वास एक जबरदस्त बाधा है। अगर हम समस्या को उसके वास्तविक रूप में देख भी नहीं सकते, तो फिर उसके समाधान का प्रश्न ही कहाँ उठता है?

ईमानदारी की बात तो यह है कि ईश्वर के झूठे सहारे की तलाश छोड़ कर, मानव स्वयं अपने पैरों पर खड़ा हो जाये, वास्तविकता से भागने और मुँह छिपाने की बजाय साहसपूर्वक उसका सामना करे, अपना उत्तरदायित्व "ईश्वर" या "भाग्य" पर डालने की बजाय जिम्मेदारी के साथ अपने निर्णय स्वयं ले, और साहस के साथ उनके परिणामों का सामना करे।

(ramendra@sancharhat.net.in)

# अंधास्था का संस्थानीकरण

ओमप्रकाश कश्यप

मैं हिंदू हूँ। यद्यपि मंदिर नहीं जाता। गीता, रामायण, महाभारत, श्रीमद्भागवत, दुर्गा सप्तशती जैसी अनेक पुस्तकें, बिना किसी आस्था, विश्वास के, सहज पाठकीय जिज्ञासा और चाव से पढ़ी हैं। बचपन में 'हनुमान चालीसा' का पाठ करते समय लगता था कि संकट के समय बजरंगबली सहायक होंगे। उन दिनों गाँव के चारों ओर बाग थे, जहाँ आम के बुजुर्ग दरख्त जमीन से गलबहियाँ करते रहते। कुछ तो इतने पुराने कि शाखें खोखली पड़ चुकी थीं। हवा चलती तो तनों के चरमराने की आवाज सुनाई पड़ती। सूखे पत्ते झर-झर कर जमीन पर लोटने लगते, मानो जिस तने से वे अब तक लिपटते आये थे, स्नेह और समर्पण की पराकाष्ठा में उसके धराशायी होने से पहले खुद समाधिस्थ हो जाना चाहते हों। दिन में वे बाग अकसर सुनसान रहते। गुजरना पड़े तो धड़कनें अपने आप बढ़ जातीं। उस समय सिर्फ बजरंगबली का सहारा होता। लेकिन न तो कभी किसी प्रेत से मुलाकात हुई, न बजरंगबली ही मन का डर कम कर पाये। हाँ, 'चालीसा' इतना पढ़ा कि आज तक लगभग कंठस्थ है। धीरे-धीरे उसके प्रति आस्था भी खत्म होती गयी। खोखली, अज्ञानजनित श्रद्धा और विश्वास का यह अकेला उदाहरण नहीं। हर साल गाँव में रामलीला मंडली आती। रात-रात भर जाग कर रामलीला देखी जाती। सिर्फ कथारस और मनोरंजन के लिए। राम दैव-पुरुष हैं, ऐसा भाव शायद ही कभी मन में उमड़ा हो। कभी नहीं लगा कि वे सामान्य सम्राट से बढ़कर थे। हाँ, महाभारत पढ़ते-देखते कृष्ण-कथा की नाटकीयता से अवश्य अभिभूत हुआ हूँ। आज भी हो जाता हूँ। उनकी लौकिकता अद्भुत है। दैव-पुरुष कहला कर भी वे आम जन के करीब हैं। उनके यहाँ परम्परा का दबाव नहीं है। बल्कि वे स्वयं परंपराओं को चुनौती देते हैं। इसके लिए वे देवराज इंद्र से भी पंगा ले सकते हैं। उनके साथ साख्य-भाव सम्भव है। यह लौकिकता कभी-कभी उनसे बड़े अनर्थ भी करवा लेती है। जैसे अपने पक्ष के पांडवों को जिताने के लिए धर्म के नाम पर छल (हालाँकि महाभारत द्वारा इसे कृष्ण-नीति कहा गया

है), युधिष्ठिर द्वारा अपनी ही पत्नी को जुए में दाँव लगाने के धत्कर्म को नजरअंदाज कर उसको धर्मराज मानते रहना, गीता के बहाने वर्णाश्रम धर्म का पोषण आदि।

कृष्ण-कथा से इतर 'सत्यनारायण कथा' है, जिसमें 'सत्यनारायण महाराज' की कथा कभी नहीं आती। असल में तो वह डरी-सहमी, कुल-मर्यादा को समर्पित और पुरुषसत्तात्मक परिवारों में अपनी अस्मिता गँवा चुकी 'लीलावतियों' के डर की कथा है, जो त्राण पाने के लिए दैवी शक्ति की तलाश में रहती हैं। मेरे ही घर में आस्थावान पत्नी नियमपूर्वक इस कथा का आयोजन कराती हैं। उस समय पड़ोस की स्त्रियाँ भी जुट आती हैं। पुरोहित द्वारा हवन के दौरान देवताओं को बुलाना, कर्मकांड के बाद उन्हें वापस जाने को कहना। दिखावा इतना मानो ईश्वर, ईश्वर न हो कर उसके इशारे पर नाचनेवाला बंदर हो। एक ओर यजमान के लिए सुख-समृद्धि की कामना, दूसरी ओर गरीबी का यशस्वीकरण। दो-तीन घंटे के कर्मकांड का आखिरी पड़ाव, इहलौकिक-पारलौकिक सुख और समृद्धि की कामना... जितने समय तक पंडित घर में होता है, उतना समय छत पर अकेले बिताना मुझे भारी पड़ जाता है। सत्यनारायण की कथा बाँचनेवाले पंडित का भगवान मुझे उसी की तरह स्वार्थी एवं क्षुद्र-बुद्धि नजर आता है, जिसे अपना नाम लिवाने का शौक है। जो चाहता है कि पूरी दुनिया उसके रंग में रँग जाए। अगर कोई उसकी अवहेलना करे, उसके प्रसाद का अपमान करे, उसका नाम रटना भूल जाए, उसकी ओर से उदासीन हो जाए, तो वह कुटिल तानाशाह की भाँति अत्याचार पर उतर आता है। हर धार्मिक कथा की भाँति सत्यनारायण की कथा में भी चमत्कार होते हैं। वह प्रसन्न हो तो खोया पति, अर्जित धन-सम्पदा सहित, वापस लौट आता है। नाराज हो तो रास्ता भटक कर संकट में फँस जाता है। धन-सम्पदा नष्ट हो जाती है। मनुष्य की सारी की सारी कमजोरियाँ, धूर्तताएँ, छल-प्रपंच मुझे पुरोहित तथा उसके 'सत्यनारायण' में अन्तर्निहित जान पड़ते हैं। ऐसे 'सत्यनारायण' की कथा में सत भला कहाँ से आये!

कह सकता हूँ कि मेरा हिन्दू होना ऐसी ही घटना है, जैसा मेरा जन्म। दोनों ही आकस्मिक हैं, मेरे नियंत्रण से बाहर। फिर भी जैसे मेरे होने का अधिकार सुरक्षित है, ऐसे ही मेरे हिन्दू होने के अधिकार को भी कोई चुनौती नहीं दे सकता। सिवाय मेरे या जब तक मैं ऐसा न चाहूँ। यह अधिकार हिन्दू धर्म ने ही मुझे दिया है, जहाँ किसी विशिष्ट देवता, पूजा-पद्धति, देवालय, धर्मग्रन्थ, पंडा-पुजारी को माने बिना भी हिन्दू रहा जा सकता है। हिन्दुओं को छोड़ कर दुनिया के जितने भी बड़े धार्मिक समूह, सम्प्रदाय आदि हैं, प्रायः सभी का धर्मग्रन्थ निर्धारित है। सिख होने के लिए 'गुरुग्रन्थ साहिब' में आस्था और विश्वास जरूरी है। मुस्लिमों में तो कुरआन शरीफ न केवल व्यक्ति की धार्मिक आस्थाओं, बल्कि जीवनधारा को भी नियंत्रित करता है। पारसियों की आत्मा 'जिंद अवेस्ता' में त्राण पाती है। बाइबिल पर ईमान लाये

बिना भी क्या ईसाई बना जा सकता है? मुझे लगता है शायद नहीं। ये धर्म 'पुस्तकों' से निकले हैं तथा उनका पारायण करना ही धर्म मानते हैं। यह भी संभव है कि बदलाव की आशंका से डरे धर्माचार्यों ने ही इन्हें धर्मग्रन्थों में कैद कर लिया हो। हिंदू होने के लिए ऐसी कोई अनिवार्यता नहीं है। वहाँ बिना किसी धर्मग्रन्थ पर ईमान लाये, बगैर मंदिर-देवालय गये, बिना किसी कर्मकांड अथवा पूजा-पाठ में हिस्सेदारी के भी हिंदू रहा जा सकता है। यह अनायास नहीं हुआ है। इसके पीछे जितनी हिंदू धर्म की उदारता है, संभवतः उतनी ही विवशता भी है। दरअसल, ढाई-तीन हजार वर्ष के अंतराल में वैदिक बहुदेववाद ने धर्म, दर्शन, ज्ञान, वर्णाश्रम, जाति, कर्मकांड आदि के नाम पर इतनी शाखाएँ-प्रशाखाएँ खड़ी कर दी हैं कि बाद के आचार्यों को अपने बौद्धिक श्रम का बड़ा हिस्सा उनके बीच समन्वय कायम करने में खर्च करना पड़ा। हालाँकि कुछ विद्वान इसे हिन्दू धर्म की विशेषता के रूप में प्रस्तुत करते हैं। हालाँकि हिन्दुओं के एक वर्ग की चाहत रही है कि दूसरे धर्मों की भाँति उनका भी आधार धर्म-ग्रन्थ हो। इसके लिए वे समय-समय पर प्रयास करते रहे हैं। किन्तु जाति और सम्प्रदायों में बँटे हिन्दू समाज में यह सम्भव नहीं हो पाया है।

वेद चूँकि प्राचीनतम ग्रन्थ थे, इसलिए उन्हें हिन्दुओं का आधार धर्मग्रन्थ बनाने की चेष्टा की गयी, लेकिन व्यावहारिक ज्ञान की कमी, दुरूह संस्कृत तथा तात्विक विषयवस्तु के कारण उनमें जनसाधारण को आकर्षित करने की क्षमता कम थी। दूसरे, ऋग्वेद में कुछ ऐसे प्रसंग भी हैं, जिन्हें आज के युग में उचित नहीं समझा जा सकता। उदाहरण के लिए वैदिक देवता सोम का सेवन करते हैं। मांस खाते हैं। ऊपर से देवराज इंद्र का चारित्रिक विचलन, यम-यमी संवाद जैसे कई प्रसंग हैं, जिन्हें आज हमारी सामाजिक नैतिकता उचित नहीं मानती। संभवतः इस आधार पर होने वाली आलोचनाओं से बचने के लिए ही समाज के बहुसंख्यक वर्गों के लिए उनका पठन-पाठन निषिद्ध किया गया था। आलोचना दृष्टि के अभाव में वे प्रायः श्रद्धा की वस्तु बने रहे। यूँ भी जो ग्रन्थ सर्वसाधारण के अध्ययन-मनन के लिए उपलब्ध न हो, वह आधार धर्म-ग्रंथ बन ही नहीं सकता था। वस्तुतः जिन दिनों वेदों का संकलन हुआ, धर्म स्वयं भी अविकसित अवस्था में था। वह निजी विश्वास से अधिक कुछ न था। लोग प्रकृति के सान्निध्य में रहने, उस पर विश्वास करनेवाले थे। जीवन में जो वस्तु उन्हें जरूरी लगती, उसके अधिष्ठाता के रूप में एक देवता की परिकल्पना कर ली जाती। एकेश्वरवादी धारा बहुत क्षीण, विकास की आरम्भिक अवस्था में थी। यह बाद में समझा गया कि बिना व्यावहारिक हुए धर्म का संगठित सत्ता में बदलाव असम्भव है। साथ में एक केंद्रीय शक्ति (चाहे वह बनावटी ही क्यों न हो) अथवा शक्तिबोध का होना भी जरूरी था। यह तब हो सका जब समाज में राजासत्ता का

उदय हुआ और निर्णय के सारे अधिकार एक व्यक्ति के अधीन माने जाने लगे। धर्म का आधार सृष्टि का निर्माण और ध्वंस से उपजा सहजबोध था। राजा स्वयं जरा-मृत्यु के घेरे में था। उससे ऊपर भी कोई सर्वशक्तिमान सत्ता होनी चाहिए, इस सोच ने परम शक्तिशाली ईश्वर की संकल्पना को जन्म दिया। उसी का केंद्रीभूत रूप एकेश्वरवाद के रूप में सामने आया।

ऋग्वेद के रूप में मानवी मेधा की आरंभिक उड़ान ने स्वयं वैदिक आचार्यों को भी चमत्कृत कर दिया था। इसलिए उसको सँजो कर रखने के लिए तरह-तरह से प्रयास किये जाने लगे थे। चूँकि लेखनकला का आविष्कार नहीं हो पाया था, अतः उसके संरक्षण हेतु श्रुति का सहारा लिया गया। सामदेव की रचना वैदिक ऋचाओं के स्मरण तथा उनके शुद्ध गायन-उच्चारण की जरूरत को ध्यान में रख कर की गयी। कालांतर में यज्ञ का प्रचलन हुआ तो याज्ञिक प्रविधियों को सहेजने तथा उन्हें अधिमान्य ठहराने के लिए नए ग्रंथों की आवश्यकता महसूस होने लगी। तब ऋक्, साम आदि से ऋचाएँ चुनकर बाकी दो वेद-संहिताओं की रचना संपन्न हुई। उस समय तक पुरोहित वर्ग काफी ताकतवर हो चुका था। यजुर्वेद एवं अथर्ववेद पर यह असर साफ दिखाई पड़ता है। उनमें यज्ञ की प्रविधियों तथा अन्य कर्मकांडों की प्रधानता है, जिनका विधान अभिजन वर्गों द्वारा अभिजन हितों के संरक्षण हेतु किया गया था। बहरहाल, दर्शन का आदिस्रोत होने के बावजूद वैदिक संहिताओं पर निरंतर बहसें होती रहती थीं। लोकायती और आजीवक विद्वान, वैदिक धर्म के नाम पर फल-फूल रहे कर्मकांड और टोटमवाद पर निरंतर प्रहार कर रहे थे। वैदिक धर्म का पोषक पुरोहित वर्ग वेदों को अपौरुषेय बता कर उनके प्रति अपनी अंधश्रद्धा का प्रदर्शन करता, तो दूसरा वर्ग उनका मखौल उड़ाता था। परिणाम यह हुआ कि संपूर्ण दर्शन-परंपरा दो हिस्सों में बँट गयी। वेदों पर विश्वास करनेवाले, उन्हें स्वतः प्रामाण्य एवं अपौरुषेय माननेवाले आस्तिक कहलाये, जब कि उन्हें मानवकृत और अप्रामाण्य मानने वाली धारा को नास्तिक माना गया। धीरे-धीरे नास्तिक विचारकों का चिंतन इतना प्रखर और बहुव्यापी होता गया कि उसे न स्वीकारना ही आस्थावादियों के लिए चुनौती बन गया।

धर्म के अनुसार जीवन को मर्यादित करने की कोशिश स्मृतियों में दिखाई पड़ती है। उन्हें धर्म के संस्थानीकरण का पक्ष लेते, उसे वैध ठहरानेवाले आरम्भिक ग्रंथ कहा जा सकता है। स्मृतियों तथा ब्राह्मण ग्रंथों के मुख्य रचयिता ब्राह्मण थे। इन ग्रंथों द्वारा शीर्षस्थ ब्राह्मण वर्ग ने अपने वर्गीय हितों को सुरक्षित करने की कोशिश की थी। उन दिनों भी समाज पर ब्राह्मणों, पुरोहितों का प्रभाव इतना गहरा था कि उसकी अवहेलना कर पाना राजाओं के लिए भी असंभव था। लेकिन धर्म को केंद्र बनाकर वर्णाश्रम व्यवस्था का जो ढाँचा खड़ा किया गया था, उसमें ऊपर के स्तर पर भी एका

न था। यज्ञ एवं पुरोहिताई के अन्य कार्यों के आधार पर ब्राह्मणों की अलग-अलग उपजातियाँ बनी हुई थीं। क्षुद्र स्वार्थ के आधार पर वे बुरी तरह विभाजित थीं। पुरोहिताई में लगे ब्राह्मण प्रायः वे लोग थे, जो ज्ञान की मौलिक और अन्वेषणकारी परंपरा से कट चुके थे। उन्होंने समाज में परजीवी व्यवस्था को जन्म दिया था। ज्ञान की खोज को जीवन का मूल उद्देश्य माननेवाला वर्ग प्रायः अब भी यायावर जीवन जीता था। जहाँ पुरोहितकर्म पर ब्राह्मणवर्ग का अधिकार था, वहीं यायावर जिज्ञासुओं में सभी वर्गों के मनस्वी सम्मिलित थे। वे सत्ता प्रतिष्ठानों के प्रलोभन से परे, सीधे प्रकृति के सान्निध्य में चिंतन-मनन में लीन रहते थे। समाज में उनका मान-सम्मान था। उनके प्रभामंडल के आगे पुरोहित वर्ग भी श्रद्धानत रहता था। राजाओं की ओर से सुरक्षा के प्रबंध के साथ आश्रमों को जब-तब सुविधाएँ भी मुहैया करायी जाती थीं। तथापि समाज पर वास्तविक नियंत्रण उस पुरोहित वर्ग का ही था, जो प्रकट रूप से ज्ञान-परंपरा से कट चुका था तथा जैसे भी संभव हो, अपनी सत्ता को सुरक्षित रखने में ही जीवन की सिद्धि मानता था। राष्ट्र की एकता अथवा बड़े राज्यों की स्थापना जैसा कोई सपना उसके आगे न था।

भारत में चाणक्य और पश्चिम में अरस्तू के आने तक प्रायः यही हालात बने रहे। राजनीतिशास्त्र के ये दोनों महापंडित दुनिया के अलग-अलग देशों में करीब एक ही कालखंड में जनमे। दोनों बड़े राज्यों के समर्थक थे। इस ध्येय की प्राप्ति के लिए अरस्तू ने सिकन्दर को अपना सहायक बनाया और चाणक्य ने चन्द्रगुप्त को। चाणक्य और अरस्तू के सोच में जमीन-आसमान का अंतर था। सुकरात की ज्ञान-परंपरा से जुड़ा अरस्तू 'शुभत्व' की प्राप्ति को जीवन का लक्ष्य मानता था। सत्ता का स्वरूप कैसा हो, इससे उसे कोई मतलब न था। उसकी निगाह में वही शासन प्रणाली श्रेयस्कर थी, जो जीवन में 'शुभ' की स्थापना करती हो। वह भले व्यक्ति और श्रेष्ठ नागरिक को परस्पर पर्याय मानता था—'भले आदमी के सद्‌गुण श्रेष्ठ राष्ट्र के नागरिक के सद्‌गुण से अवश्यमेव अभिन्न हैं... जिन उपायों और साधनों से मनुष्य नेक बन जाता है, उन्हीं उपायों एवं साधनों से वह श्रेष्ठ राष्ट्र की भी स्थापना करेगा। फिर चाहे उसका शासन श्रेष्ठ जनतंत्र पद्धतिवाला हो अथवा राजकीय पद्धतिवाला।' हालाँकि इस सोच और सिकन्दर की महत्वाकांक्षाओं को समर्थन दिये जाने में कोई साम्य न था। चाणक्य का विश्वास सुदृढ़ राजतंत्र की स्थापना में था। इस लक्ष्य को पाने के लिए साम-दाम-दंड-भेद की किसी भी नीति को उसका समर्थन था। चंद्रगुप्त को भारत का एकछत्र सम्राट बनाने के लिए वह नंद के अमात्य राक्षस से भेंट में मिली विषकन्या को युद्ध में सहायक रहे सम्राट पर्वतक को भिजवा देता है, जिससे उसकी मृत्यु हो जाती है। चंद्रगुप्त और सिकन्दर में एक अंतर यह भी था कि सिकन्दर मकदूनिया के सम्राट फिलिप की संतान था। राजनीतिक महत्वाकांक्षाएँ

उसमें जन्मजात थीं, जबकि चन्द्रगुप्त साधारण परिवार से आया था। बहरहाल, अरस्तू और चाणक्य दोनों को बड़े राज्यों की स्थापना में सफलता मिली। लेकिन बड़े राज्यों की स्थापना तथा उनके वैभव को बनाये रखना अलग-अलग बातें थीं। बड़े राज्यों में लोकहित के मुद्दों पर जनता के एकजुट हो जाने के भी खतरे थे। समाज में शांति-व्यवस्था एवं अनुशासन को बनाये रखने की चुनौती अलग से थी। इसके लिए जहाँ अरस्तू राजा से शुभत्व की स्थापना तथा कल्याण के न्याय-पूर्ण विभाजन को लक्ष्य मान कर काम करने की सलाह देता है, वहीं चाणक्य के राजदर्शन में उसके लिए कोई स्थान न था।

'शुभत्व' की स्थापना जैसा नैतिक लक्ष्य व्यावहारिक दृष्टि में संभव न था। कोरी कूटनीति से सत्ता तो हथियायी जा सकती थी। इसके जरिये राजनीतिक दुश्मनों को ठिकाने भी लगाया जा सकता था, लेकिन महाशक्तिशाली सम्राट भी संगठित जनशक्ति से भय खाते थे, जानते थे कि संगठित जनाक्रोश से बचना कठिन और कभी-कभी तो असंभव हो जाता है। इस भय से मुक्ति में धर्म राजसत्ता का मददगार बना। वह इहलौकिक दुखों के सापेक्ष पारलौकिक सुखों को लाकर सामाजिक असंतोष कम करने तथा इसके माध्यम से जीवन में आभासी संतुलन बनाये रखने में सक्षम था। धर्म के इसी गुण के कारण धर्मसत्ता और राजसत्ता का गठजोड़ हुआ। स्वार्थी पुरोहित वर्ग द्वारा परंपरा और संस्कृति के नाम पर तरह-तरह के कर्मकांड व्यक्ति पर थोपे जाने लगे। स्वर्ग-नरक, पाप-पुण्य की कल्पनाएँ जीवनदर्शन की तरह पेश की जाने लगीं। परिणामस्वरूप आदमी का ध्यान इहलौकिक समस्याओं तथा उनके मूल कारणों से हटने लगा। 'कोउ नृप होय हमें का हानी' की भावना लोकचरित्र का हिस्सा बनती गयी। समाज का बड़ा वर्ग राजनीति की ओर से विमुख हुआ तो वह अल्पसंख्यक अभिजन समूहों का कारोबार बनकर रह गयी, जो अपने स्वार्थ के लिए बहुसंख्यक समूहों को छोटे-छोटे टुकड़ों में बाँटकर स्वार्थ-सिद्धि करने में निपुण थे। वैदिक कर्मकांड और टोटमवाद की आलोचना करने वाले जैन और बौद्ध धर्म आचार्य भी धर्म और राजनीति के गठजोड़ के दुरुपयोग की कल्पना न कर सके। राजपरिवारों से आए महावीर स्वामी और गौतम बुद्ध दोनों को अपने मत के प्रचार-प्रसार हेतु राजकुलों की शरण लेना सबसे आसान और प्रभावी तरीका जान पड़ा। गौतम बुद्ध और महावीर स्वामी के रहते तो धर्म-दर्शन का दुरुपयोग संभव न था, लेकिन एक बार धर्म ने राजनीति को अपने लाभ का 'औजार' बनाने की कोशिश की तो बाद में राजनीति को उसकी कीमत वसूलनी ही थी। धर्म और राजनीति के गठजोड़ ने स्थितियों की स्वार्थपूर्ण और मनमानी व्याख्या को जन्म दिया। देवासुर संग्राम की भाँति महाभारत भी भाइयों के बीच राज्य के बँटवारे की लड़ाई थी। मगर दोनों संग्रामों की व्याख्या राजनीति की सामान्य घटना की बजाय धर्मयुद्ध के रूप

में की गयी। यह काम सिर्फ भारत नहीं, दुनिया के सभी देशों में हुआ।

बाइबिल, कुरआन, गुरुग्रन्थ साहिब अथवा पारसियों के धर्मग्रन्थ जिंद अवेस्ता की भाँति वेद 'हिंदू धर्म' का आधार-ग्रंथ रहे होते तो उससे हिंदू धर्म का उद्धार भी हुआ होता। क्योंकि वेदों में बहुरंगी संस्कृति से जनमा बहुदेववाद है। उनमें इतिहास तत्व भी है, जो तत्कालीन समाज को समझने में हमारी मदद कर सकता है। इस तरह दर्शन और जीवन-पद्धति के साथ इतिहास-दृष्टि भी बनी रहती। वह बिखरे समाज को एक सूत्र में बाँधने और भावी पीढ़ियों की प्रेरणा देने के काम आती। जैसा यूनान में हुआ। होमर की 'इलियड' और 'ओडिसी' पुराकथाएँ हैं, इसके बावजूद यूनानवासियों को भरोसा रहा है कि वे उनके जीवंत इतिहास का हिस्सा हैं। इसलिए सभ्यताओं के मिट जाने के बाद भी मध्यकाल में इटली जैसे देश अतीत की स्मृतियों के सहारे उठकर पुनः खड़े हो जाते हैं। कहने को तो भारत में भी पुराणकथाएँ हैं। लेकिन उनकी रचना ऐसे की गयी है कि वे मनुष्य से ज्यादा देवताओं का इतिहास लगती हैं। इतिहास का असली काम, प्रेरणा जगाने का काम—उनसे नहीं सधता। ऋग्वेद की आरंभिक ऋचाओं की भाषा लोकभाषा के करीब है। बाद में प्रक्षेपित ऋचाओं की भाषा अपेक्षाकृत परिष्कृत है। होना यह चाहिए था कि समय के साथ-साथ उनकी भाषा का सरलीकरण होता। वह लोक के कुछ और करीब आती। लेकिन बजाय उन्हें अर्थ-विस्तार देने की, उनकी भाषा को और अधिक रूढ़ बनाने पर जोर दिया गया। यायावर वैदिक मुनियों की ज्ञान-चेतना कर्मकांडों में उलझने लगी। इस कारण वैदिक संहिताओं का विरोध स्वाभाविक था। श्रमण एवं आजीवक लोग यज्ञादि कर्मकांडों में दी जानेवाली बलि के लिए पुरोहित वर्ग की खूब खिल्ली उड़ाते। वैदिक कर्मकांडों के नाम पर बढ़ती हिंसा के प्रतिक्रियास्वरूप जैन और बौद्ध दर्शनों का विकास हुआ। न्याय, वैशेषिक और सांख्य जैसे तर्काधारित दर्शन अस्तित्व में आये। अपनी-अपनी तरह से ये सभी पुरोहितवादी प्रवृत्तियों तथा कर्मकांड पर चोट करते थे। दर्शन की ये वैकल्पिक धाराएँ इतनी विकसीं कि वैदिक धर्म को शताब्दियाँ नेपथ्य में गुजारनी पड़ीं। उसकी वापसी अंततः विरोध में जनमे जैन, बौद्ध, चार्वाक आदि धर्म-दर्शनों को भारत की दर्शन-परंपरा का अभिन्न हिस्सा मान लेने के बाद ही संभव हो सकी। मध्य काल तक हिंदू धर्म भी नाम प्रचलन में आ चुका था। लगभग उसी दौरान धर्म-दर्शन के क्षेत्र में सबसे सार्थक हस्तक्षेप शंकराचार्य की ओर से हुआ। उन्होंने अपना आचार्यत्व मीमांसक मंडन मिश्र को शास्त्रार्थ में पराजित करने के बाद स्थापित किया था। जैसे कोई विजेता हाथ आये प्रदेशों को छोड़ नहीं देता, उन्हें अपने अधीन कर, वहाँ उपनिवेश स्थापित कर लेता है, शंकराचार्य ने भी तर्क-वितर्क की प्राचीन दर्शन परंपरा को लौटाने के लिए 'वेदांत' जैसा नाम तो चुना, लेकिन उसकी जमीन मीमांसा की ही रही। इसलिए स्वयं यायावर रहते हुए भी

उन्होंने मठों की स्थापना की। सृष्टि के आधार कारण के रूप में ब्रह्म की कल्पना की तो माया को भी बीच में ले आये। शंकर को अल्पायु मिली। उनके जाते ही ज्ञान और दर्शन के अन्वेषण के लिए स्थापित चातुर्मठ 'मायावाद' का शिकार होते गए। कुछ लोगों ने गीता को हिंदू धर्म का आधार-ग्रंथ बनाने की कोशिशें कीं। थोड़ी सफलता भी मिली। पर एक तो गीता सर्वथा मौलिक ग्रंथ नहीं है। वह महाभारत का अध्याय-मात्र है। उसके अनेक मंत्र कठोपनिषद् से आये हैं। दूसरे, सृष्टि के विकास को ले कर उसका दृष्टिकोण सांख्य दर्शन से प्रेरित है, जिसका द्वैतवादी रवैया बहुतों को नापसन्द रहा है। दर्शन के रूप में साख्य शंकराचार्य के आने के बाद अपनी आभा खो चुका था। तत्कालीन दर्शन-परंपरा में वेदांत को प्रमुख दर्शन का स्थान प्राप्त था। ब्रह्मसूत्र के अलावा श्वेताश्वर, ईश्वास्य आदि उपनिषदें वेदांत की ज्ञान-मार्गी धारा के समर्थन में थीं। फिर गीता को उपनिषदों से अधिक लोकप्रियता मिलने का कारण? दरअसल उत्तर मध्य काल में भक्ति आंदोलन में नया मोड़ आया था, जिससे निराकार भक्ति साकार की अभ्यर्थना में ढलने लगी थी। यह सर्वज्ञात तथ्य है कि निराकार भक्ति जाति-आधार पर बँटे समाज में उन लोगों की खोज थी, जिनके लिए वेद-पुराण निषिद्ध थे। मंदिर की सीढ़ियाँ जो चढ़ नहीं सकते थे। ऐसे लोगों में या तो शूद्र थे; अथवा उनसे भी नीचे के अंतज, जो शताब्दियों से जातीय उत्पीड़न का शिकार रहे थे। निराकार भक्ति, कर्मकांड की जगह रूढ़ियाँ और ज्ञान के स्थान पर कोरा वितंडा रच रहे पुरोहित वर्ग के विरुद्ध ऐसे ही लोगों की पहला सशक्त सामाजिक-सांस्कृतिक विद्रोह था—'रखे रहो तुम अपने मंदिर, वेद-पुरान। हमारा देवता, सच्चा देवता तो हमारे हृदय में है।'

यह अलख जगानेवाले संतकवि थे, जो समाज के निचले वर्गों से आए थे। शताब्दियों से असमानता और उत्पीड़न की पीड़ा को झेलते हुए। सूफी दर्शन और वेदांत से प्रभावित इन संत कवियों ने निर्गुण आधार की परिकल्पना की; और एक निर्मल-निराकार-निर्विकल्प-अनादि और अनंत परमात्मा की भक्ति में खुद को तल्लीन कर दिया। उन्होंने न केवल धर्म के नाम पर थोपे जा रहे कर्मकांडों को चुनौती दी, बल्कि वर्गभेद की तीखी आलोचना करते हुए समरस समाज की स्थापना हेतु गीत भी रचे। एक चेतना थी, जो देखते ही देखते क्रांति-लहर में बदल गयी। कभी-कभी निचले स्तर के लोग भी शिखरस्थ शक्तियों को राह दिखाने लगते हैं। भक्ति-आंदोलन के दौरान भी यही हुआ था। उसकी लोकप्रियता इतनी बढ़ी कि उपरले क्रम की जातियाँ जो अपना त्राण मूर्ति-पूजा और कर्मकांड में खोजती थीं, वे भी भक्तिमार्ग की ओर आकर्षित होने लगीं। लेकिन शिखरस्थ जातियों के लोग अपने साथ अपने जातीय संस्कार भी लाये थे। उन्होंने धीरे-धीरे निराकार ब्रह्म का मूर्तीकरण करना आरंभ कर दिया। कबीर और रविदास जैसे सन्त कवियों की जगह

तुलसी और सूर जैसे भक्त-कवियों ने ले ली। इस घटना ने भक्ति आंदोलन की रही-सही क्रांतिकारिता को भी बिखेरने का काम किया। भक्ति आंदोलन की लोकमानस में स्वीकार्यता देखते हुए उन्होंने अपने आराध्य का मूर्तीकरण करना आरंभ किया। भक्ति और समर्पण के नाम पर अपने आराध्य का नख-शिख गुणगान करते हुए उन्होंने अपनी सारी प्रतिभा उसके शृंगारिक वर्णन को रसमय और विलासितापूर्ण बनाने पर लगा दी। तुलसी जैसे संतकवियों का दास्य-भाव धार्मिक पाखंडियों के लिए यथास्थिति बनाये रखने में सहायक सिद्ध हुआ। भक्ति आंदोलन के दौरान निरंतर आलोचनाओं के कारण अपनी आब खो चुके इंद्रादि वैदिक देवताओं के स्थान पर कृष्ण और राम को प्रमुख देवता का दर्जा मिला। गीता का नाम कृष्ण से जुड़ा था। इस कारण ग्रंथ के रूप में उसकी लोक-प्रतिष्ठा बढ़ने लगी। उल्लेखनीय है कि गीता के पास हिंदू दर्शन का आधारग्रंथ बनने का अवसर बौद्ध धर्म के पराभव के दिनों में भी आया था, मगर उस समय हिंदू धर्म खुद छोटे-छोटे संप्रदायों में बँटा हुआ था। यहाँ तक कि जनमानस को अपनी सुविधानुसार नये देवता गढ़ने, नयी पूजा-पद्धति अपनाने की भी छूट थी। कालांतर में प्रेम, स्वास्थ्य, परीक्षा में उत्तीर्ण होना, संतान-सुख आदि के लिए भी कृपादाता देवताओं का गठन किया जाने लगा। लोकमानस द्वारा गढ़े गये ये देवता अपने भक्तों की आर्थिक हैसियत के अनुसार उनकी तरह खुले में रह सकते थे। घाम, वर्षा, शीत आदि सह सकते थे। पुरोहितों के लिए ये उनके जेबी देवताओं जैसे थे। अशिक्षित जनमानस के बीच उनकी मनमानी व्याख्याएँ संभव थीं।

अद्वैतवाद से अवतारवाद की परिकल्पना को जन्म मिला था। उस समय हिंदू धर्म की दो प्रमुख धाराओं में समन्वयीकरण की कोशिशों के बीच कृष्ण और राम दोनों को विष्णु का अवतार मान लिया गया। उस समय तक वर्णाश्रम व्यवस्था हिंदू धर्म पर छा चुकी थी। देश पर विदेशियों का आधिपत्य कायम था। असुरक्षाबोध से आहत पुरोहितवर्ग संकीर्ण मानसिकता को अपना रहा था, जो हिंदू धर्म की अपनी ही मान्यताओं के विपरीत थी। कृष्ण के साथ गीता का नाम जुड़ा था। इसलिए समाज पर उनका प्रभाव अधिक था। लेकिन कृष्ण द्वारा गोपियों के साथ रमण करना, परंपराविरोधी होना, आवश्यकता पड़ने पर इंद्र को चुनौती देना तथा शास्त्रीय व्यवस्थाओं में 'उपयोगिता के सिद्धांत' के आधार पर छूट लेना, उस समय की स्थापित मान्यताओं को ललकारने जैसा था। वर्णाश्रम धर्म के प्रवक्ता पुरोहितों को यह स्वीकार न था। उसके आदर्श मर्यादाबद्ध राम थे, जो वशिष्ठ और विश्वामित्र की गुरुता के आगे नत रहकर ब्राह्मणों के श्रेष्ठत्व को स्वीकारते हैं। उनके प्रभाव से रामकथा को प्रतिष्ठा मिलने लगी। फिर भी कृष्ण कथा की बहु-स्वीकार्यता बनी रही तो उसका कारण उनकी कथित लीलाओं में लोकलुभावन तत्व थे, उनमें रामकथा की

अपेक्षा अधिक नाटकीयता थी। कृष्ण-कथा के लोकलुभावन तत्व कालांतर में साकार भक्ति आंदोलन की नींव बने। भक्ति के बहाने बहुसंख्य वर्ग को सत्ता की स्पर्धा में परे रखा जाने लगा। वह धर्म का राजीनितिक उपयोग था, जो उनके कट्टरपंथी मंसूबों को साधने में सहायक था। इसके बावजूद ब्राह्मण वर्ग का आदर्श रामकथा ही रही, जिसमें वर्णाश्रम व्यवस्था को आदर्श के रूप में स्थापित करने की कोशिश की गयी थी। तुलसी के राम इसलिए 'पुरुषोत्तम' हैं, क्योंकि वे वर्ण-व्यवस्था का पूरी निष्ठा से पालन करते हैं। आगे चलकर हालाँकि राम और कृष्ण को बराबर दर्जा दिया गया, दोनों एक ही शक्ति विष्णु के अवतार भी कहलाये। लेकिन पहला अवतार बता कर राम को कृष्ण पर वरीयता दी गयी। रामचरितमानस पाँचवाँ वेद कहलाने लगा तथा गीता की महत्ता अदालतों में उसके नाम की शपथ उठाने, लाल कपड़े में बाँध कर पूजा के आले में सजाने तक सीमित हो कर रह गयी। हमारे कानूनविदों को यह समझ न आया कि अशिक्षित लोग जिनके लिए गीता को समझना तो दूर, सुनना तक नसीब न हो, उन्हें गीता की शपथ दिलाने का भला क्या औचित्य हो सकता है! यह अंध-आस्था का वैधानिकीकरण था। जनसाधारण गीता से अधिक गीता माहात्म्य पढ़कर मन को तसल्ली देता रहा, जिसे चालबाज पंडितों ने अपनी ओर से जोड़ दिया था। उसके आधार पर एक ऐसा वर्ग भी पनपा जो गीता के पाठों को नियमित रटने, उसके आधार पर कर्मकांडों की स्वार्थानुकूल व्याख्या को ही बुद्धि-विवेक का पर्याय मानता था।

ज्ञातव्य है कि ऋग्वेद में कृष्ण को गो-पालक यदुओं का नेता बताया गया है। इंद्र से परास्त होने के बाद वह कबीला जिस प्रकार उसका उल्लेख वेदों में हुआ है, उत्तर-पश्चिम भारत की ओर प्रस्थान कर गया था, जहाँ उसने गंगा-यमुना सभ्यता की नींव डाली। उससे लगता है कि वह आर्यों की विस्तारवादी नीति का विरोधी था। इंद्र से उसके संघर्ष का उल्लेख भी ऋग्वेद में है। भारत में आर्यों का आगमन चरणबद्ध घटना है। बाद में आये आर्यों को न केवल यहाँ के मूल निवासी द्रविड़ों से संघर्ष करना पड़ा था, अपितु उन आर्य-दलों से भी जूझना पड़ता था जो अपेक्षाकृत उनसे पहले पहुँचकर यहाँ की संस्कृति के रंग में रँग चुके थे। ऋग्वेद में राजा सुदास और दस राजाओं के संघर्ष का उल्लेख है। उस प्रागैतिहासिक युद्ध में कृष्ण के यदु नामक कबीले ने सुदास विरोधी सेनाओं का साथ दिया था। उसकी अवशेष स्मृति को सहेजने की कोशिश महाभारत के नींव-ग्रंथ 'जय' में दिखाई पड़ती है। आज महाभारत तथा भागवत आदि ग्रंथों में जो कृष्ण-कथा उपलब्ध है, वह वर्णाश्रम संस्कृति से समझौता कर चुके कृष्ण की कहानी है। साफ है कि समन्वय की प्रक्रिया के दौरान, दूसरे सांस्कृतिक तत्वों की भाँति कृष्ण को भी आर्य संस्कृति में शामिल कर लिया गया। अंधास्था को समाज में प्रचलित करने की चतुराई कृष्ण और राम

के काल-निर्धारण में भी दिखाई पड़ती है। हिंदू परंपरा में राम को विष्णु का पहला तथा कृष्ण को बाद का अवतार माना गया है। उसके अनुसार राम त्रेता और कृष्ण द्वापर में जनमे। सवाल है कि कृष्ण का उल्लेख यदि ऋग्वेद (80/85/13-15) में है तो उनके पूर्वावतार राम का क्यों नहीं है? इस पर पर्दा डालने के लिए कुछ विद्वान उसे कृष्णासुर का नाम देते हैं। लेकिन यदुओं का नेता और गो-पालक होना, इंद्र से संघर्ष उन्हें महाभारत का नायक कृष्ण सिद्ध करता है। द्वापर (दूसरा) और त्रेता (तीसरा) की अर्थसंगति, महाभारत की रामायण से प्राचीनता, कृष्ण को राम का पूर्ववर्ती सिद्ध करती हैं। कृष्ण-युगीन अर्थव्यवस्था में पशुओं का महत्व कृषि से अधिक है। इंद्र से उनका टकराव भी पशु-संपदा की सुरक्षा के लिए होता है। गोकुल की संस्कृति पर कबीलाई समूह की छाप है, जिसमें मुखिया समूह का कर्ताधर्ता होता है। वहाँ वर्ण-विभाजन उतना प्रबल नहीं है। ये सब कारण कृष्ण को राम से प्राचीन ठहराते हैं।

प्रश्न उठता है कि कृष्ण यदि राम से पहले जनमे तो उन्हें बाद का सिद्ध करने का क्या औचित्य हो सकता है? ऋग्वेद का कृष्ण गोपालकों का नेता है, जो संभवतः यहाँ के आदि निवासियों में से थे; अथवा उन आर्यों के वंशज थे, जिनका भारत आगमन राम से पहले प्रमाणित है, जो भारतीय उपमहाद्वीप में काफी पहले पहुँचकर यहाँ की संस्कृति में रम चुके थे। बाद में आये आर्य कृषि कला में अपेक्षाकृत निपुण थे। कालांतर में सांस्कृतिक समन्वय की नीति में कृष्ण कथा को महाभारत में स्थान दिया गया तथा वर्णाश्रम व्यवस्था से उनकी सहमति दर्शाने के लिए गीता के रूप में प्रक्षिप्त अंश उसमें जोड़ा गया। कृष्ण की गोकुल से मथुरा की यात्रा असल में अलग-अलग युगों में दो भिन्न संस्कृतियों में समन्वय की संभावनाएँ तलाशती, उनके बीच की यात्रा है। आज का महाभारत जिस कालखंड की रचना है, उस समय तक वैदिक संस्कृति गंगा-यमुना के दोआब में एक परिपक्व संस्कृति के रूप में पनप चुकी थी, जब कि मूल ग्रंथ संभवतः राजा सुदास और दस राजाओं के संघर्ष की स्मृतियों को सहेजने की कोशिश में रचा गया था।

अप्रत्यक्ष रूप से ही सही, हिंदुओं के आधारग्रंथ की मान्यता मिली 'रामचरितमानस' को। यह प्राचीन ग्रीक कथाओं से प्रभावित महाकाव्य 'रामायण' का वर्णवादी संस्करण था। रामचरितमानस के बाद ही राम को जनमानस में देवता की जगह मिलनी शुरू हुई। राम की ऐतिहासिकता को दर्शाने के लिए उन्हें विष्णु का अवतार बताया गया, जिन्हें वैदिक देवताओं की गिरती छवि के बाद पालनहारी देवता का स्थान मिला था। मनु के बाद वर्णाश्रम धर्म के प्रखरतम समर्थक तुलसी को महाकवि मान लिया गया। पत्नी द्वारा लांछित आत्महीनता के मारे तुलसी आस्था को मानवीय विवेक से उच्चतर स्थान देते हैं—'कल्प-कल्प भरि एक-एक नरका। परहिं जे दूषहिं श्रुति करि

तरका ॥'—जो लोग वेदों की निंदा तर्क द्वारा करते हैं, वे एक-एक कल्प तक सभी नरकों में रहते हैं। यह तुलसी के सामंती संस्कार ही हैं जो वर्णावस्था के अंध-समर्थक राम को मर्यादा पुरुषोत्तम कहलवा जाते हैं जब कि उस शब्दाडंबर के बाहर, सिवाय वर्ण-संस्कृति के समर्थन के वे कहीं मर्यादित नहीं हैं। वे बाली का वृक्ष की ओट लेकर वध करते हैं। निर्दोष गर्भवती सीता को लोकलाज के बहाने घर से निकाल देते हैं। वेदपाठी निर्दोष शूद्रक को मृत्युदंड देते हैं। ये बातें विचारशील हिंदुओं को परेशान करती थीं। इसका कारण हिन्दू धर्म के अपने अन्तर्विरोध भी थे। नयी शिक्षा के आलोक में हिन्दुओं का वह वर्ग जिसे वर्ण व्यवस्था में उत्पीड़ित होना पड़ा था, ऐसे किसी ग्रंथ को मान्यता देने को तैयार न था, जो उसके शोषण को शास्त्रीय वैधता प्रदान करता हो। इसलिए जैसे-जैसे हिंदू समाज में चेतना व्यापी, लोग उससे छिटकते चले गये। विशेष रूप से वह वर्ग जिसे वर्णाश्रम धर्म के कारण उपेक्षा और उत्पीड़न सहना पड़ा था, रामचरितमानस, मनुस्मृति जैसे ग्रंथों को संदेह की दृष्टि से देखता रहा। परिणाम यह हुआ कि पुरोहितों द्वारा रामचरितमानस को पाँचवाँ वेद घोषित करने के बावजूद उसे हिंदू धर्म के आधार ग्रंथ की मान्यता हासिल न हो सकी।

चलते-चलते एक और सवाल कि धर्म, जो व्यक्तिगत आस्था और विश्वास का विषय है, वह एकाएक ताकत या ताकतवर का संबल कैसे बन जाता है? इसको समझ पाना समाजविज्ञानियों के आगे बड़ी चुनौती रही है। उल्लेखनीय है कि धर्म का राजनीतिकरण और साम्राज्यवाद का उदय दोनों सहसंबद्ध घटनाएँ हैं। राजाओं के साम्राज्यवादी मंसूबे साधने में धर्म उनका कदम-कदम पर सहायक बना है। वह समाज के बहुसंख्यक वर्ग को शक्ति एवं संसाधनों से काट कर उन्हें परावलंबी बना देता था। चूँकि राज्य की अपनी व्यस्तताएँ थीं, इसलिए धर्म और राजनीति के संबंध की शुरुआत हुई। राजा धर्म की ताकत का इस्तेमाल करता था। राज्य का वह आरंभिक रूप था, जिसे धर्म के ठेकेदारों ने बड़ी चालाकी से कब्जाया हुआ था। उस समय चूँकि राजनीतिक विमर्श में गिने-चुने लोग सम्मिलित होते थे, जिन्हें धर्म के साथ-साथ अन्य मामलों की शिक्षा दी जाती थी, इसलिए धर्म उन दिनों अपेक्षाकृत कम प्रभावी था। धर्म की जिहादी ताकत का उपयोग सैनिकों को युद्धोन्मत्त बनाने के लिए तो हुआ, किंतु उसके आधार पर स्वतंत्र राज्य शायद ही कभी बन पाये। कारण साफ है। सत्तालोलुपों को केवल धर्म की संगठनकारी शक्ति से लगाव होता है, उन नैतिक प्रेरणाओं से नहीं जिन्हें लोकमानस में अपनी पहचान बनाने के लिए धर्म अपने साथ जोड़ लेता है। साम्राज्यवाद के दौर में जितने भी राज्य बने, उनके पीछे राजाओं की निजी महत्वाकांक्षाएँ थीं। हालाँकि सत्ता प्राप्ति के बाद अपनी ताकत को मजबूत करने के लिए उन्होंने धर्म का भी सहारा लिया। इसके लिए धर्मांतरण

का भी राजनीतिक हथियार की तरह प्रयोग किया गया। धर्मांतरित होकर आनेवाले दो प्रकार के लोग थे। एक वे जो जातीय उत्पीड़न से तंग आ कर अपने मान-सम्मान और अस्मिता की रक्षा के लिए नये धर्म की शरण में जाने को मजबूर हुए थे। दूसरे वे जो कतिपय सुविधाभोगी समाज से आये थे और अपने सामाजिक स्तर को बनाने, राज्य से निकटता का लाभ उठाने के लिए धर्मांतरित हो कर दूसरे धर्म में दाखिल हुए थे। इन सभी के विचार धर्म के विस्तार के लिए उपयेग किये गये। धर्म विशेष की सैद्धांतिकी से प्रभावित हो कर धर्मांतरण की घटनाएँ बहुत विरल होती हैं। जो लोग स्वार्थ के वशीभूत हो कर धर्मांतरण को अपनाते हैं, वे उसका उपयोग शिखर तक पहुँचानेवाली सीढ़ी के रूप में करते हैं। उनकी कोशिश धर्म को रूढ़ बना देने की होती है, ताकि उसके माध्यम से आमजन के विवेक को कुंठित कर, उसके व्यवहार को भीड़ की मानसिकता से जोड़ सकें।

इधर हिंदू धर्म को 'जीवनपद्धति' कहा जाने लगा है। 'धर्म तो सनातन है, हमेशा से चला आ रहा है, उसका न आदि है न अंत।'—सनातन धर्म की व्याख्या कुछ इसी तरह की जाती है। प्रमाण के लिए वे वेदों और उपनिषदों का हवाला देने लगते हैं, जिन्हें उन्होंने शायद ही कभी पढ़ा हो। वे और साथ में दूसरे धर्मावलंबी भूल जाते हैं कि खरबों वर्ष पुराने ब्रह्मांड में धरती की उम्र कुछ अरब वर्ष है। जब कि इस धरती पर मनुष्य नामक प्राणी की उत्पत्ति मात्र 2,00,000 वर्ष पुरानी है। दूसरी ओर विश्व की प्राचीनतम सभ्यता मात्र 12,000 वर्ष पुरानी घटना है। अब मानव-पीढ़ी की औसत आयु यदि 25 वर्ष मान ली जाए तो मनुष्य के आदि पुरखे से आज तक लगभग 8000 पीढ़ियाँ गुजर चुकी हैं। जब कि मनुष्य की सभ्य पीढ़ी का आरंभिक सदस्य आज से 480वीं पुरानी पीढ़ी के रूप में जनमा होगा। इस आधार पर संगठित धर्म की शुरुआत यानी वर्तमान देवताओं का सृजन आज से मात्र 80-90वीं पीढ़ी की मानसिक उड़ान था। स्पष्ट है कि मनुष्य की 8000 पीढ़ियों में से 7100 से अधिक पीढ़ियों ने, बहुत लंबा समय देवताओं की कृपा के बगैर, प्रकृति के साथ जूझते, संघर्ष करते तथा उसकी कृपाओं का आनंद लेते हुए बिताया है। सभ्यता के आरंभ के बाद से ही हर समूह-समाज ने अपने-अपने देवता गढ़े हैं, जो आम इन्सानों की भाँति मरते-खपते रहे हैं। भारतीय वाङ्मय में ऐसा बहुत कुछ है, जो यह बताता है कि वैदिक ऋषियों के देवता आसमान से नहीं, इसी जमीन से उपजे थे।

'हिंदू धर्म वैज्ञानिक धर्म है'—यह निराधार तर्क नयी पीढ़ी में धर्म की लोकप्रियता बनाये रखने के लिए दिया जाता है। मेरे विचार में धर्म की अवधारणा ही अवैज्ञानिक है। यह कैसी वैज्ञानिकता है जिसमें धार्मिक कर्मकांडों का निष्पादन किसी खास वर्ग, मुख्यतः ब्राह्मणों तक सीमित हो? दरअसल जो यह दावा करते हैं, वे धर्म और विज्ञान के अंतर को पहचानते ही नहीं हैं। विज्ञान वास्तव में चीजों को

परखने की एक पद्धति है। उसका जन्म संदेह के साथ होता है और जब तक विश्वास करने योग्य पर्याप्त आधार नहीं मिल जाता, तब तक शंका बनी ही रहती है। 'संदेह के द्वारा हम जाँच-पड़ताल तक पहुँचते हैं और जाँच-पड़ताल हमें सच तक ले जाती है।'–पीटर अबेलार्ड के ये शब्द विज्ञान को समझने में हमारे मददगार हो सकते हैं। इसके विपरीत धर्म आस्था और कदाचित अंधविश्वास के बल पर फूलता-फलता है। हर धर्म अपने अनुयायियों से अपेक्षा रखता है कि वे संदेह को त्याग कर पूरे आस्थाभाव से उसकी शरणागत हों। स्वार्थ-सिद्धि के लिए वह मानवीय विवेकशीलता को, जो मनुष्य होने का प्रमुख लक्षण है, किनारे कर देता है। किसी धार्मिक प्रवचन के दौरान उपस्थित भीड़ का आचरण बाड़े में कैद कर दी गयी भेड़ों की तरह होता है, जो अपने ग्वाले द्वारा इधर से उधर हाँकी जाती हैं। जिन मनीषियों ने वैदिक ऋचाओं की रचना की थी, उन्होंने यह कभी नहीं सोचा था कि उनका उपयोग किसी धर्म या संप्रदाय की गाड़ी चलाने के लिए किया जायेगा। अध्यात्म मनुष्य की बौद्धिक आकुलता की उपज था। उस जिज्ञासा की उपज था जो विराट, क्षण-क्षण परिर्वतनशील, विविध रूप-रंग-गुणवाली प्रकृति का सान्निध्य पा कर उसके मस्तिष्क में खलबली मचाने लगती थी। महावीर स्वामी, गौतम बुद्ध, डेमोक्रिटिस, सुकरात, कन्फ्युशियस, ताओ आदि जितने भी महान दार्शनिक हुए हैं, उनकी हरगिज यह मंशा नहीं थी कि अपने नाम से कोई नया धर्म या संप्रदाय स्थापित करें। गौतम बुद्ध ने तो अपनी मूर्तियाँ लगाने के लिए भी मना किया था। कन्फ्युशियस खुद को मामूली शिक्षक मानता था। सुकरात तो अपने अज्ञान का ज्ञान होने पर भी गर्व करता था। आजकल धर्म 'न्यूनतम लागत और उच्चतम रिटर्न' वाला सबसे भरोसेमंद कारोबार है, जिसमें घाटे की कोई संभावना नहीं। न उसका सेंसेक्स कभी नीचे आता है। आधुनिक बाबा माथे पर सोने का मुकुट लगा कर जनता के सामने आते हैं तथा उसकी भावनाओं का दोहन कर, धर्म का कारोबार चलाये रखते हैं। उन्हीं के बूते समाज में अंधास्था फलती-फूलती है और मानवीय विवेक का क्षरण होता है।

(opkashyap@gmail.com)

# निरीश्वरवाद की परम्परा

## डॉ. रणजीत

दर्शन के क्षेत्र में नास्तिकता या निरीश्वरवाद एशिया और योरोप में छठी सदी ईसा पूर्व में शुरू हुआ लगता है। विल ड्यूरॉ बताते हैं कि अफ्रीका की कुछ पिग्मी जनजातियों में कोई निश्चित प्रथाएँ या अनुष्ठान नहीं दिखाई देते। वे न किन्हीं दैवी शक्तियों या आत्माओं आदि में विश्वास करती थीं, न उनके कोई टोटम थे। वे अपने मुर्दे बिना किन्हीं विशेष अनुष्ठानों के गाड़ देते थे और उसके बाद उन पर कोई ध्यान नहीं देते थे। उनमें सामान्य अंधविश्वास भी नहीं थे। श्रीलंका के वेदाह लोग सिर्फ यह मानते थे कि कुछ देवियाँ हो सकती हैं। पर न प्रार्थना की और न उन्हें खुश रखने के लिए कुरबानी की कोई धारणा उनमें थी।

यूरोप के बौद्धिक क्षेत्रों में नास्तिकता की धारणा रिनेसाँ और सुधार के दिनों में सशक्त हुई। फ्रांसीसी क्रांति ने फ्रांस को धर्म के प्रभाव से मुक्त करने की कोशिश की। प्रथम विश्वयुद्ध के बाद सोवियत क्रांति ने बाकायदा नास्तिकता का राज्य-प्रायोजित प्रचार शुरू किया। साम्यवादी शिविर में यह प्रचार अनेक बार धार्मिक लोगों के उत्पीड़न का औजार बना।

पूर्व में ईश्वर की धारणा से मुक्त एक चिन्तनशील जीवन पद्धति का प्रारंभ छठी शताब्दी ईसा पूर्व में भारत में बौद्ध धर्म, जैन धर्म और लोकायत के रूप में तथा चीन में ताओवाद के रूप में हुआ। हालाँकि इन धर्मों ने लोक में प्रचलित देवी-देवताओं, आत्माओं, स्वर्ग-नरक आदि के अस्तित्व से सीधे इनकार नहीं किया, पर उनसे निरपेक्ष एक नैतिक जीवन पद्धति का रास्ता जरूर दिखाया।

जैन धर्म संसार को पदार्थ और आत्माओं से बना हुआ मानता है, जो कि दोनों ही अनादि हैं और उनका कोई सृष्टिकर्ता नहीं है। बौद्ध धर्म की परवर्ती शाखा महायान में अवश्य एक अनंत सर्वव्यापी, सर्वज्ञ, स्वयंभू धर्मधातु को मान्यता दी गयी जो कि बोधिचित्त है और जिसे स्वयं बुद्ध की ही धर्मकाया कहा गया।

523 ईसा पूर्व में जनमे अजितकेश कंबली के संबंध में महापंडित राहुल

सांकृत्यायन ने अपनी प्रसिद्ध पुस्तक 'दर्शन-दिग्दर्शन' में लिखा है कि बुद्ध के समय वह एक सम्मानित तीर्थंकर (संप्रदाय प्रवर्तक) था। उसकी मान्यता थी कि दान, यज्ञ, हवन निरर्थक हैं। अच्छे-बुरे कर्मों के फल की बात झूठी है। परलोक मिथ्या कल्पना है। अयोनिज देवता कहीं नहीं हैं। सत्य को जाननेवाले ऐसे श्रमण ब्राह्मण लोक में कहीं नहीं हैं, जो उसका साक्षात्कार कर चुके हों। मनुष्य चार महाभूतों का बना है, जब वह मरता है तो पृथ्वी पृथ्वी में, पानी पानी में, अग्नि अग्नि में और हवा हवा में मिल जाती है। मरने के बाद कुछ नहीं रहता।[1] स्पष्ट ही अजितकेश कंबली गौतम बुद्ध का एक समकालीन निरीश्वर भौतिकवादी था। जबकि राहुलजी के शब्दों में गौतम बुद्ध अभौतिक क्षणिकतावादी अनात्मवादी और अनीश्वरवादी थे।

भारत में नास्तिक शब्द के तीनों अर्थों (परलोक को नहीं माननेवाला, वेद को प्रामाणिक नहीं माननेवाला, ईश्वर को नहीं माननेवाला) में यदि कोई नास्तिक विचारधारा थी तो वह थी चार्वाक या लोकायत। प्राचीन भारतीय दर्शन की नौ शाखाओं में लोकायत ही एकमात्र ऐसा दर्शन है, जिसे सही अर्थों में दर्शन कहा जा सकता है।

लोकायत दर्शन के अंतर्गत स्वर्ग और मुक्ति जैसे काल्पनिक नैतिक लक्ष्यों को अस्वीकार किया गया है, और मानव सुख को जीवन का सर्वोच्च लक्ष्य माना गया है। लोकायत दर्शन में यह स्पष्ट तौर से कहा गया है कि न तो मृत्यु के बाद कोई जीवन है, और न ही कोई पुनर्जन्म। लोकायत दर्शन के अनुसार, यह जगत ही एकमात्र जगह है, यह जीवन ही एकमात्र जीवन है, और हमें इसे सर्वश्रेष्ठ तरीके से जीने का प्रयत्न करना चाहिए। हमें इसलिए जीवन से दूर नहीं भागना चाहिए, क्योंकि जीवन में सुख के साथ दुःख भी मिले हुए हैं।

इस तरह, लोकायत दर्शन में बुद्धिवादी, मानवतावादी, सुखवादी, प्रकृतिवादी, भौतिकवादी और निरीश्वरवादी प्रवृत्तियाँ मिलती हैं। इसके अलावा, इसमें ब्राह्मणवाद का तीखा विरोध किया गया है। लोकायत दर्शन की प्रामाणिक लोकगाथा के कुछ अंशों का हिन्दी अनुवाद इस प्रकार है—

*जब तक जियो सुख से जियो;*
*मृत्यु की निगाहों से कोई बच नहीं सकता;*
*एक बार जब शरीर जल कर राख हो जायेगा,*
*फिर पुनर्जन्म कैसे होगा?*
*सुख के साथ दुःख भी मिश्रित है, इसलिए हमें सुख को त्याग देना चाहिए, ऐसा मूर्खों का विचार है; अपना भला चाहनेवाला कौन इन्सान धूल और भूसी के कारण उत्कृष्ट सफेद अनाजवाले धान को फेंक देगा?*
*न कोई स्वर्ग है, न कोई मोक्ष, न आत्मा किसी परलोक में जाती है;*

*वर्णाश्रम धर्मों के पालन से भी कोई फल प्राप्त नहीं होता।*
*मोर को रंग किसने दिए हैं या कोयल से गीत कौन गवाता है?*
*इसका प्रकृति के सिवा और कोई कारण नहीं है।*

हिन्दू षड्दर्शनों में से दो सांख्य और मीमांसा स्पष्ट रूप से निरीश्वरवादी थे। वे किसी सृष्टिकर्ता ईश्वर को स्वीकार नहीं करते थे। सांख्य दर्शन की प्रमुख पुस्तक सांख्यकारिका चौथी शताब्दी में लिखी गयी थी। यह दर्शन प्रकृति और पुरुष के द्वैत को मानता है, पर ईश्वर को स्वीकार नहीं करता। मीमांसा दर्शन का मूल आधार जैमिनी की 'पूर्व मीमांसा सूत्र' है, जिसका समय तीसरी से पहली सदी ई.पू. माना जाता है। यह दर्शन धर्म के स्वरूप का विमर्श करता है। इसमें अनुष्ठानों और रहस्यवाद का विरोध है। इसमें कर्म के बंधन में बँधे एक 'अदृष्ट' की अवधारणा तो है पर इसने किसी "ईश्वर" की आवश्यकता अनुभव नहीं की।

छह सौ ईसवी में चोल प्रान्त (वर्तमान तमिल प्रदेश) के तिरुमलै गाँव में जन्मे धर्मकीर्ति बौद्ध परंपरा के प्रखर नास्तिक दर्शन थे। उन्हें डॉ. श्वेर्चास्की ने भारतीय कांट की उपाधि दी है। उनका प्रसिद्ध ग्रंथ है प्रमाणवार्तिक। उनका एक बहुउद्धृत श्लोक है–

*वेदं प्रामाण्यम कस्यचित कतृवादः*
*स्नाने धर्मेच्छा जातिवादावलेपः।*
*सन्तापरंभ पापहानाय चेति*
*ध्वस्त प्रज्ञानां पंचालिंगानि जाड्ये।*

अर्थात, वेद को प्रामाणिक मानना, किसी ईश्वर को सृष्टि का कर्ता समझना, स्नान करने में धर्म होता है, ऐसा मानना, ऊँची जाति का घमंड करना और पाप दूर करने के लिए शरीर को सन्ताप देना (उपवास आदि तपस्याएँ करना), ये पाँचों अकल-मारे लोगों की मूर्खता की निशानियाँ हैं।

फिर आधुनिक युग में ज्योतिबा फुले, राधामोहन गोकुलजी, पेरियार रामासामी, स्वामी अछूतानंद, मानवेन्द्रनाथ राय, लाला हरदयाल, प्रेमचंद, स्वामी सहजानंद, जवाहरलाल नेहरू, भीमराव अम्बेडकर, जे.बी.ऍस, हाल्डेन, राहुल सांकृत्यायन, अब्राहम कोवूर, के. शिवराम कारन्त, गोरा, यशपाल, शहीदे आजम भगतसिंह, दामोदर धर्मानंद कौशाम्बी, मख्दूम, विट्ठल महादेव तारकुंडे, नागार्जुन, केदारनाथ अग्रवाल, फैज अहमद फैज, रामविलास शर्मा, सरदार जाफरी, मुक्तिबोध, बलराज साहनी, राममनोहर लोहिया, मधु लिमये, ज्योति बसु, नम्बूदिरीपाद, महाश्वेता देवी, राही मासूम रजा, श्रीराम लागू, किशन पटनायक, शंकर गुहा नियोगी, जावेद अख़्तर, कमल हासन, विजय तेंडुलकर, विनायक सेन, अमर्त्य सेन, सत्यजित राय, नरेन्द्र दाभोलकर जैसे सैकड़ों प्रख्यात स्वतंत्रता सेनानियों, राजनेताओं, समाज-सुधारकों,

क्रांतिकारियों, लेखकों, साहित्यकारों, फिल्मी हस्तियों और संस्कृतिकर्मियों ने नास्तिकता को अपना जीवन दर्शन बनाया है।

पश्चिमी दर्शन का विकास छठी सदी ई.पू. के आसपास यूनान में प्रारंभ हुआ। शुरुआती विचारक यद्यपि नास्तिक नहीं थे, पर उनमें संसार की व्याख्या प्रकृति की स्वाभाविक प्रक्रियाओं के रूप में, न कि दैवी रूप में, करने की प्रबल प्रवृत्ति थी। जैसे आकाशीय विद्युत को हवा के द्वारा बादलों को फाड़ देने का परिणाम मानना। प्रारंभिक यूनानी दार्शनिकों ने परंपरागत आस्तिक धारणाओं की आलोचना की, जैसे छठी शती ई.पू. के जेनोफनेस का प्रसिद्ध वाक्य है कि यदि घोड़ों और गायों के हाथ होते तो ईश्वर को घोड़े या गाय के रूप में ही चित्रित करते। युरिपिडीज (480-408 ई.पू.) के नाटक का मुख्य पात्र घोषित करता है—कौन कहता है कि आसमान में देवता हैं? कौन देवता नहीं है, कोई नहीं।

छठी से चौथी सदी ई.पू. में यूनानी दर्शन की तत्ववादी शाखा विकसित हुई। थेल, अनक्सि, मन्दर आदि दार्शनिकों ने इस दुनिया का मूल तत्व क्या है, इस पर विचार-विमर्श किया। कोई पानी को तो कोई अग्नि को मूल तत्व ठहराता था, पर किसी ने इस संसार या उसके मूल तत्वों के किसी स्रष्टा की कल्पना नहीं की। भारत के उनके समकालीन बुद्ध और चार्वाक की तरह ही इनको किसी सृष्टिकर्ता की जरूरत महसूस नहीं हुई।

इनके बाद सुकरात (469 से 399 ई.पू.) आया, जिसका प्रसिद्ध वाक्य है—'सही करने के लिए सही सोचना जरूरी है।' वह सदाचार और ज्ञान पर जोर देता था। और सादे जीवन का पक्षपाती था। सृष्टि कैसे अस्तित्व में आयी आदि प्रश्नों पर बहस को वह मूर्खों की क्रीड़ा कहता था। ज्ञान का संग्रह और प्रसार ही उसके जीवन का मुख्य लक्ष्य था। तरुणों को बिगाड़ने, देवनिन्दक और नास्तिक होने का आरोप लगा कर एथेन्स के शासकों ने उसे जहर का प्याला पीने की सजा दी थी, जिसे उसने खुशी-खुशी पी लिया।[3]

प्रबोधन या नवजागरण काल में रूसो ने इस ईसाई विश्वास का खंडन किया कि अदन के बाग की घटना से ही मानव जाति पाप पंकिल है। बल्कि प्रस्ताव किया कि मनुष्य मूलतः अच्छे थे, पर "सभ्यता" ने उन्हें भ्रष्ट कर दिया। हालाँकि वाल्टेयर को फ्रांसीसी क्रांति और उसमें उभरे नास्तिकतावाद का जिम्मेदार ठहराया गया, पर तथ्य यह भी है कि वह यह भी मानता था कि एक अव्यवस्थित संसार में ईश्वर का भय एक पुलिस सिपाही की भूमिका निभाता है और इसीलिए उसने कहा—यदि ईश्वर नहीं है तो उसका आविष्कार किया जाना चाहिए।

निर्विवाद रूप से आधुनिक युग में नास्तिकता को बढ़ावा देनेवाली पहली पुस्तक फ्रांसीसी कैथोलिक पादरी ज्याँ मेक्लियर (1664-1729) ने लिखी थी। वह थी

"संसार के सभी धर्मों के दंभ और झूठ का निरूपण"। उसके बाद दूसरी ऐसी पुस्तक बेरोन द होलबाख़ (1723-1789) ने 1970 में प्रकाशित की, नाम था "प्रकृति की व्यवस्था"। होलबाख ने एक सम्मेलन आयोजित किया था, जिसमें उसके समय के महत्वपूर्ण प्रबुद्ध लोगों, दिदरो, डेविड ह्यूम, एडम स्मिथ और बेंजामिन फ्रेंकलिन ने भागीदारी की थी। पर यह पुस्तक छद्म नाम से प्रकाशित हुई थी और न केवल प्रतिबंधित की गयी, बल्कि जलायी भी गयी। इस बीच इतिहासकार डेविड ह्यूम के निवास नगर स्काटलैंड के एडिनबर्ग को "नास्तिकों का स्वर्ग" कहा जाने लगा था। नास्तिकता ने फ्रांसीसी क्रान्ति के दौरान मंच छीन लिया था। चर्चों को "विवेक के स्मारकों" में बदल दिया गया और सलीबों की जगह धर्म-निरपेक्ष प्रतीकों ने ले ली। चर्चों की सम्पत्तियों का अधिग्रहण कर लिया गया।

ब्रिटेन में और अंग्रेजी भाषा में नास्तिकता का पहला प्रकाशित घोषणा पत्र लिवरपूल के चिकित्सा विज्ञानी मैथ्यू टर्मद द्वारा लिखा हुआ डॉ. प्रीस्टले के एक अविश्वासी को लिखे गये पत्रों का उत्तर माना जाता है, जिसे उसने बिना अपना नाम दिये लिखा था।

1789 की फ्रांसीसी क्रांति ने यूरोप के कई देशों में निरीश्वरवाद को किंचित स्वीकार्य बनाते हुए विवेकवाद, मुक्त विचार और उदारतावाद के आन्दोलनों को आगे बढ़ाया। अंग्रेजी के सुप्रसिद्ध रूमानी कवि शेली को 1811 को अपने लिखे हुए एक अनाम पेम्फलेट "नास्तिकता की आवश्यकता" को आक्सफोर्ड यूनिवर्सिटी के डीन को भेजने के कारण यूनिवर्सिटी से निकाल बाहर किया गया। जर्मनी में लुडविग फायरबाख ने इसके कुछ ही वर्षों बाद "ईसाइयत का सार" नामक पुस्तक लिखी, जिसने उन्नीसवीं सदी के जर्मनी के अन्य युगांतरकारी विचारकों, कार्ल मार्क्स, मैक्स स्टर्नर, आर्थर शापनहावर और फ्रेडरिक नीत्शे को प्रभावित किया। मुक्त विचारक और मजदूर नेता चार्ल्स ब्रेडले तीन बार ब्रिटिश पार्लियामेंट के लिए चुने गये और तीनों बार ईश्वर के नाम पर सदस्यता की शपथ लेने से इनकार करने पर सदस्यता से वंचित किये गये। जब वे चौथी बार सांसद चुने गये, तब संसद के नये स्पीकर ने उन्हें ईश्वर की बजाय सत्यनिष्ठा की शपथ लेकर सदस्य बनने दिया। ब्रेडले पहले घोषित नास्तिक थे, जो ब्रिटिश संसद में बैठ सके और शपथ-अधिनियम को बदल सके। कार्ल मार्क्स ने 1844 में हेगेल की फिलोसफी पर लिखी अपनी पुस्तक में धर्म के बारे में अपना यह प्रसिद्ध वाक्य लिखा– 'धार्मिक कष्ट-भोग एक साथ वास्तविक कष्ट भोग की अभिव्यक्ति भी है और उसका विरोध भी। धर्म शोषित पीड़ित जनता की कराह है, हृदयहीन संसार का हृदय है, आत्महीन परिस्थितियों की आत्मा है। यह जनता की अफीम है।'

बीसवीं और इक्कीसवीं सदी में निरीश्वरवाद ने अन्य अनेक दर्शनों में व्यापक

स्वीकृति प्राप्त की जैसे, मार्क्सवाद, लेनिनवाद, माओवाद, अस्तित्ववाद, वास्तविकतावाद, धर्मनिरपेक्ष मानववाद, तार्किक प्रत्यक्षवाद, निषेधवाद, अराजकतावाद और स्त्रीवाद। पश्चिमी दुनिया के विख्यात नास्तिक विचारकों, लेखकों और क्रांतिकारियों की एक छोटी-सी सूची बनायी जाय तो उसमें ये नाम अवश्य शामिल किए जायेंगे–

1. लिंक्जिन्स्की (1634-89)–पोललिथुआनी दार्शनिक जिसे अपनी पुस्तक "ईश्वर का अनस्तित्व" के कारण जघन्यतापूर्वक मार डाला गया।
2. ज्याँ फ्रेंकोइस द लाबेरे (1674-1766)–फ्रांसीसी विचारक जिसे 1766 में क्रूरतापूर्वक मारा गया, और वाल्टेयर ने उसकी सजा रद्द कराने की असफल कोशिश की। ईसाई धार्मिक असिहष्णुता का शिकार।
3. डेनिस दिदरो (1713-84)–'एन्साइक्लोपीडिया' का संपादक।
4. जेरेमी बेन्थम (1748-1873)–अँगरेज लेखक, न्यायशास्त्री, समाज-सुधारक, उपयोगितावाद का प्रवक्ता।
5. जान स्टुअर्ट मिल (1806-1873)–प्रख्यात दार्शनिक, उपयोगितावादी, नीतिशास्त्री।
6. ब्रूनो बाउर (1809-1882)–जर्मन दार्शनिक, इतिहासकार।
7. मिखाइल बाकुनिन (1814-76)–रूसी क्रांतिकारी, अराजकतावादी।
8. कार्ल मार्क्स (1818-1883)–दार्शनिक, समाजशास्त्री, राजनीतिक अर्थशास्त्री, मानववादी, साम्यवाद का जन्मदाता।
9. हरबर्ट स्पेंसर (1820-1903)–अंग्रेज दार्शनिक, समाजशास्त्री, जीव-विज्ञानी।
10. फ्रेडरिक नीत्शे (1844-1900)–जर्मन दार्शनिक, जिसकी पुस्तक 'दस स्पोक जरथुस्त्र' को क्लासिक का दर्जा हासिल है।
11. जान दिवी (1852-1952)–अमेरिकी मनोविज्ञानी, शिक्षा विज्ञानी, प्रेग्मेटिज्म के प्रवर्तकों में से एक।
12. जार्ज सान्तयाना (1872-1970)–ब्रिटिश तर्कशास्त्री, गणितज्ञ, इतिहासज्ञ, दार्शनिक और शान्ति योद्धा। गणित और विश्व शांति के लिए दुहरे नोबल पुरस्कार का विजेता।
13. बर्ट्रेंड रसेल (1872-1970)–ब्रिटिश तर्कशास्त्री, गणितज्ञ, इतिहासज्ञ, दार्शनिक और शान्ति योद्धा। गणित और विश्व शान्ति के लिए दुहरे नोबल पुरस्कार का विजेता।
14. ज्याँ पाल सार्त्र (1905-1980)–फ्रांसीसी लेखक और वामपक्षी आन्दोलक, निरीश्वर अस्तित्ववादी। बारह वर्ष की उम्र में ही नास्तिक हो गया। उसे 1964 में साहित्य के नोबेल पुरस्कार दिया गया पर उसने यह कहते हुए उसे लेने से इनकार कर दिया कि वह हमेशा सांस्थानिक सम्मानों से दूर रहा है। और कि वह यह पुरस्कार लेकर पूर्व के खिलाफ पश्चिम का पक्ष नहीं लेना चाहता। सार्त्र

नोबेल पुरस्कार को ठुकरानेवाला संसार का पहला और अकेला व्यक्ति है।

15. सिमोन द बउआ (1908-86)—फ्रांसीसी लेखिका और अस्तित्ववादी, सार्त्र की मित्र और संगिनी। स्त्री पर और वृद्धावस्था पर महत्वपूर्ण विमर्शात्मक पुस्तकें लिखीं।
16. पॉल एडवर्ड्स (1923-2004)—आस्ट्रेलियाई-अमेरिकी दार्शनिक, 'एन्साइक्लोपीडिया ऑफ फिलासफी' का सम्पादक।
17. पाल कर्ज़ (1926-2012)—अमेरिकी मानवतावादी दार्शनिक, लेखक, प्रकाशक और अनेक मानववादी संस्थाओं का संस्थापक। अन्तरराष्ट्रीय नैतिक-मानववादी संघ के 1986-94 तक सह अध्यक्ष रहे। 'प्रोमेथ्यूज बुक्स' प्रकाशन से हजारों मानववादी पुस्तकें प्रकाशित कीं।
18. क्रिस्टोफर हिचेन्स (1949-2011)—ब्रिटिश अमेरिकी मार्क्सवादी लेखक और पत्रकार, जिसकी पुस्तक *गॉड इज नॉट ग्रेट* की पाँच लाख से अधिक प्रतियाँ बिक चुकी हैं।

पाश्चात्य जगत के प्रख्यात जीवित नास्तिक विचारकों में हम डेविड सिल्वरमॅन, पॉल जाकरी, पाली यनवी, अयान हिरसी अली, फिलिप पुलमॅन, जेनिफर माइकेल हॅच, रिचर्ड केरियर, स्टीवन पिंकर, अलेक्जेंडर रोजेनबर्ग, स्टीफॅन हाकिंग, स्टीफॅन बर्नबर्ग, रिचर्ड डाकिन्स और पेटर सिंगर के नाम गर्व से ले सकते हैं।[3]

(ranjeet1937@gmail.com)

**संदर्भ**

1. दर्शन दिग्दर्शन, पृष्ठ 488।
2. भारतीय दर्शन में नास्तिकता की परम्परा—डॉ. रमेन्द्र; डॉ. रणजीत द्वारा प्रकाशित पुस्तक 'भारत के प्रख्यात नास्तिक' की प्रस्तावना।
3. इस लेख की बहुत-सी सामग्री 'विकिपीडिया' तथा अनेक वेब-स्थलों से संकलित की गयी है।

# धर्म का विकल्प

कुमार अंबुज

चीजों को बहुत विवादास्पद न बनाया जाये और अतार्किक हठधर्मिता न पाली जाये तो बात कुल एक पंक्ति की है : 'धर्म' का विकल्प 'वैज्ञानिक दृष्टिकोण' हो सकता है तथा 'धर्म में विश्वास' का विकल्प 'मनुष्य प्रजाति की ऐतिहासिकता में विश्वास' में मुमकिन है। लेकिन हम जानते हैं कि मामला इतना सीधा और स्वीकार्य नहीं हो सकता, इसलिए मजबूरी है कि हम 'धर्म' के विस्तार में जायें, इक्कीसवीं सदी तक आते-आते उसकी भूमिका, उपयोगिता और स्वभाव पर एक बार फिर दृष्टिपात करें और धर्म की प्रतिक्रियावादी, यथास्थितिवादी, अवैज्ञानिक-अंधविश्वासवादी, अविवेकी प्रकृति को भी देखें ताकि इस प्रक्रिया में 'धर्म का विकल्प' खोजे जाने का औचित्य भी रेखांकित हो सके।

**क्षीण संभावना की कौंध**

मध्यकाल से लेकर आज तक पूरे संसार में धर्म को लेकर, उसकी प्रासंगिकता, उपादेयता, भयावहता, उपकरणवादिता के संदर्भ में अनेकानेक विचार होते रहे हैं किन्तु हर बार जनता के बीच 'धर्म' की विजय होती रही है। इक्कीसवीं सदी में भी इस बात की संभावना क्षीण है कि फिलहाल धर्म को किसी आधुनिक, वैज्ञानिक विचारधारा से अपदस्थ किया जा सकेगा। लेकिन यही 'क्षीण संभावना' वह खिड़की भी खोलती है जहाँ से हवा-प्रकाश आ सकता है। इसी क्षीण संभावना में वह कौंध छिपी हुई है जो हर बुद्धिजीवी, विचारक और अन्वेषी को आकर्षित करती है और सूचना देती है कि 'विकल्प का यह विचार' दुर्निवार नहीं है।

यहाँ उन अनेक प्रगतिशील विचारकों की निराशा को याद करना भी उचित होगा जो धर्म के विकल्प का प्रश्न उठते ही 'धर्म की तथाकथित अच्छाइयों' को याद करने लगते हैं या फिर 'धर्म के साथ आधुनिकता को जोड़ने, संग-साथ निर्वाह करने' के सुझाव को विकल्प बताने की कोशिश करते हैं। कहना होगा कि ऐसे लोग धर्म का

विकल्प खोजना ही नहीं चाहते। दरअसल उन्होंने स्वयं ही 'वैज्ञानिक दृष्टिकोण', 'भौतिकवादी दर्शन' को इस तरह अर्जित नहीं किया होता है कि वे उसमें असन्दग्धि विश्वास जता सकें तथा गलत को 'लगातार और सदैव' गलत कह सकने का साहस और विवेक दर्शा सकें। इसलिए जब भी यह कहा जाता है कि धर्म का कोई विकल्प नहीं है तब देखना चाहिए कि कहने वाले ने इस दिशा में सम्यक विचार किया भी है या नहीं। कहीं वह धर्म के दैत्याकार, अपरिमित और अतीव बलशाली रूप को देखकर स्तुति में तो नहीं खड़ा रह गया है। लेकिन यहाँ तक आते हुए हम याद कर सकते हैं कि हीगेल, मार्क्स, बर्ट्रेण्ड रसेल ने खासतौर पर और अपनी-अपनी तरह से ड्यूहरिंग, कांट, कोपरनिकस, ब्रूनो, गैलीलियो, न्यूटन, रूसो और डार्विन सहित सैकड़ों ज्ञात-अज्ञात विचारकों-वैज्ञानिकों-साहित्यकारों ने लगातार और विपुल कार्य हमारे सामने रखा है जिससे धर्म की आलोचना अत्यंत वैज्ञानिक एवं तार्किक आधार पर हो सके। इनमें मार्क्स और बर्ट्रेण्ड रसेल का विमर्श न केवल आधुनिकतम है बल्कि वह इस विमर्श को अनवरत ठोस रूप में आगे बढ़ाये जा सकने की सम्भावना का मार्ग भी प्रशस्त करता है।

जरूरी है कि चर्चा की जाये कि यहाँ 'धर्म' से हमारा क्या अभिप्रेत है!

पहला अर्थ संस्कृत भाषा के परिप्रेक्ष्य में देखें : धर्म 'धृ' धातु से बना है, जिसका तात्पर्य है धारण करना, आलम्बन देना, पालन करना। दूसरा, Religion के अर्थ में देखें तो यह Religare शब्द से निकला है जिसका अर्थ है–'बाँधना'। यहाँ भी वही अर्थ निकलता है कि ऐसे नियमों के समुच्चय जो धारण किये जायें, जिनका पालन किया जाये अर्थात समाज को ऐसे (नैतिक) नियमों से बाँधा जाये जिनका पालन बाध्यकारी हो और समाज का संचालन हो सके।

यहाँ तक धर्म को स्वीकार करने में कोई हर्ज नहीं हो सकता क्योंकि समाज में रहने के कुछ नियम तो बनाये ही जायेंगे (जैसे अभी कानून, नियम, अधिनियम बनाये जाते हैं), ताकि अराजकता न फैले, सामूहिकता सुचारु रूप में संचरित हो सके। तब जाहिर है कि इन नियमों को बदलते समाज, समय और आवश्यकताओं के अनुरूप सहज ही परिवर्तित भी किया जा सकता है। किया जाना चाहिए, क्योंकि जिन्होंने भी धर्म के बहाने ये 'नियम' बनाये, उनमें अपने युग की, उनके निजी ज्ञान की, स्वार्थ, तथा वर्चस्वाकांक्षा की दिलचस्पियाँ भी सहज शामिल थीं। धर्म के बारे में विस्तार से उपलब्ध आलोचना और बहस से स्पष्ट है कि 'धर्म' के जरिए समाज के वर्ग-विशेष ने अपनी स्थिति निरंकुश बनायी और बहुसंख्यक लोगों पर, खासतौर से स्त्रियों तथा कमजोर वंचितवर्ग पर शासन ही नहीं किया, उनका उत्पीड़न भी किया। सामान्यजन उन नियमों को 'बाध्यतानुसार' मानते रहें इसलिए 'धर्म' को धीरे-धीरे अलौकिकता, ईश्वरीय आदेश या परम सत्ता से जोड़ा गया।

**धर्म ईश्वर से भारित है**

'धर्म' को ईश्वर से जोड़ते ही उसकी लौकिकता प्रभावित हो जाती है, उसका 'नैतिक रूप' एवं 'धारण करने योग्य चरित्र' खंडित हो जाता है क्योंकि तब वह एक अपरिवर्तनीय, सर्वशक्तिमान आदेश के रूप में हमारे सामने प्रस्तुत होता है। जिस पर कोई बहस करना पाप है, अधर्म है और जो सिर्फ स्वीकार करते चले जाने के लिए है। पीढ़ी दर पीढ़ी। एक शताब्दी से गुजरते हुए दूसरी शताब्दी तक। हम यहाँ इसी 'धर्म' की बात करना चाह रहे हैं जो अलौकिक हो चुका है, ईश्वरीय हो चुका है और जाहिर है कि घनघोर अवैज्ञानिक हो चुका है। वह अपने 'नैतिक नियमों' की आकांक्षा और प्रतिज्ञा से भी भटक गया है। उसमें अब एक भी ऐसा लक्षण नहीं बचा है जो 'नैतिकता' में सहज ही होते हैं। यदि फिर भी कहें कि धर्म, धारण करने योग्य नैतिकता का संक्षेप है तो वह नैतिकता कैसे स्वीकार्य हो सकती है जो जड़ हो, अवैज्ञानिक हो, तर्कविरोधी हो, अपरिवर्तनशील हो, अविनाशी हो, अपना औचित्य समाज की सत्ता और मनुष्य की मुक्ति, गतिशीलता और स्वतन्त्रता में न खोजती हो। जो सर्वोपरि हो जाना चाहती हो और जिसका अब शब्दकोशीय अर्थ है : Religion–a belief in one or more gods. एवं ब्रिटेनिका विश्वकोश के अनुसार–'Religion is commonly regarded as consisting of a person's relation to God or to gods or to spirits.'

बहुसंख्यक विवेचना और पारिभाषिक विश्लेषण के अनुसार धर्म में तीन तत्व अनिवार्य रूप से पाये जाते हैं : *1. अलौकिक शक्ति के प्रति विश्वास 2. कर्मकाण्ड-पूजापद्धति-अवतार 3. धर्मग्रंथ।* यद्यपि पाण्डुरंग वामन काणे ने हिन्दुओं में धर्म को धार्मिक विधियों/क्रियाओं/कर्त्तव्यों के रूप में ही विश्लेषित किया है। सन्दर्भ लें–'ऋग्वेद की ऋचाओं में धर्म ज्यादातर स्थानों पर धार्मिक विधियों या धार्मिक क्रिया संस्कारों के रूप में प्रयुक्त हुआ है। अथर्ववेद में धर्म शब्द का प्रयोग 'धार्मिक क्रिया संस्कार करने से अर्जित गुण' के अर्थ में है। एत्तरेय ब्राह्मण में धर्म शब्द 'सकल धार्मिक कर्त्तव्यों' के अर्थ में प्रयुक्त हुआ है।' छान्दोग्योपनिषद, मनुस्मृति, याज्ञवल्क्यस्मृति तक आते-आते धर्म के पाँच स्वरूप मान लिये गये : वर्णधर्म, आश्रयधर्म, वर्णाश्रम धर्म, नैमित्तिक धर्म और राजादि के गुणधर्म (कर्त्तव्यादि)। इन्हीं आधारों पर धर्म सूत्र (आर्यजाति के सदस्यों के लिए आचार-नियम) बनाये गये, जैसे गौतमधर्मसूत्र, वशिष्ठधर्मसूत्र, कौटिल्य का अर्थशास्त्र आदि-इत्यादि। अर्थात आर्यजाति के लिए 'धर्म का अर्थ' आचार-विधि का परिचायक, कर्त्तव्यों, बन्धनों का द्योतक है। *(धर्मशास्त्र का इतिहास, भाग 1, भारत-रत्न महामहोपाध्याय डॉ. पाण्डुरंग वामन काणे)*

यहाँ हम इन सूत्रों-स्मृतियों को 'नियमों' का दर्जा दे भी दें तब भी आज

विचारशील एवं बहुसंख्यक हिन्दुओं/आर्यजाति को मनुस्मृति सहित तमाम स्मृतियों और धर्मसूत्रों के ये नियम मान्य नहीं हैं, न ही हो सकते है क्योंकि इनमें वर्ण के आधार पर उच्चवर्णों का भारी पक्ष लिया गया है तथा शूद्रों (दलितों) और स्त्रियों को वंशानुगत रूप से जन्मना ही प्रताड़ित कर दिया गया है। इनमें अनेकानेक मानवविरोधी लक्षण विद्यमान हैं। यहाँ इसके विवरण में न जाते हुए यह कहना पर्याप्त होगा कि 'धर्म' के नाम पर ये आचार-नियम ब्राह्मणों/उच्चवर्णों की तानाशाही और वर्चस्व बनाये रखने की संहिताओं के अलावा कुछ नहीं हैं और इन्हें कतई नैतिक नियम नहीं कहा जा सकता क्योंकि अपनी प्रकृति और आकांक्षा में इनसे अधिक अनैतिक कुछ नहीं हो सकता। आधुनिक विचारकों ने, राजनीतिज्ञों ने इन वैदिक नियमों का खुला विरोध भी इसलिए किया है क्योंकि ये सामाजिक अन्याय के जनक और पोषक हैं।

यहाँ डॉ. वामन काणे इस पक्ष की उपेक्षा कर देते हैं कि इन आचार-संहिताओं में तमाम कर्मकाण्डी पद्धतियों का समावेश है और इन्हें भी अंततः ईश्वरीय आदेशों और भगवत इच्छा से जोड़ा गया था ताकि उनका पालन कराने में कोई व्यावहारिक कठिनाई न हो तथा राज्य (State) को नागरिक विवेक की जगह पुरोहितीय सुविधा से चलाया जा सके एवं आभिजात्य और शासकवर्ग को चुनौती न दी जा सके।

इस तरह हमारे सामने संसार का जो भी 'धर्म' उपस्थित है वह ईश्वर या अलौकिकता और परमसत्ता से भारित (Loaded) है। इसी ओट में वह नियंत्रक, परम, निरंकुश और शक्तिमान होता है। यहाँ एंगेल्स को याद करें तो 'हर प्रकार का धर्म मनुष्यों के दिमागों में उन बाह्य शक्तियों के काल्पनिक प्रतिबिम्ब के अलावा कुछ नहीं है जो उनके दैनिक जीवन को शासित करती हैं। इस प्रतिबिम्ब में पार्थिव शक्तियाँ अलौकिक शक्तियों का रूप धारण कर लेती हैं।' अस्तु अब कोई भी धर्म मूल अर्थों (अर्थात धारण करने योग्य आचरण) में 'धर्म' नहीं है क्योंकि वह 'नागरिक या मानवमात्र के लिए' नैतिक नियमों को प्रस्तावित नहीं करता, अपितु वह अपने अनुयायी समाज के लिए महज धार्मिक क्रियाओं, अंधविश्वासों, प्रदर्शनों, धार्मिक संस्कारों एवं कर्मकाण्डों की रक्षा करने में जुटा हुआ है और अलौकिक सत्ता से 'लोडेड' है। हमारा आशय इसी धर्म से है। यहाँ, जहाँ भी 'धर्म' शब्द का प्रयोग है, वह धर्म के इसी आशय और सन्दर्भ में है। 'धर्म' के इसी स्वरूप ने आज प्रत्येक मानव समाज को नाना प्रकार के रोगों से घेरकर रखा है और सत्ताधारी, पूँजीपति, अधिनायकवादी, धार्मिक नेतृत्व कर रहे लोग इस धर्म का उपयोग जनता को तमाम अंधविश्वासों में बनाये रखकर, उसके शोषण में करते चले आ रहे हैं।

धर्म के खिलाफ होने, उसे अपदस्थ करने या उसका विकल्प खोजने के प्रयास हेतु अनेक कारण हैं। जैसे वह पिछड़े, सामन्ती समाज का अग्रदूत और सखा है,

निरंकुश है, आलोचना के विरुद्ध है, यथास्थितिवादी, अवैज्ञानिक, अंधविश्वासी है, वह ईश्वर-भारित होकर मानव समाज को खास तरह से अशिक्षित, नियतिवादी और मनुष्यविरोधी बनाये रखने में अपनी अग्रणी भूमिका निबाहता है। *(यह किस हद तक मानवविरोधी बनाता है इसके लिए केवल यह विख्यात तथ्य पर्याप्त होगा कि संसार में तमाम युद्धों में जितने लोग मारे गये हैं, उनसे कई गुना अधिक मनुष्य धर्मयुद्धों या धार्मिक विद्वेष के झगड़ों-फसादों में मारे गये हैं।)* लेकिन धर्म के खिलाफ, जैसा कि हम जानते हैं, महत्त्वपूर्ण आरोप यह है कि वह समतावादी, न्यायवादी, मानवतावादी, लोकतंत्रवादी और शोषणरहित समाज के निर्माण में सबसे बड़ी बाधा है। यह एक अकेला आरोप ही इतना संगीन है जिसका सुस्पष्ट निष्कर्ष है कि 'धर्म' के रहते मानव की सच्ची मुक्ति सम्भव नहीं। मनुष्य की स्वतन्त्रता मुमकिन नहीं।

'धर्म' को अंततः ईश्वरीय या परमसत्ता की संरचना, आदेश, अपेक्षित नैतिकता, उपदेश आदि के रूप में ही प्रस्तुत किया गया है। धर्म में जो भी संशोधन हुए (जैसे हिन्दू धर्म में बौद्ध या जैन), वे भी कालान्तर में ईश्वर या अवतारों की ओर से किये गये संशोधन मान लिए गए। और उनका हश्र भी वही हुआ जो प्रारूपिक (Typical) 'धर्मों' का हो सकता है। (हालाँकि वामन काणे सहित अन्य विद्वानों के अध्ययन को केन्द्र में रख कर देख सकते हैं कि हिन्दू धर्म अपने प्रारम्भ में ईश्वराधारित नहीं था बल्कि समाज पर नियंत्रण करने के लिए, प्रभुत्वशाली (ब्राह्मणवर्गादि) लोगों द्वारा बनायी गयी आचरणपद्धति थी जो इस वर्ग को असीम ताकत देती थी, निरंकुश बनाती थी और आम बहुजन समाज को, स्त्रियों को यंत्रणापूर्ण, दासतापूर्ण जीवन की ओर धकेलती थी। एक तरह से यह राजकीय स्तर के, उत्पीड़न को मान्यता देती हुई समानान्तर शासन व्यवस्था थी। लेकिन भविष्य में इसका बने रहना तब ही सम्भव था जब कि इसे ईश्वरीय आदेश से जोड़ दिया जाये। ऐसा ही किया गया, खासतौर पर जब बौद्ध धर्म ने इसमें संशोधन और तत्सम्बन्धी प्रतिरोध किया। तब श्रीमद्भागवत गीता प्रकाश में आती है और वह आज के हिन्दू धर्म का मार्गदर्शी धार्मिक ग्रन्थ है। यह ग्रन्थ सीधा विष्णुअवतार कृष्ण के मुख से निःसृत हुआ है और इसलिए ईश्वरीय आदेश है। अतः अब यह कहना कि हिन्दू धर्म सिर्फ एक जीवनप्रणाली है अथवा आचरण प्रणाली है, एक अधूरा, पुराना और गलत बयान है।)

अतएव हिन्दू धर्म सहित, संसार के प्रत्येक धर्म में न केवल ईश्वर या अवतार या पैगम्बर की उपस्थिति एक प्रमुख तत्व है बल्कि वह इसी कारण अपरिवर्तनीय भी है। उसमें किसी तरह का संशोधन, पहली बात तो लगभग नामुमकिन है, क्योंकि उसके अनुयायी ऐसा करने ही नहीं देंगे और यदि किसी तरह वह संशोधन हुआ भी तो एक नया धर्म सामने आ जायेगा, जिसमें संशोधनकर्ता को पैगम्बर या अवतार

की मान्यता मिलेगी और इस तरह वह भी उतनी ही समस्याओं तथा बुराइयों से लैस होगा, जितना कोई भी धर्म हो सकता है। विस्तार से यह बात इसलिए कि धर्म में परिवर्तन या सुधार करने की बात बेमानी है, ढोंग है, नासमझी है। धर्म का निषेध ही किया जाना चाहिए और उसकी जगह व्यापक, विवेकसम्मत, तार्किक, न्यायपूर्ण दृष्टि को मिलना चाहिए। कह सकते हैं कि यह दृष्टि 'वैज्ञानिक दृष्टिकोण' के रूप में उपलब्ध है।

**धर्म कोई निजी मान्यता या परिघटना नहीं है**

जो कहते हैं कि धर्म एक निजी आस्था, विश्वास और मान्यता की बात है, वे दरअसल भोले हैं या चालाक। जैसे भ्रष्टाचार, ईमानदारी, बेईमानी, चरित्रहीनता, बुद्धिमानी देखने-सुनने में निजी लगती है लेकिन अंततः वह एक व्यक्ति से दूसरे व्यक्ति के बीच में ही घटित होती है और इस तरह व्यक्तियों के समूह में और पूरे समाज में। फिर धर्म तो कतई निजी बात नहीं है। जैसा कि स्पष्ट है कि वह परमसत्ता द्वारा उपदेशित, सम्भव समूह/अनुयायियों को सम्बोधित और प्रायः जन्मजात प्राप्त और थोपी हुई अवधारणा है, इसलिए उसको किसी के निजी खाते में डालकर मुक्त हो जाना विचारहीनता है, शरारत है। यदि वह इतना निजी है तो फिर मनुष्य को यह आजादी सभी धर्म क्यों नहीं देते कि वह वयस्क होने पर अपनी पसन्द का धर्म चुन ले या कोई धर्म न चुने। बच्चे को उसकी अबोध अवस्था से ही परिजन या समाज के लोग धर्म विशेष की पद्धतियों, प्रशिक्षण एवं प्रक्रियाओं से क्यों गुजारने लगते हैं? धर्म पूरे समाज को प्रभावित कर रहा है और उसे कतई निज तक सीमित कहकर बरगलाया नहीं जा सकता।

सभ्यता विकास के क्रम में ज्ञान-दर्शन-विज्ञान के प्रत्येक क्षेत्र में पर्याप्त विकास हुआ है और हो रहा है। अब प्रकृति के रहस्यपूर्ण उत्तरों के लिए धर्म के पास जाना हास्यास्पद है। वहाँ जो भी लिखा हुआ है उसमें तत्कालीन समय, समाज के ज्ञान की सीमा और अज्ञान का प्रभाव है। और सबसे बड़ी बात यह कि उसे चुनौती नहीं दी जा सकती, क्योंकि वह परमसत्ता के आदेश के रूप में प्रतिष्ठित है। विज्ञान के पास जिन सवालों के सटीक और अन्तिम उत्तर नहीं हैं, वहाँ विज्ञान तार्किक रूप से कुछ सम्भावनाओं की ओर इशारा करने में सक्षम है और कहता है कि इस दिशा में खोज की जायेगी। लेकिन धर्म सिर्फ अहंकारी रूप से सब कुछ जानने का दावा करता है जबकि जानता कुछ नहीं है। यदि धर्म इतना ही जानकार है तो वह विज्ञान की कसौटियों पर कसे जाने के लिए खुद को प्रस्तुत क्यों नहीं करता? स्वयं को आधुनिकतम ज्ञान-विज्ञान की सरणियों से क्यों नहीं गुजारता?

बर्टोल्ट ब्रेष्ट ने 'गेलीलियो का जीवन' नाटक में, धर्म ग्रन्थों में उल्लिखित

खगोलीय घटनाओं एवं स्थितियों के परिप्रेक्ष्य में सटीक व्यंग्य करते हुए ठीक ही प्रश्न किया है : 'क्या ईश्वर ने धर्मग्रन्थ लिखने से पहले खगोलशास्त्र ध्यान से नहीं पढ़ा होगा?' (प्रसंगवश यहाँ एक उदाहरण दिलचस्प होगा जो इस लेखक, कुछ मौलवियों और हिन्दू धर्म में आस्था रखनेवाले युवाओं के साथ, एक ट्रेन यात्रा में बातचीत के दौरान घटित हुआ। जब इन मौलवियों और हिन्दू युवाओं द्वारा बार-बार स्थापना रखी गयी कि सब कुछ कुरान और वेदों में लिख दिया गया है, मैंने उनसे प्रश्न किया कि आप सबके बच्चों ने या आपने जब स्कूल-कॉलेज की परीक्षाएँ दी होंगी और यह पूछे जाने पर कि पृथ्वी, संसार, मानव सभ्यता का निर्माण और विकास कैसे हुआ तब आपने अपने धर्म के अनुसार उत्तर क्यों नहीं लिखे? इस प्रश्न ने उन सबको विचलित कर दिया और वे अप्रासंगिक, असंदर्भित बहस करने लगे। थोड़ी शान्ति होने पर मैंने उनसे पुनः कहा कि यदि संसार बनने, सभ्यता विकसित होने के विश्वसनीय उत्तर धार्मिक ग्रन्थों में ही हैं तो फिर वे ईसाइयों, हिन्दुओं, मुस्लिमों के ग्रन्थों में अलग-अलग क्यों हैं और यदि विज्ञान सही है तो फिर आप सब मिलकर इन धर्मग्रन्थों की अवधारणाओं को ठीक क्यों नहीं करते? पुरातनकाल से, जब सब मनुष्य साथ-साथ विकसित होते हुए इस सदी तक आ गये हैं तो उनकी उत्पत्ति और विकास के सिद्धान्त, धर्म के आधार पर अलग-अलग कैसे हो सकते हैं? विज्ञान-भूगोल की परीक्षाओं में आपको क्योंकर विज्ञान का ही सहारा लेना पड़ता है? जाहिर है, इनका तार्किक या समाधानकारी उत्तर उनके पास न था।)

### धर्म की नैतिकता

यहाँ देखना उचित होगा कि धर्म की नैतिकता, वस्तुतः नैतिकता नहीं है। क्योंकि नैतिकता के जो प्रमुख लक्षण हैं वे इसमें नहीं हैं। मसलन–

1. नैतिकता मनुष्यमात्र के लिए सम्बोधित होती है, न कि किसी समूह या खास विचारों में यकीन रखने वाले व्यक्तियों के लिए; नैतिकता इस तरह धर्मनिरपेक्ष होती है।
2. नैतिकता समाज और मनुष्य आधारित ही हो सकती है न कि ईश्वराधारित या आत्माधारित।
3. नैतिकता एक विवेकसम्मत, सुविचारित, पारस्परिक निर्णय है, न कि कोई अलौकिक या पैगम्बरी संदेश।
4. नैतिकता पाप-पुण्य की अवधारणा से परे होती है और हर हाल में सभी मनुष्यों (लिंग, रंग या जाति इत्यादि के भेद के बिना) पर एकसमान लागू होती है।
5. नैतिकता समाजाधारित है, मनुष्यनिर्मित है इसलिए देश-काल-परिस्थिति अनुसार आलोच्य हो कर, परिवर्तनशील एवं संशोधनयोग्य है, क्योंकि समाज

भी परिवर्तित होता रहता है। जबकि धर्म, नैतिकता को स्थिर, जड़ बनाता है, उसकी गतिशीलता को रोकता है।

6. धार्मिक नैतिकता प्रायः सामाजिक-आर्थिक परिस्थितियों को नजरअन्दाज करतीं है। (जैसे किसी भी धर्माधारित नैतिक उपदेश द्वारा 'चोरी करना' नहीं रोका जा सकता, जब तक कि समाज में एक बड़ा हिस्सा वंचितों का है। इसी तरह 'सदा सत्य बोलो' का कोई व्यावहारिक अर्थ नहीं है।)

इसीलिए द्रष्टव्य है कि जैसे-जैसे नागरिक समाज एवं राष्ट्र की अवधारणा विकसित होती गयी है, धार्मिक नैतिकताओं या धर्म-सूत्रों का स्थान नागरिक कानून लेते गये हैं। कुछ कानून तो वैश्विक स्तर पर बनाये गये हैं जिन्हें हम अन्तरराष्ट्रीय कानूनों की तरह जानते हैं। क्योंकि धार्मिक सूत्र केवल धर्म विशेष के अनुयायियों पर ही लागू किए जा सकते है जब कि नागरिक कानून पूरे देश, किसी समाज या पूरे संसार पर। लेकिन अभी इस विषय में प्रायः हर देश में समस्याएँ बनी हुई हैं। अनेक धार्मिक रीतियों, आदेशों और रिवाजों को समुदाय विशेषों में अहमियत मिली हुई है और कानूनों का अनुपालन वहाँ नहीं है। जैसे, हमारे देश में ही विरासत, विवाह, तलाक, सम्पत्ति विवाद, धर्मस्थल विवाद, धार्मिक आयोजन आदि अनेक मामलों में हिन्दू-मुस्लिम-सिख-ईसाई आदि धर्मग्रन्थों एवं उनकी धार्मिक परम्पराओं को प्राथमिकता दी जाती है। आज जब कि कोई भी विकसित देश किसी जाति या धर्म विशेष से मिलकर नहीं बन सकता, इसलिए समान नागरिक कानून की महती आवश्यकता है, जो हमारी कालसापेक्ष एवं समाजसापेक्ष नैतिकताओं का निर्माण और क्रियान्वयन कर सके।

### धर्म और पूँजी की शामिल हिंसा

तमाम नैतिकताओं के उलट, धर्म में हिंसा का उपदेश निहित है। अपने धर्म को फैलाने, धर्मान्तरण करने या रोकने, धर्मविरोध होने, धर्म विषयक तर्क या आलोचना करने, धर्म की रक्षा करने आदि बिन्दुओं पर धर्म हिंसा को जायज ठहराता है, हिंसा का आदेश देता है। यही नहीं, बलि आदि के महत्त्व से पशु-पक्षियों को ही नहीं, मनुष्य को भी स्वाहा कर देने को प्रतिष्ठित करता है। वह इस तरह की हिंसा करने वाले को दण्ड के नहीं, यश, कीर्ति, और कर्त्तव्य के हिस्से में रखता है। (हिन्दुओं में तो तमाम देवी-देवता हथियारधारी हैं। हर प्रमुख देवी-देवता ने अनेक हत्याएँ की हैं। मोहम्मद साहब ने युद्ध लड़े हैं, काफिरों को परास्त किया है या मार गिराया है। इन हत्याओं की, हिंसा की कथाएँ मुग्धभाव से सुनी-सुनायी जाती हैं।) अनेक वैज्ञानिकों, दार्शनिकों और विद्वानों को धर्म विषयक असहमतियों के चलते या नये आविष्कार करने के जुर्म में, धर्म के झण्डाबरदारों ने यातनाएँ दीं और जला कर, जहर

देकर या अन्यान्य तरीकों से मार डाला। जिस तरह पूँजी कई अपराधों और हिंसा की जनक होती है, उसी तरह धर्म भी; जिस तरह पूँजी अपने पक्ष में किये गये अपराधों के दोषियों की रक्षा करने में सक्षम हो जाती है, उसी तरह धर्म भी। इसलिए ही धर्म और पूँजी का गठजोड़ बहुत आसानी से हो जाता है। इसी मायने में धर्म एक सुगठित माफिया-प्रमुख की तरह पेश आता है। यही वजह है कि अपने को धार्मिक कहने वाले लोग, अन्य धर्मावलंबियों के साथ की गयी हिंसा, बलात्कार, कत्ल तक को जायज ठहरा देते हैं। कश्मीर में जेहाद और हाल ही में गुजरात में घटित मुस्लिमों के नरसंहार को अपने-अपने धर्मावलंबियों द्वारा उचित ठहराया गया है। हर धर्म का इतिहास ऐसी घटनाओं से, मानवरक्त से सना हुआ है। वह अपने स्वभाव में बर्बर है, साम्राज्यवादी है, तानाशाह है। इसलिए उन्नत, आधुनिक, मानवीय समाज में धर्म को अपदस्थ किये जाने की आवश्यकता बनी रहेगी।

धर्म सामान्य जनजीवन में भी अपराधों को प्रेरित करता है : व्यभिचार, हत्या, बलात्कार, चोरी, झूठ, धोखा आदि कर्मों के लिए धर्म के पास कन्फेशन, पश्चात्ताप, प्रार्थना, यज्ञ, बलि, दान सहित पाप-मुक्ति की अनेक क्रियाएँ हैं। हिन्दू धर्म में स्त्री और शूद्रों के लिए तो मौत तक की सजाएँ हैं लेकिन बाकी सबके लिए उपाय हैं। तुलसी ने कहा ही है कि 'समरथ को नहिं दोष गुसाईं।' साथ ही, वह मनुष्यों के बीच लिंग, वर्ग, जाति, सामाजिक स्थिति, राजकीय स्थिति, रंग, नस्ल आदि के आधार पर भेद करना है। यह विकसित, सभ्य समाज की अवधारणा के विरुद्ध है, अन्यायपूर्ण तो है ही। देवदासी, साध्वियाँ, शिष्याएँ बनाने जैसी प्रथाओं के जरिए वह हर तरह के व्यभिचार को जगह देता है, महिमामंडित करता है और धार्मिक महन्तों, पुजारियों, आचार्यों आदि के उपभोग के लिए शोषण को वैधता और गरिमा प्रदान करता है। धर्म मनुष्य को अलौकिकता के जाल में फँसाता है। वह मानव जीवन के दुखों और मृत्यु के बाद के जीवन की ऐसी कहानी प्रचारित करता है जिसमें सत्य का लेशमात्र अंश भी नहीं है। मोक्ष, स्वर्ग, नर्क, कयामत, श्राद्ध, पुनर्जन्म, पूर्वजीवन के कर्म, पाप, पुण्य, पराशक्तियाँ आदि कल्पनाओं का प्रक्षेपण करता है, जनता को कर्मकाण्ड में, व्यर्थ की पूजापद्धतियों, भाग्यवाद, ज्योतिष, ग्रहों के प्रभावों, सितारों की गतियों और प्रार्थनाओं में फँसाता है। इस तरह जनता के इस लोक के वास्तविक दुखों के कारणों पर तथा दुखों-कष्टों को पैदा करनेवाले मनुष्यों एवं सामाजिक-राजनैतिक कारकों पर पर्दा डालता है। असमानता, अन्याय फैलानेवाले सत्ताधारी, पूँजीपतियों और सामन्ती लोगों का कवच बनता है, उन्हें बरी करता है। वह भुला देता है कि हमारे वास्तविक शत्रु भूख, गरीबी, अज्ञान, अन्याय, असमानता और बीमारियाँ आदि हैं और इनका हल इसी समाज में, इसी जीवन में है। फलस्वरूप वह समाज में बेहतरी, बदलाव और प्रगतिवादी क्रान्ति के बीच कुचालक (Bad conductor) का

काम करता है। अलौकिकता के विस्तार और अंतरंग में जाकर वह आध्यात्मिकता को पुष्ट करता है। आध्यात्मिकता अपार्थिवता, अभौतिकता की तरफ ले जाती है और धर्म को ही गरिमा देती है। ये दोनों एक-दूसरे के पूरक हैं, एक-दूसरे का मान बढ़ाने वाले हैं। रेखांकित किया जाना चाहिए कि आध्यात्मिकता किसी भौतिक दर्शन या वाद की तरफ यात्रा नहीं करती है। जो 'धर्म या आध्यात्मिकता' में से आध्यात्मिकता का गर्वीला चुनाव करते हैं, वे सूक्ष्म और अप्रत्यक्ष तरीके से धर्म की ही ध्वजा उठाते हैं।

**धर्म नशा ही है**

धर्म नशा है। अफीम से भी कहीं ज्यादा बड़ा नशा।

कीर्तन करते-करते समूहों, हथियार लहराते, नाना प्रकार के क्रियाकलाप करते, नाचते-गाते या छाती पीटते धार्मिक जुलूसों, साम्प्रदायिक दंगों (वस्तुतः वे धार्मिक दंगे हैं) में भयानक हिंसा का प्रदर्शन। इन सबको तटस्थ भाव से विश्लेषित कीजिए और देखिए, जो उनके अंग-संचालनों की स्थिति, मानसिक उत्ताप, अतार्किक अवस्था, असहजता, अस्वस्थता होती है वह किसी भी बड़े और घातक नशे के दौरान ही सम्भव हो सकती है। सामूहिकता या भीड़ भी इस नशे को बढ़ाती है। सत्संग, कीर्तन, प्रार्थना, नमाज आदि के समय दिया गया प्रत्येक उपदेश उपस्थित समूह पर, उनके मनोजगत पर वशीकरण (हिप्नोटिज्म) की तरह काम करता है। इस अवसर पर दिया जाने वाला फतवा या धमदिश हिंसा फैलाने में सक्षम है। इसके रोजमर्रा के जीवन में ही अनेक उदाहरण हम देखते हैं। अनुयायियों को भड़काना आसान है क्योंकि धर्म उन्हें नशे में उन्मत्त तो कर ही चुका होता है। धार्मिकता की प्रत्येक अवस्था में भक्त केवल श्रद्धालु, आज्ञाकारी, अतार्किक होता है और उसे विवेक प्रयोग करने की तो जैसे अनुमति ही नहीं होती। यह सब 'नशा' पैदा करके ही सम्भव है और धर्म यह करता है। चिकित्सीय कोण से देखें तो 'धर्म के नशे से पैदा मानसिक उत्ताप या अवसाद बाकायदा एक मनोरोग है जिसकी विशिष्ट, निर्दिष्ट दवाएँ हैं : उदाहरण के लिए होम्योपैथी में वेरेट्रम और स्ट्रेमोनियम। (सन्दर्भ डॉ. जे.टी. केन्ट और डॉ. बोरिक की रेपर्टरी।)

'धर्म से उत्पन्न नशे' की पृष्ठभूमि में ही चमत्कारों, अंधविश्वासों, अधूरी ज्ञान पद्धतियों, जादू-टोनों और कर्मकाण्डों को स्थापित कर पाना आसान है, क्योंकि नशे में अब विवेक नष्ट है, आस्था और जुनून प्रबल हैं। ज्योतिष-गणनाओं, भविष्यवाणियों, नक्षत्रगतियों, ग्रहप्रभावों, वरदानों, शापों, मंत्रों, रूढ़ियों आदि के लिए वह संरक्षक की भूमिका निबाहता है। ईश्वर नामक अंधविश्वास को प्रतिष्ठा देता है। (मदर टेरेसा को पोप द्वारा मरणोपरान्त सन्त घोषित कर सकने के लिए दो चमत्कारों की माँग

करना इसी श्रेणी का उदाहरण है।) हिन्दू-मुस्लिम-सिख-बौद्ध-जैन-ईसाई-पारसी आदि सभी धर्मों में, उनकी कथाओं में, अवतारी नायकों के चरित्रों में, चमत्कारी कथाओं का प्रमुख और आदरणीय स्थान है। इसी का परिणाम है कि मजारों, कुटियों, आश्रमों सहित तमाम धार्मिक स्थानों और उनमें विराजमान धार्मिक लोगों के साथ करिश्मों के किस्से जोड़ दिये जाते हैं ताकि जनता उनके आस्थाजन्य प्रभामंडल का शिकार होती रहे। चूँकि बुद्धि सक्रिय, चेतन तत्व है और आस्था एवं निष्क्रिय शरणागत स्थिति, इसलिए वह चेतना का, बौद्धिक सक्रियता का, तार्किकता का विरोध करता है। वह बुद्धि और आस्था में, आस्था को महत्व देता है, भक्ति, श्रद्धा आदि को वरेण्य मानता है। इस तरह वह मनुष्य की मेधा, श्रम और शक्ति को कुंठित करने में सहायक है।

धर्म की कुछ समस्याएँ भी समय के साथ-साथ आधुनिक होती गयी हैं जो इस 'नशे' को नयी उपयोगिताओं में धकेलती हैं। पहली, व्यवसायीकरण। इसके तहत अब धर्म एक विशाल वित्तीय संस्था का रूप ले चुका है। बड़ी संख्या में चर्चों, मंदिरों, मजारों, गुरुद्वारों, मस्जिदों, आश्रमों और अन्य धार्मिक स्थलों-स्थानों की स्थिति पूँजीपतियों जैसी है। वहाँ इतना पैसा और सम्पत्ति है कि उत्तराधिकार, गद्दीनशीनी और पुजारी या ग्रन्थी होने के लिए हिंसक झगड़े होना आम बात है। इनके पास यह अकूत सम्पत्ति बेहिसाब है, प्रायः किसी प्रकार के कर और अन्य दायित्वों से मुक्त है और ये सारे स्थान इनसे जुड़े उच्च धर्मप्रमुखों के लिए सत्ता, भोग और इंद्रिय आनन्द के केन्द्र हैं। इस कारण प्रत्येक धर्म अब एक संस्थान (Corporate) है जिसके व्यवसाय का टर्नओवर खरबों रुपये है। इसी आर्थिक शक्ति के कारण इन धर्म प्रमुखों और संस्थानों ने पूरे संसार में प्रिंट और इलेक्ट्रॉनिक मीडिया का भरपूर उपयोग शुरू कर दिया है। ये विज्ञापन प्रकाशित कराते हैं, टीवी चैनलों को भुगतान करते हुए उपदेश देते हैं और अपने भक्तों (ग्राहकों) की संख्या बढ़ाते हैं। यह इनके व्यावसायिक होने का ही प्रधान लक्षण है। इस प्रक्रिया में ये अपनी साख, प्रतिष्ठा, सम्पत्ति (दान, आयोजनों द्वारा) बढ़ाते चले जाते हैं। चूँकि इनके पास असीम पूँजी है, इसलिए इनका व्यवहार, सत्ता में हस्तक्षेप और जनता को विमूढ़ रखते चले जाने की भूमिका ठीक वैसी है जैसी किसी पूँजीपति की होती है। बल्कि ये पूँजीपतियों से भी अधिक घातक हैं क्योंकि इनके पास धर्म की प्रभामंडलीय ओट और धर्म का ही हथियार है। इन आश्रमों, धर्मस्थलों, धर्मप्रधानों की तटस्थ, सघन जाँच की अनुपस्थिति ने इनका असली चेहरा कभी सामने नहीं आने दिया है। और, कभी फुटकर उदाहरणों में सामने आया भी है तो इसके 'नशामूलक' असर के कारण जनता ने इन्हें वस्तुतः अपराधी माना ही नहीं। यह धर्म के प्रभाव की अनेक विडम्बनाओं में से एक है।

दूसरी समस्या है, धर्म का राजनीतिकरण, जो पूरे संसार में, खासतौर पर भारत की दिनचर्या में कुछ ज्यादा ही बढ़ चुका है। कहा जा सकता है कि धर्म का यदि किसी जगह सर्वाधिक उपयोग किया जा रहा है तो वह राजनीति है। इससे साम्प्रदायिकता की समस्या सीधे-सीधे जुड़ी है। मजेदार बात यह है कि यहाँ धर्म का आशय धर्मावलंबियों की संख्या, धार्मिक स्थानों तथा धार्मिक प्रतीकों में न्यून कर दिया गया है और तमाम मानवीयता, नैतिकता, मनुष्य की नागरिक समस्याओं—भोजन, गरीबी, पीने का पानी, न्याय, परिवहन, समता, मानवाधिकार, आवास आदि को दरकिनार करते हुए, किसी पार्टी विशेष की जीत को धर्म की जीत बताने की जुर्रत की जाती है। इस राजनीतिकरण के बारे में, इसके दुष्प्रभावों और अमानवीयता के बारे में सजग पत्रकारों-लेखकों द्वारा लगातार लिखा जा रहा है, इसलिए यहाँ इतना कहना ही उचित है कि जो लोग सोचते हैं कि धर्म और साम्प्रदायिकता अलग-अलग चीजें हैं, वे वस्तुतः अंगूर और अंगूर की शराब में जानबूझकर भेद नहीं करना चाहते हैं। अंगूर से जब तक शराब नहीं बनती, वह एक फल है, लेकिन अंगूर की शराब जब बनेगी तो अंगूर से ही बनेगी। इसी तरह प्रत्येक धर्म-विश्वासी साम्प्रदायिक हो, यह कतई जरूरी नहीं, लेकिन प्रत्येक साम्प्रदायिक आदमी किसी न किसी धर्म में, उपासना पद्धति में विश्वास करनेवाला होता ही है। धर्म की वजह से मनुष्य नैतिक, परोपकारी, समतावादी, न्यायवादी, सत्यप्रिय और मानवतावादी हो गया होता तो आज संसार का दृश्य कुछ और होता, तब धर्म के विरोध में यह सब सोचने-बताने की जरूरत ही नहीं पड़ती। जो धार्मिक हैं और बेहतर मनुष्य भी हैं, वे अपनी व्यक्तिगत वजहों, सामाजिक शिक्षा, निजी विवेक और प्रज्ञा इत्यादि के कारण ऐसे हैं। अन्यथा धार्मिक लोगों की संख्या समाज में कम से कम नब्बे प्रतिशत तो है ही और ऐसी स्थिति में लगभग नब्बे प्रतिशत लोग श्रेष्ठ मनुष्य होने चाहिए थे जबकि व्यवहार में हम देखते हैं कि स्थिति ठीक उल्टी है। इसलिए धर्म को अपदस्थ करना एक कार्यभार भी है।

### धर्म एक पुराना, भोथरा, जंग लगा औजार

धर्म दरअसल अब एक पुराना, भोथरा, जंग लगा औजार है। अस्तु वह समाजरूपी शरीर को केवल हानि पहुँचा सकता है। जिस तरह आज पुराने औजारों से कोई डॉक्टर ऑपरेशन नहीं करता, जंग लगे औजारों से तो कतई नहीं, उसी तरह धर्म भी अब एक आधुनिक औजार नहीं है। बल्कि आधुनिक समाज के निर्माण के परिप्रेक्ष्य में तो वह जंग खाये हुए छुरे से अधिक कुछ नहीं, जो रक्षा का खतरनाक आश्वासन भी देता है लेकिन बदले में नयी-नयी संक्रामक बीमारियाँ फैलाता है। धर्म को क्रियान्वयित करने के लिए जो किताबें हैं (जिन्हें पवित्र धार्मिक मार्गदर्शी पुस्तकों

का या धर्म-साहित्य का दर्जा प्राप्त है), उनके उपदेशों, नसीहतों, सिद्धान्तों या अमृत-वचनों में वे सब बातें भी हैं जो किसी समाज को पुरातन, रूढ़िवादी, अंधविश्वासी और पिछड़ा बनाये रखने के लिए पर्याप्त हैं। अब या तो इन किताबों में संशोधन किया जाये, उनमें हस्तक्षेप कर उन्हें आधुनिक बनाया जाए अथवा उन्हें मार्गदर्शक न माना जाये, लेकिन हम सहज ही समझ सकते है कि किसी धर्म में, कोई संस्था या व्यक्ति ऐसा नहीं है जो इन ग्रन्थों में संशोधन कर सके, उसे स्वीकृत करा सके। इसलिए उचित यही होगा कि प्रगतिशील बुद्धिजीवियों द्वारा यह उपचार लगातार किया जाये कि वे अपराजेय, अपरिवर्तनीय मार्गदर्शक ग्रन्थों या मेनुअल्स की तरह अपने-अपने समुदाय पर कुशासन न करती रह सकें। वे इन पुस्तकों को गरिमा देने का कार्य बाधित करें और कट्टरपंथियों, उदारपंथियों के सम्भव भय और विरोध के बरअक्स भी यह कहते रह सकें कि ये 'कोड-मेनुअल्स' आधुनिक समाज के काम नहीं आ सकते, इन पर निर्भरता खत्म होनी चाहिए।

मार्क्स सहित तमाम दार्शनिकों-विचारकों ने उचित ही स्पष्ट किया है कि धर्म आलोचना की चेतना को बाधित करता है, उस पर रोक लगाता है, 'कंडीशनिंग' करता है। हम समझ सकते हैं कि आलोचना की चेतना नहीं रहती तो सबसे पहले स्वाधीनता, न्याय, विद्रोह और समता की चेतना खंडित होती है। अपनी आलोचना के मामले में धर्म ने सदैव असहिष्णुता का परिचय दिया है। इस तरह वह सभ्यता के सम्यक विकास में ही अवरोध बन जाता है। धार्मिकता और भौतिकवाद में छत्तीस का रिश्ता है। जैसे 'उदारवादी भ्रष्टाचारिता' और भ्रष्टाचारिता में कोई फर्क नहीं है, इसी तरह 'उदारवादी धार्मिकता' और 'धार्मिकता' में भी कोई फर्क नहीं होता। ये प्रत्यय लड़ाई के रास्ते से बचने के लिए ही प्रयुक्त किये जा सकते हैं। धर्म के प्रति लड़ाई सम्पूर्णता में लड़नी होगी और उन सब नजरियों के प्रति भी जो धर्म को रुतबा देते हैं।

धर्म का यह आधुनिक स्वरूप सामन्ती समाज की उपज है इसलिए वह अपने पूरे चरित्र में सामन्ती, तानाशाह और निरंकुश हो जाना चाहता है। वह न केवल अपने जन्म के समय (युग) की रूढ़ियों और अज्ञानता से जकड़ा है बल्कि वहीं अड़ा हुआ है। वह सत्ताओं से मित्रता करता है। प्रत्येक धर्म सत्ताओं के जरिये ही व्यापक रूप से फैलाया गया है। उधर सत्ताएँ धर्म के जरिये अपना अस्तित्व कायम रखती हैं। सदियों से यही गठजोड़ चला आ रहा है। वे एक-दूसरे से टकराती नहीं हैं, मित्रता निबाहती हैं। वे आपस में सहयोगी हैं, एक-दूसरे की रक्षक हैं। उनका वैमनस्य दो-चार दिन भी नहीं चल पाता। वे एक-दूसरे की पूरक हैं जैसा कि देख सकते हैं, पूँजीवादी समाज में धर्म ने पूँजीवाद से भी मित्रता कर ली है, अपने आपको संस्थाबद्ध कर लिया है और वित्तीय शक्ति प्राप्त कर ली है। धर्म अपनी उच्चतर, विकसित

संस्थागत अवस्था में पूरी क्रूरता के साथ पेश आता है। जाहिर है कि प्रगतिशील विचारकों, मानवतावादी और जनपक्षधर लोगों के समक्ष इस सामन्ती, निरंकुश, सत्ताकांक्षी और अब पूँजीवादी धर्म के खिलाफ अनवरत संघर्ष करने की चुनौती है।

**धर्म की सकारात्मक भूमिकाएँ**

देखें, धर्म की समाज में प्रमुख सकारात्मक भूमिकाएँ, जो आज भी प्रासंगिक हों, क्या हो सकती है? उदाहरणार्थ, वह पारलौकिक विश्वासों के आधार पर व्यक्तियों को मानसिक सुरक्षा प्रदान करता है और उन्हें अपने असफल, दरिद्र, निराश क्षणों में यह विश्वास और संबल दिलाता है कि आगामी समय में अथवा अगले जन्म में तो चीजें बेहतर हो सकती हैं। हर घटना को, जिस पर मनुष्य का व्यक्तिगत या सामूहिक वश नहीं चल पाता, नियति से जोड़कर उसे तत्काल एक आश्वासन उपलब्ध कराता है। साथ ही, वह अपनी समझ और सीमा के अनुसार नैतिक विचारों एवं मूल्यों का प्रसार करता है। वह उस पूरे समाज को, जहाँ उसका प्रभाव और मान्यता है, नियंत्रित करते हुए, अपनी तरह की सामूहिकता, सामाजिकता और नैतिकता का निर्माण भी करता है।

उपर्युक्त भूमिकाओं का जरा-सा भी सावधान विश्लेषण यह स्पष्ट कर देता है कि इस कुल भूमिका के परिणामस्वरूप मानव समाज कपोलकल्पनाधारी, कूपमंडूप, अनावश्यक सन्तोषी, यथास्थितिवादी, अकर्मण्य, अपनी स्थिति के लिए खुद को जवाबदेह न मानने वाला, अवतारों की प्रतीक्षा करने वाला, प्रगतिविरोधी, कट्टर, अंधविश्वासी होता चला जाता है। इस धार्मिक दृष्टि और वैज्ञानिक दृष्टि में मूल रूप से गहरा मतभेद है क्योंकि जहाँ वैज्ञानिक दृष्टिकोण कार्य-कारण, निरीक्षण-परीक्षण-अन्वेषण-खोज एवं तार्किक-औचित्यपूर्ण व्याख्याओं में खुद को प्रस्तुत करता है, वहीं धार्मिक दृष्टिकोण अलौकिक शक्ति, अवतारवाद, कर्मकाण्ड, भाग्यवादिता में विश्वास करता है। धर्म के इस प्रभाव में मनुष्य मान लेता है कि उसके सुख-दुख का दाता कोई परमशक्ति है, इस तरह वह सांत्वना प्राप्त कर लेता है। धर्म की इसी भूमिका के कारण वह सत्ताप्रिय होता है क्योंकि सत्ता के अपराधों, गलतियों और चूकों की वह जाने-अनजाने रक्षा करता है और सत्ता के प्रति किसी भी विरोध एवं विद्रोह का शमन कर सकता है। इसीलिए मार्क्स का यह कथन सटीक है कि धर्म जनता की अफीम है।

कुछ लोगों ने इधर तर्क दिया है कि मार्क्स ने अपने लेख में दरअसल धर्म की प्रशंसा यह कहते हुए की है कि 'धर्म उत्पीड़ित प्राणी की आह है, निर्दय संसार का मर्म है, निरुत्साह परिस्थितियों का उत्साह है।' लेकिन पूरे पैराग्राफ और लेख को पढ़ते हुए साफ हो जाता है कि ये सब वाक्य इस सुविचारित आक्रामक वाक्य की

ही पुष्टि एवं ध्वनियाँ हैं कि धर्म जनता की अफीम है। संदर्भित लेख में वे फिर आगे लिखते ही हैं कि 'धर्म के उन्मूलन का अर्थ है जनता के वास्तविक सुख की माँग करना... धर्म की आलोचना मनुष्य का मोहभंग कर देती है ताकि वह मनुष्य अब विवेक के साथ चिन्तन और कर्म कर सके...' 'धर्म की आलोचना' इस सीख पर खत्म होती है कि मनुष्य के लिए मनुष्य सर्वोच्च प्राणी है जिससे यह अनिवार्यता उजागर होती है कि उन समस्त सम्बन्धों का खात्मा कर दिया जाए जो मनुष्य का दर्जा पतित, पराधीन, परित्यक्त या घृणास्पद बनाते हैं। (हेगेल के न्यायदर्शन की समालोचना का प्रयास, कार्ल मार्क्स)।

एक कुतर्क और सामने आया है कि मार्क्स की धर्म सम्बन्धी आलोचना दरअसल हिन्दू धर्म की आलोचना नहीं है। यह ऐसा ही है जैसे कि अमेरिका या जापान में बैठकर किये गये भ्रष्टाचार के अध्ययन को यह कहकर खारिज किया जाए कि यह भारत में चल रहे भ्रष्टाचार की आलोचना नहीं है, इसलिए भारतीय भ्रष्टाचार आलोच्य नहीं है।

मार्क्स स्पष्ट करते हैं कि धर्म एक काल्पनिक सुख देता है और वह सुख वास्तविकता में कभी प्राप्त नहीं हो सकता, इसलिए धर्म का उन्मूलन अथवा वैज्ञानिक दृष्टि का विकास, जनता के लिए वास्तविक सुख की माँग करता है, ताकि मनुष्य अपने लिए, समाज के लिए वास्तविक और प्राप्य सुखों की माँग कर सके, स्वतन्त्रता, समता, न्याय और मानवीय अधिकारों की माँग कर सके और लड़ सके और जान सके कि उसके साथ जो भी अन्याय, दुख, गरीबी और त्रास संलग्न है वह किसी भी अलौकिकता, पूर्वजन्मों के पाप आदि की वजहों से नहीं, बल्कि इसी समाज में रह रहे नियामकों, सत्ताधारियों, धार्मिक आश्वस्तियों और पूँजीपतियों के शामिल खेल की वजह से है। जो लोग कहते हैं कि धर्म वैज्ञानिक है, तार्किक है, समाज को प्रगति की तरफ ले जाने वाला है, उनसे तो यह फ्रांसीसी कहावत ही कही जा सकती है—आप लिखने हैं 'लंदन' और पढ़ते-बोलते हैं 'कुस्तुनतुनिया'।

### धर्म की अपराजेयता

अभी तक धर्म अपराजेय चला आ रहा है। उसके कुछ प्रमुख कारणों पर, संक्षेप में विचार करें तो सबसे पहला बिन्दु यही उभरकर आता है कि वह एक अंधविश्वास है और उसे कुछ भी सिद्ध नहीं करना है। उसे आस्थामूलक, तर्कातीत बनाया गया है। धर्म के अन्तर्गत जो लिखा है, जिन ग्रन्थों में लिखा है उन्हें अपार प्रतिष्ठा दी जा चुकी है इसलिए अब वे प्रश्नातीत हैं। दूसरा, वह ऐसे वायवीय प्रश्नों पर अचूक उत्तर देने का भ्रम फैलाता है, जिनका उत्तर देना वस्तुतः किसी के लिए भी लगभग असम्भव है। जैसे मृत्यु, मृत्यु के बाद का जीवन, स्वर्ग-नरक की अवधारणा, पुनर्जन्म

आदि की कपोल कथाएँ। (इन उत्तरों के जरिये भी उसे कुछ सिद्ध नहीं करना है, सिर्फ कह देना है और सुनने-जानने वाले को मान लेना है।) तीसरे, उसमें संस्थागत लक्षण हैं और प्रचारक का गुण है। श्रद्धा का विषय तो वह बना ही दिया गया है, अतएव उसे सुनने, मानने का सहज क्रियाकलाप समाज में मौजूद होता गया है। चौथा, हर परिवार में, प्रत्येक घर में बच्चा पैदा होते ही उसे धार्मिक वातावरण एवं शिक्षा देना शुरू हो जाता है। बच्चा अपनी अबोध अवस्था में ही, धीरे-धीरे, रोज-रोज धार्मिक और कर्मकांडी बना दिया जाता है। धर्म के खिलाफ कुछ भी सोचने के लिए उसका वंध्यकरण कर दिया जाता है। और अंत में यह कि धर्म को 'विश्वास का विषय' बनाकर पेश किया जाता है। बर्ट्रेण्ड रसेल ने विश्वास के बारे में ठीक ही इंगित किया है : विश्वास अर्थात किसी चीज को बिना प्रमाण के मानना। ऐसा विश्वास आखिर अंधविश्वास तो है ही।

वास्तविकता यह है कि संसार के किसी भी धर्म के सूत्र, आदेश या नियम कतई ईश्वरीय नहीं हैं बल्कि वे प्रकारान्तर से अपने युग के आभिजात्यों (Aristocrats), सामन्तों, पुरोहितों, सत्ताधारकों अथवा सत्ता का प्रतिरोध कर रहे विचारकों, विद्वानों के आदेश भर हैं जो उन्होंने अपने पीढ़ी-दर-पीढ़ी चल सकनेवाले वर्चस्व के लिए यश कामना के लिए अथवा पन्थनिर्माण के लिए बनाये, उन्हें महिमामंडित किया और दंड-विधान के साथ लागू किया। विद्वान दार्शनिकों ने भी बीच-बीच में धर्म में सुधारात्मक रवैया अपनाया और प्रायः अपना एक धर्म खड़ा कर दिया। इसलिए महापंडित राहुल सांकृत्यायन ठीक ही निष्कर्ष निकालते हैं कि धर्म को ईश्वर से अलग करने पर वह महज एक बेहद पुराने जमाने के, अब अप्रासंगिक हो चुके आचरणसूत्र में विघटित और न्यून होकर रह जायेगा।

धर्म को ईश्वर से जोड़ देने के कारण ही वह आदेशात्मक और प्रभुत्ववादी हो उठता है। अब वह वैसा सर्प हो जाता है जिसमें मारक विष भी है। अब वह भयोत्पादक है और पूजनीय भी। इसी कारण वह परम्परा, स्मृति और संस्कृति से भी उच्चतर एवं अनुल्लंघनीय गरिमा प्राप्त कर लेता है। एक बार फिर मार्क्स का ही कथन यहाँ सहज याद आता है : 'विश्व से परे किसी दर्शन का कोई अस्तित्व नहीं होता, जैसे कि मनुष्य के परे मस्तिष्क का कोई अस्तित्व नहीं होता।...आप (धर्माचार्य) लोक-परलोक का आश्वासन देते हैं, दर्शन सत्य के अतिरिक्त किसी चीज का आश्वासन नहीं देता।' जाहिर है कि यहाँ दर्शन का व्यापक भौतिकवादी अर्थ है और उसे इस उद्धरण की पहली पंक्ति में देखा जा सकता है।

## वैज्ञानिक दृष्टिकोण

### मोती जैसा कोहरा

सबसे पहले 'गेलीलियो का जीवन' (बेर्टोल्ट ब्रेष्ट) नाटक से गेलीलियो के बड़े डॉयलाग के कुछ अंश देखे जाएँ, जो संशिलिष्ट रूप में धर्म की साजिश, वैज्ञानिक दृष्टिकोण और वैज्ञानिकों के दायित्वबोध पर भी प्रकाश डालता है :

'...विज्ञान का अनुसरण भी मेरे मुताबिक, सन्देह द्वारा पाये गये ज्ञान से है। विज्ञान सभी लोगों को सभी के बारे में ज्ञान उपलब्ध करा कर उनको अविश्वासी बनाने की कोशिश करता है (यह अविश्वासी बनाना ही उनके विवेक को जाग्रत करना है तथा तर्क पद्धति का, स्वतन्त्र चेतना का विकास करना है। – लेखक) जनसंख्या का एक बड़ा भाग उनके राजकुमारों, जमींदारों और पादरियों द्वारा (सत्ताधरियों, आभिजात्य एवं पुरोहित वर्ग द्वारा) अन्धविश्वासों और प्राचीन शब्दों के उस मोती जैसे कोहरे में रखा जाता है जो इन लोगों की साजिशों को ढक लेता है। अनेक लोगों की दरिद्रता पर्वतों की तरह पुरानी है और चर्च (धर्म) के प्रवचन-मंच और डेस्क से इसे पर्वतों की तरह अनश्वर बताया जाता है। हमारी सन्देह की नयी कला ने बड़ी संख्या में जनसाधारण को मोह लिया था। उसने हमारे हाथों से टेलीस्कोप छीनकर उसे अपने आततायियों की तरफ लगा दिया था लेकिन इसके साथ ही विज्ञान के फलों का, अपने स्वार्थ के लिए शोषण करनेवाले स्वार्थी और हिंसक लोगों को आभास हुआ कि अब विज्ञान की क्रूर आँख उस हजारों साल पुरानी, लेकिन कृत्रिम दरिद्रता पर टिकी है जो उन आततायियों (सत्ताधारियों-पुरोहितों) का सफाया करने से ही खतम हो सकती थी। तब उन्होंने हमारे ऊपर अपनी धमकियों और लालचों की बौछार कर दी जिसका सामना कमजोर आत्माएँ नहीं कर पाती हैं। लेकिन क्या हम (वैज्ञानिक) आम लोगों से दूर रहकर भी वैज्ञानिक बने रहने का दावा कर सकते हैं? सितारों की गतियाँ तो स्पष्ट हो गयी हैं मगर जनसाधारण के लिए अभी तक उनके मालिकों की गतियों का अनुमान लगाना असम्भत्र है। सन्देह के (ज्ञान के) द्वारा नक्षत्रों को नाप लेने की लड़ाई तो जीत ली गयी है लेकिन गृहिणी की दूध के लिए लड़ाई उसके (अन्ध) विश्वास के कारण बार-बार हारी जा रही है। विज्ञान का वास्ता दोनों तरह की लड़ाइयों से है। हजारों साल पुराने इस मोती जैसे सफेद कोहरे में ठोकर खाती यह मानवजाति अपनी शक्तियों को पूरी तरह विकसित करने में असमर्थ होगी, तो यह तुम्हारे द्वारा दिखायी गयी प्राकृतिक शक्तियों को भी विकसित करने में असमर्थ होगी। तुम लोग किसलिए काम कर रहे हो? मेरा विश्वास है कि विज्ञान का एकमात्र उद्देश्य सिर्फ मानवीय अस्तित्व के घोर कष्टों को कम करना है। स्वार्थी सत्ताधारियों से डरकर जब वैज्ञानिक सिर्फ ज्ञान के लिए

ही ज्ञान संचय करने लग जाते हैं तो विज्ञान विकलांग हो जाता है और तुम्हारी नयी मशीनें सिर्फ अत्याचार के नये तरीकों का प्रतिनिधित्व करती हैं।'

वैज्ञानिक दृष्टिकोण, जाहिर है, मनुष्य को प्रश्नाकुल बनता है, रहस्यों का उत्तर खोजने के लिए प्रेरित करता है लेकिन रहस्यवादी होने से बचाता है। अवैज्ञानिक दृष्टिकोण (जैसे धर्म) डराता है, उलझाता है, बहकाता है, ठगी करता है और ऐसे उत्तर देता है जिन्हें सिद्ध न किया जाये, स्वयंसिद्ध मान लिया जाये। वैज्ञानिक दृष्टिकोण ही हमारे समय-समाज की प्रमुख समस्याओं का निदान बता सकता है। जैसे : गरीबी, अशिक्षा, जनसंख्या वृद्धि, बेरोजगारी, गैर-बराबरी के वस्तुगत और सच्चे उत्तर दे सकता है। किसी भी देश में ये सब समस्याएँ बेहतर प्रबन्धन, नियोजन, शिक्षाप्रसार, युक्तियुक्त कानून-नियमों-दंडप्रावधानों और अन्धविश्वासों को दूर करते हुए खतम की जा सकती हैं। इसी संसार में अनेक समाजों-देशों में यह सम्भव हुआ है और कुछ देशों ने इन समस्याओं पर काफी हद तक विजय पायी है। यहाँ तक कि बाढ़, सूखा, भूकम्प जैसी प्राकृतिक आपदाएँ भी किस तरह मनुष्यनिर्मित हैं अथवा किस तरह इन आपदाओं से पार पा सकते हैं, यह भी वैज्ञानिक दृष्टिकोण से जानना सम्भव है। प्रख्यात अर्थशास्त्री अमर्त्य सेन को इसी केन्द्रीय काम के लिए नोबेल पुरस्कार दिया गया है।

वैज्ञानिक दृ.ष्टिकोण के जरिये मनुष्य अपने सुख-दुख के कारणों को, दुर्घटनाओं और अवसरों के कारणों को बेहतर तरीके से समझ सकता है, उन्हें विश्लेषित कर सकता है और सबसे बड़ी बात, भाग्यवादी या नियतिवादी न हो कर अपनी परिस्थितियों का मुकाबला करने के लिए और आवश्यकतानुसार उन्हें बदलने के लिए उद्यत हो सकता है; तब उसे किसी झूठे ईश्वरीय सहारे की जरूरत नहीं रहेगी और न ही किसी काल्पनिक सत्ता के होने की सांत्वना की जरूरत। यह सब एक दिन में नहीं होगा किन्तु वैज्ञानिक दृष्टि के प्रसार, प्रचार और वातावरण बनाये जाने की गति और उत्साह पर निर्भर करेगा कि कितने समय में यह जगह बन सकेगी। सम्भव है इसमें दो सौ वर्ष भी लगें। या पचास वर्ष भी। यदि इसके पक्ष में काम नहीं किया जाएगा तो जाहिर है कि हजार सालों में भी कुछ नहीं होगा।

वैज्ञानिक दृष्टिकोण और विज्ञान मिलकर उन सब चीजों की वास्तविक व्याख्या कर सकने में समर्थ हैं, जिसका झूठा दावा धर्म करता है। एक उदाहरण से बात स्पष्ट की जा सकती है। मृत्यु के बाद क्या होता है, मनुष्य (प्राणी) कहाँ जाता है? इसके संभव धार्मिक उत्तर हैं कि वह 1. पुनर्जन्म के जरिये अपनी योनि में वापस आता है। 2. किसी दूसरी योनि में चला जाता है। 3. स्वर्ग या नरकवासी होता है और फिर बाद में किसी योनि में जन्म लेता है। 4. मोक्ष/निर्वाण को प्राप्त होकर परमपिता का अंश बनता है।

ये सारे उत्तर काल्पनिक हैं और आज तक इन्हें कोई सिद्ध नहीं कर सका है, न सन्त, न योगी, न मठाधीश और न ही संसार का कोई धर्म। बहरहाल, वैज्ञानिक उत्तर यह हो सकता है, संसार में जितने भी जीवित प्राणी हैं, वे अपने 'जैविक अवयवों के समुच्चय' (biological setup) होने के कारण जीवित, ऊर्जावान और सक्रिय हैं। जैसे मनुष्य को ही लें, तो अकेले हृदय, किडनी, लीवर, हाथ, पैर या मस्तिष्क को मनुष्य नहीं कहा जा सकता, ये सब और अनन्त शिराओं से मिलकर ही मनुष्य का 'जैविक संयोजन' बनता है। हर संयोजन का या उसके अवयवों का, विकासमान अवस्था के साथ एक आयुष्य होता है, चाहे वह जैविक प्रकृति हो या पदार्थों-तत्त्वों का संयोजन। यह संयोजन जैसे ही गड़बड़ाता है उसे हम बीमारी कहते हैं और उसका इलाज भी संभव है लेकिन जैसे ही वह प्राकृतिक तौर पर या दुर्घटना में नष्ट होता है या आयुष्य को पूरा होता है, मनुष्य/प्राणी का जीवन समाप्त हो जाता है। इसमें किसी अन्य लोक में जाने या मृत्यु उपरान्त जीवन का प्रश्न ही कहाँ उठता है। यह ठीक वैसा ही है जैसे कंप्यूटर या रोबोट के जीवन के साथ होता है। फर्क यह है कि ये 'इलेक्ट्रॉनिक सेटअप' हैं। इनके अवयवों की भी एक आयु होती है, एक सीमा तक इन्हें ठीक (Repair) किया जा सकता है और अन्ततः एक दिन इनका भी जीवन पूरा हो जाता है। जैसे ये किसी अन्य लोक में नहीं जाते हैं, उसी तरह मनुष्य भी मृत्यु के बाद कहीं नहीं जाता।

लेकिन धर्म ठीक उलटी, मनगढ़ंत बातें प्रचारित कर, जनता का जीवन लगातार दुखमय करता है। झूठे आश्वासन दे कर, कष्टों के मूल कारणों से उसे अपरिचित रखता है। ब्राह्मणों, पुरोहितों, पंडों का जीवन-यापन तो इसी तरह के अनेक गपोड़पनों पर चल रहा है। इस तरह के तमाम सवालों, शंकाओं का उत्तर भी वैज्ञानिक दृष्टिकोण से ही दिया जाना सम्भव है। यदि किसी बात का उत्तर विज्ञान के पास आज नहीं है तो कल जरूर होगा, जैसे सौ-पचास वर्ष पहले उठे सैकड़ों प्रश्नों के उत्तर उस समय के विज्ञान के पास भले न रहे हों, किन्तु आज उनके उत्तर विज्ञान के पास हैं। लेकिन धर्म के पास न तो आज उसके लिए उत्तर हैं और न ही भविष्य में कभी हो सकते हैं क्योंकि वह विशुद्ध अन्धविश्वास है।

### वैज्ञानिकता का धोखा

धर्म से जुड़े चमत्कार हमेशा व्यक्तिगत प्रमाणों और अनुभवों के आधार पर प्रचलित और मान्य होते हैं। यथा–मैंने प्रेत देखा, ध्यानावस्था में मुझे जमीन से ऊपर उठने की अनुभूति हुई, कल रात हनुमानजी या प्रभु ईशु मेरे सपने में आये, सन्त के आशीर्वाद से हमारे यहाँ बच्चा हुआ, गुरुकृपा से या किसी मजार पर चादर चढ़ाने से मैं उत्तीर्ण हुआ आदि-इत्यादि। इन व्यक्तिगत अनुभवों (जो दरअसल कल्पनाओं,

चिन्ताओं, उम्मीदों, दिवास्वप्नों के मनोभावों से जुड़ी हैं और कोई भी मनोवैज्ञानिक उनका ज्यादा अच्छा स्पष्टीकरण दे सकता है) का कोई अर्थ समाज की प्रगति में नहीं है। इन निजी अनुभवों के गुब्बारे सामूहिकता के स्तर पर, विज्ञान के मानदंडों की कसौटी पर कसते ही फुस्स होकर फूट जाते हैं। इन व्यक्तिगत अनुभवों में कितना झूठ, सम्मोहन, आस्था-श्रद्धा, मनोरोग और कितना भक्ति-मुग्धभाव शामिल हो सकता है, यह सहज ही समझा जा सकता है।

निःसन्देह विज्ञान की सीमाएँ हैं और रहेंगी क्योंकि प्रकृति असीम है। मनुष्य सहित समस्त प्राणी जगत की संरचना अत्यन्त जटिल है लेकिन विज्ञान जो भी जानता-बताता है वह प्रयोगों और पुष्टि के आधार पर ही। किसी भी गलत अवधारणा को वह तत्काल संशोधित करता है और कतई अन्धविश्वास नहीं फैलाता। जो लोग विज्ञान से ही बात का प्रमाण माँगते हैं, उससे तार्किक होने की अपेक्षा रखते हैं। (याद रखें कि वह प्रमाण और तर्क भी है), वे लोग धर्म से क्यों किसी बात का प्रमाण नहीं माँगते? उससे तार्किक रूप से पेश क्यों नहीं आते? सीधा-सादा जवाब है कि वे धर्म को लेकर अन्धविश्वासी हैं। इसकी हद यह है कि वे जब विज्ञान के आधुनिकतम आविष्कार जैसे कार या मोटरसाइकिल खरीदते हैं तो उसकी भी पूजा करते हैं और कंप्यूटर खरीदते हैं तो सबसे पहले मॉनीटर पर साँतिया बना देते हैं।

वैज्ञानिक दृष्टिकोण या तार्किक जीवन प्रणाली के फैलाव को रोकने में विरोधी शक्तियाँ तो सक्रिय रहती ही हैं क्योंकि उनका काम ही यह ठहरा। लेकिन प्रगतिशील-जनवादी-वामपंथी चेतना से जुड़े लोग भी जाने-अनजाने यह भूमिका निभा देते हैं। परंपरा, संस्कृति और व्यावहारिकता के नाम पर वे काफी कुछ ढकोसले अपने जीवन में पाले रहते हैं। रिकी, टेलीपैथी जैसी चीजों के प्रति उनका आकर्षण और समझ ठीक वैसे ही काम करती है जैसे किसी अतार्किक व्यक्ति की। इसमें क्या और कितना वैज्ञानिक है, कितना ग्राह्य है और कितना अग्राह्य, इसका विश्लेषण भी वे प्रायः करते नजर नहीं आते। वे इन क्रियाओं को महज धार्मिक, आध्यात्मिक उपलब्धियों का अंग मानकर कुछ इस तरह पेश आते हैं कि उनका आचरण धर्म को, ईश्वर को, पुनरुत्थानवाद को सहायता पहुँचाता नजर आता है। टेलीपैथी जैसी धारणाएँ 'संभाव्यता के नियम' का लाभ उठाती हैं। जो आपका प्रिय है या सम्बन्धी हैं, उसके बारे में आप अथवा आपके बारे में वह, एक साथ-एक ही समय में विचार कर सकता है। ऐसा सैकड़ों बार हो सकता है और इसकी संभावना है कि दो-चार बार कुछ विचार सटीक बैठ जाएँ। यह गणितीय दृष्टि से, संभावना के नियम से सहज अपेक्षित है। इसी तरह, प्रायः ही हम अपने किसी प्रियजन के लिए आशंका से भर जाते हैं, उसकी दुर्घटना या मृत्यु तक की कल्पना कर बैठते हैं। अनेक बार ऐसा सोचते हुए, एकाध बार यह आशंका सही भी हो सकती है लेकिन उसका अर्थ कतई दैवी आभास नहीं है। यह सहज संभावित है क्योंकि ट्रैफिक बढ़ रहा है,

अनुशासन कम हो रहा है और आप बार-बार दुर्घटनाओं के बारे में विचार किये चले जा रहे हैं। यहाँ आप उन हजारों अवसरों को इस प्रसंग में भुला दे रहे हैं कि जब आपने दुर्घटना की आशंकाएँ की थीं लेकिन कुछ भी बुरा घटित नहीं हुआ। तब आपका यह पूर्वाभास कहाँ था?

हमारे ऐसे ही जन साठ की उम्र के आसपास पहुँचने पर अचानक मृत्युपार के जीवन पर विचार करने लगते हैं, घबराये दिखते हैं और धार्मिक मान्यताओं में अपनी घबराहट शांत करते नजर आते हैं। रूढ़िगत, परम्परागत, धार्मिक कृत्य तो वे करते दिखते ही हैं। (जैसे, मेरे एक प्रिय लेखक और विद्वान, जिनसे हम मार्क्सवाद सीखते रहे, अचानक मुंडनावस्था में मिले। मालूम हुआ कि कोई बुजुर्ग रिश्तेदार नहीं रहे। कहने लगे, मजबूरी में बराना पड़ा, मेरी माँ का आदेश हो गया था और मैं नहीं चाहता था कि 72 साल की माँ को पीड़ा पहुँचाऊँ। मैंने उनसे इतना भर पूछा कि क्या आपने पहले कभी अपनी माँ को किसी प्रसंग में पीड़ी नहीं पहुँचायी? वे चुप हो गये क्योंकि सुरापान, परनारी प्रसंग, सहज दैनिक अवज्ञा आदि अनेक प्रकरणों में वे अपनी माँ को ही नहीं, पूरे घर भर को कष्ट पहुँचाते रहे हैं।) दरअसल, ये लोग वैज्ञानिकता के पक्ष में अपना कुछ भी दाँव पर नहीं लगाना चाहते, अपने परिजनों का शिक्षण नहीं करते, जीवन में प्रतिबद्धता नहीं जताते, जरूरी दैनिक लड़ाइयाँ नहीं लड़ते और अन्ततः अन्धविश्वासों, रूढ़ियों की रक्षा करते हैं। अपने व्यक्ति-स्वातन्त्र्य और मनमानियों के लिए वे घर में बखेड़ा खड़ा कर देंगे, लेकिन वैज्ञानिक सोच, प्रगतिशील आचरण और नवाचार के अवसरों पर समझौते कर लेंगे। वस्तुतः ये लोग वैज्ञानिकता के, वैज्ञानिक दृष्टिकोण के विरोधी हैं। ये अधजल गगरी हैं, आंतरिक शत्रु हैं और अधिक घातक हैं। इनका यह आचरण भी उत्तरदायी है कि हमारे देश में वैज्ञानिकता के पक्ष में प्रबल वातावरण नहीं बन पा रहा हे। यह दुर्भाग्य है कि भारत में वामपंथी विचार से जुड़े अधिसंख्य लोग अपने निजी जीवन में ऐसे ही उदाहरण पेश कर रहे हैं। यही नहीं, जहाँ वामपंथी लोग सत्ता में हैं या अन्य रूप से शक्तिसंपन्न हैं, वे भी वैज्ञानिकता का सघन, व्यवस्थित, योजनाबद्ध प्रचार करते नजर नहीं आते। और जिन लोगों ने सचमुच कुछ काम किया है वह विपुल आवश्यकता के बरअक्स ऊँट के मुँह में जीरा साबित हुआ।

### ऑपरेटिंग सिस्टम का सवाल

इस वैज्ञानिक दृष्टिकोण के प्रसार के लिए, आज भी ऐसे दैनिक अखबारों की जरूरत है जो जनता को जागरूक बनाएँ, अंधविश्वासों से बाहर लायें, प्रगतिशील विचारों का प्रसार करें। इसी तरह इलेक्ट्रॉनिक मीडिया में चार-छह चैनल होने चाहिए जो वैज्ञानिकता का, बुद्धिवाद का, भौतिकवाद का तार्किक प्रचार करें और लोगों को उनके शोषण के बारे में सजग करें। दुनिया-जहान के विकास की ऐतिहासिक

जानकारी दें, आदि-आदि। इसी तरह की अनेक प्रगतिशील, जनवादी, प्रगतिगामी संस्थाओं की आवश्यकता है जो सचमुच सक्रिय हों और लंबी योजना के साथ प्रस्तुत हों। अपने समाज को वैज्ञानिक दृष्टिकोण से सम्पन्न किये बिना, कोई भी प्रगतिमूलक, समाजवादी बदलाव नहीं हो सकता, और यदि हो भी जाये तो टिक नहीं सकता। मार्क्स ने तो बार-बार जोर दे कर कहा है कि समाज में, जनमानस में बदलाव करो, जनशिक्षा बढ़ाओ और बौद्धिक रूप से ताकतवर बनाओ। इसे कंप्यूटर के उदाहरण से समझें कि 'ऑपरेटिंग सिस्टम' ही ठीक नहीं होगा, तो उस पर कोई 'सॉफ्टवेयर' कैसे काम करेगा! या कहें कि जैसा 'ऑपरेटिंग सिस्टम' होगा वैसा ही सॉफ्टवेयर काम करेगा। जाहिर है कि धर्म को, अन्धविश्वासों को हटाये बिना, वैज्ञानिक समाजवाद, साम्यवाद आ ही नहीं सकता। भारत में तो धर्म ने वर्ण और जाति के आधार पर और ज्यादा जटिल समस्याएँ पैदा कर दी हैं। हमारे समाज में धर्म-ईश्वर नामक ऑपरेटिंग सिस्टम है इसलिए इस पर पूँजीवादी, सामन्ती और घालमेलवादी सॉफ्टवेयर आसानी से चल रहे हैं।

यहाँ यह जान लेना उचित होगा कि वैज्ञानिक, इंजीनियर, डॉक्टर, प्रशासक, थलसेनाध्यक्ष या प्रधानमन्त्री होने से जरूरी नहीं कि कोई मनुष्य वैज्ञानिक दृष्टि से भी लैस हो जाये। इन पदों तक कोई भी आदमी अकादमिक-तकनीकी शिक्षा, प्रशासन या राजनीति में रुचि और दक्षता के कारण पहुँचता है। जैसे साइकिल की मरम्मत करना एक तरह की दक्षता है और हवाई जहाज उड़ाना दूसरे प्रकार की दक्षता किंतु यह जरूरी नहीं कि इन कार्यों में निपुणता रखनेवाले वैज्ञानिक दृष्टि भी रखते हों। वैज्ञानिक दृष्टि का संबंध इस बात से है कि आपको बचपन से, घर-परिवार और समाज में तथा अकादमिक तौर पर आखिर सिखाया-पढ़ाया क्या गया है! यदि आप धर्म या अन्य अन्धविश्वासों को लेकर वयस्क होने पर भी सहज आस्थावान और श्रद्धालु बने रहे हैं, 'जिज्ञासापूर्ण संदेह' से रहित हैं तो वैज्ञानिक दृष्टि का विकास हो ही नहीं सकता। एक अनपढ़ किसान या मजदूर भी वैज्ञानिक दृष्टि संपन्न हो सकता है, यदि उसने ऐसी दृष्टि पाने का वैचारिक, बौद्धिक उपक्रम किया है। यदि वह उत्सुक, सन्देहशील होकर विचारशीलता की तरफ बढ़ा है।

जाहिर है कि विशाल स्तर पर प्रयास करने, वातावरण बनाने, तार्किकता और बौद्धिकता के पक्ष में काम करते रहने पर समाज के बृहत्तर हिस्से को वैज्ञानिक दृष्टिसम्पन्न बनाया जा सकता है। पाठ्यपुस्तकों में वैज्ञानिक दृष्टिकोण का शिक्षण शामिल करने एवं अवैज्ञानिक सामग्री को बाहर करते हुए भी इस काम को आगे बढ़ाया जा सकता है। अखबारों में, दूरदर्शन पर ज्योतिष सहित अन्य पकार के अंधविश्वास फैलाने को रोकने की मुहिम चलायी जा सकती है। (जैसे भाजपा द्वारा ज्योतिष को पढ़ाये जाने की मुहिम चलायी गयी।) जाहिर है कि इस तरह के सारे कदम और इसी क्रम में अन्य अनेक कदमों को योजनाबद्ध तरीकों से ही लागू किया

जा सकता है। वैज्ञानिकता के प्रति सहज उत्सुकता नहीं होती क्योंकि वह बुद्धि-व्यापार के साथ एक तरह का आत्म-संघर्ष भी है, इसलिए नाना प्रकार के कदम उठाने होंगे। धर्म को 'वैज्ञानिक दृष्टि' से ही अपदस्थ किया जा सकता है। इसके पीछे राजनीतिक समर्थन और क्रियान्वयन भी जुटाना होगा। एक दिक्कत यह है कि हमारे देश में वामपन्थ और वामपंथी आन्दोलन संसदीय लोकतंत्र के जरिये चुनावी दलदल में फँस गया है और उसे लोकप्रियता की चिंता सताती है। वह डरता है कि धार्मिक मामले संवेदनशील हैं और जनता कहीं नाराज न हो जाये। लेकिन इस तरह वह अपनी विचारधारा और जनता, दोनों के साथ धोखे कर रहा है। यह इतना बड़ा धोखा है कि आगे आनेवाली नस्लों को वास्तविक काम करना दूभर हो जायेगा।

**यदि**

वैज्ञानिक दृष्टि की सबसे बड़ी विशेषता है कि वह कल्पनाशील तो होती है लेकिन किसी भी अमूर्त चिंतन का विरोध करती है। वह विवेक, विश्लेषण, बौद्धिक साहस और मानवीय श्रम को प्रोत्साहन देती है। यह दृष्टि कहती है कि बेहतर समाज के लिए, अपने आसपास के वातावरण को और परिस्थितियों को भी बदलना होगा, तदनुसार खुद की मान्यताओं को भी। पूरा मार्क्सवाद, 'ब्ल्यू प्रिंट' के साथ, इसकी सामाजिक-आर्थिक व्याख्या करता है। धर्म-सुधार आंदोलन करते हुए बुद्ध ने एक कदम आगे जाकर कहा था–'संसार में दुख है', मार्क्स ने एक और डग आगे बढ़कर कहा–'इस दुख के कारण और इसकी जड़ें समाज में हैं।' बुद्ध ने कहा–'दुखों को दूर किया जा सकता है।' मार्क्स ने कहा–'हाँ, अन्याय और शोषण को दूर करके, दुखों को दूर किया जा सकता है। सामाजिक क्रांति सब तरह के दुख दूर करने में समर्थ है।' इन पाँच-छह शब्दों ने सब कुछ बदल दिया। और इस तरह एक नयी, बेहतर दुनियः का विकल्प सामने रख दिया। यह वैज्ञानिक दृष्टि संपन्नता होने के कारण ही हो सका।

धर्म हर समाज में लंबे समय (हजारों वर्षों) के बाद ही विकसित और मान्य हो सका। धर्म का विकल्प भी विकसित होने में कुछ समय लेगा। लेकिन उस दिशा में गंभीर, विचारपरक, योजनाबद्ध और प्रतिबद्ध काम तो शुरू हो। यह काम राजनीतिक और सामाजिक स्तर पर एक साथ शुरू करना होगा। भले ही हास्यास्पद लगे लेकिन मोटा अनुमान लगाते हुए कहा जा सकता है कि यदि आज से तमाम प्रगतिशील-जनवादी-वामपंथी-मानवतावादी शक्तियाँ जुट जायें तो 25-30 वर्षों में स्थिति काफी बेहतर हो सकती है और तब संभवतः 'वैज्ञानिक दृष्टि' धीरे-धीरे धर्म का विकल्प बनने लगे। यह 'यदि' महत्वपूर्ण है और चुनौतीपूर्ण भी।

(kumarambujbpl@gmail.com)

# मेरा धर्म

## संदीप जोशी

धर्म 'रिलीजन' कैसे हो सकता है? धर्म के नाम पर देश में पंथ और मजहब चलाने की ही कोशिश है। जहाँ मानवता का धर्म होता है वहीं पन्थ और मजहब की पिछलग्गू मान्यताएँ होती हैं। रिलीजन को धर्म मानना, गुल्ली-डंडे को क्रिकेट मानने समान है। विराट और सूक्ष्म में यही फर्क होता है। एक इहलोक है और एक अनन्त लोक। धर्म तो पंथ और मजहब की संकुचित मान्यताओं से परे मानवीय सरोकार का विशाल कर्तव्यबोध है। हिन्दी का धर्म, अंग्रेजी का रिलीजन नहीं हो सकता है। इसे अनुवाद की मजबूरी भर मानना चाहिए।

धर्म विराट अनुभूति लिये कर्तव्यपरायणता के लिए उकसाता है। वहीं पन्थ और मजहब केवल अनुकरणीय हैं। क्या आज के पन्थ और मजहब में धार्मिक मानवता बची है? सारे धार्मिक ग्रंथ एवं किताबें कर्तव्य के उत्तरदायित्व की बात ही करते हैं। धर्म विराट व्यापकता का उपदेश है। धर्म को पंथ और मजहब में समाना, उसके दायरे को समेटना है। शास्त्रों में धर्म को स्वधर्म की एकात्मा में देखना ही उचित बताया गया है। स्वधर्म को व्यक्तिगत धर्म एवं सृष्टिगत धर्म के दो रूपों में देख सकते हैं। सभी धर्मों में मानव वृत्ति और भावना का खास बोध रहा है। इसलिए अहिंसा पालन, सत्यपरायणता, अस्तेय और इंद्रिय संयम को मानव कर्तव्य या धर्म ही माना गया। पंथीय आस्था और मजहबी विश्वास से अलग इनको ही धर्म-कर्म कहा गया।

आध्यात्मिक, सामाजिक और राजनीतिक शिखर पर डटे महात्मा गाँधी मानते थे कि धर्म आस्था का स्वभाव होता है। उनके लिए धर्म की सार्वभौमिकता और विश्वव्यापकता विशेष थी। उनके अनुसार धर्म में श्रुति और स्मृति के अलावा विवेक का समावेश जरूरी है। उन्होंने धर्म को संपूर्ण मानवता की एकरूपता में आत्मस्वभाव माना जो प्रत्यक्ष या अप्रत्यक्ष रूप से सभी में विद्यमान होता है। इस आत्मस्वभावी धर्म से दो बातें साफ होती हैं : मूल मानवीय कर्तव्य और आपसी व्यवहार कुशलता।

गाँधी जी का मानना था कि मनुस्मृति में धर्म का मतलब किसी एक मत, पन्थ या सिद्धान्त से नहीं है। शास्त्रों या किताबों को पढ़ने या रटने मानने का भी नहीं है। धर्म के द्वारा हमें मानव जीवन के कर्तव्यों को जानना और करना चाहिए। धर्म द्वारा ही हमें आत्मा से साक्षात्कार का अवसर मिलता है।

इस मनु कथन से साफ होता है कि धर्म दो प्रकार से निभाया जा सकता है। धर्म को श्रुति और स्मृति से समझना, या फिर आत्मस्वभाव और विवेकी संकल्प से खोजना चाहिए। अगर पहला सुनिश्चित धर्म है तो दूसरा प्राकृतिक धर्म। जो आत्मकर्तव्य बोध से सही-गलत को निर्णय समझते हैं वे प्राकृतिक धर्म को भी जानते हैं। धर्म का पहला सिद्धान्त विवेक से सही और गलत का अंतर समझना है। यह रूढ़िवादियों को कभी समझ नहीं आया।

श्रुति और स्मृति हमें वहीं तक सिखा सकती हैं जहाँ तक हमारा सहज विवेक प्राकृतिक कर्तव्य के सिद्धांत को समझ पाता है। गाँधी जी ने धर्म को अन्तरात्मा के साथ जोड़ा और स्वधर्म को स्थायी माना। सर्वव्यापक धर्म का सिद्धान्त है कि जीवन में नैतिक विवेक का समावेश रहे। मानव की विवेकी विधा से ही अहिंसा एवं सत्यनिष्ठा की नैतिक धारणा बनती हैं। गांधी जी ने जातिहित अधिकारों की जगह मौलिक अधिकारों को महत्व देना ज्यादा कारगर माना था।

गाँधी जी ने धर्म को तीन तरह से समझा और समझाने की कोशिश की थी। धर्म को अलग-अलग समय में उनके कर्तव्य बोध, नैतिक आचार और पन्थीय आदर्श के तौर पर देखने का आह्वान किया था। धर्म जैसे मनुष्यों को एक-दूसरे से जोड़ता है वैसे ही धर्म को धारण करनेवाला अपनी अलग पहचान भी स्थापित करता है। पैदाइश को धार्मिकता की किस्मत मान लिया जाता रहा है। मगर धर्म का लेना-देना समयकाल के कर्म से परे नहीं हो सकता।

पश्चिमी सभ्यता और वैश्विक आधुनिकता के प्रभाव में भारतीय समाज ने वर्णों और विभिन्न आश्रमों को नजरअन्दाज किया जिससे समाज में नैतिक खालीपन उभर आया था। लेखक एंथनी जे. परेल के अनुसार इसी खालीपन को भरने और उसे मानवीय मकसद देने के लिए गाँधी जी ने सत्य, अहिंसा और मानव अधिकार के वैश्विक नैतिक शास्त्र को अपनाया और मान्यता दिलाने की कोशिश की। स्वधर्म को कर्मकांड के नाते समाज में स्थापित करना भारतीय आदर्श एवं दर्शन रहा है। कर्तव्य बोध का नैतिक आधार सामाजिक धर्म को स्थिरता प्रदान करना है। यही धर्मप्रचारक का धार्मिक उत्तरदायित्व भी होना चाहिए। ऐसे ही धर्म प्रचार को भारतीय पद्धति में पुरुषार्थ भी माना गया।

गाँधी जी मानते थे कि भारतीयों को ऋग्वेद और गीता के आत्मस्वभाव और एकात्मता के आदर्श को आत्मसात करना चाहिए। और यह आदर्श केवल

भारतीयों को ही नहीं बल्कि संपूर्ण मानवता को अपनाना चाहिए। इतिहास के भटकाव के बावजूद इस आदर्श की प्रामाणिकता या अखंडता कभी हताहत नहीं हुई। महात्मा गांधी ने लोगों को सत्य और अहिंसा के रास्ते सर्वधर्म समभाव से जीने का उद्देश्य दिया था। पुरातन मान्यता--'ईश्वर ही सत्य है' को गांधी जी ने पुनः गढ़ा और 'सत्य ही ईश्वर है' कहा। अपने ईश्वर को खोजने से ज्यादा आसान होता है अपने सत्य को खोजना। अगर ईश्वर भावना है तो सत्य भाव है। आज अध्यात्म की अनुपस्थिति और अभाव के ही कारण धर्म को पंथ और मजहब में खोजा जा रहा है।

पारंपरिकता निभाते हुए बीस-बाईस साल पहले पिताजी (प्रभाष जोशी) द्वारा लिखा लेख 'हिन्दू होने का धर्म' आप के साथ साझा करना चाहता हूँ। "मेरा धर्म भी इसी सार्वभौमिक मान्यता पर टिका है। इसलिए कि हिन्दू होना अपने और अपने भगवान के बीच सीधा सम्बन्ध रखना है। मुझे किसी पोप, आर्कबिशप या फादर के जरिये उस तक नहीं पहुँचना है। मुझे किसी मुल्ला या मौलवी का फतवा भी नहीं लेना है। मैं किसी महन्त या शंकराचार्य के अधीन नहीं हूँ। मेरा धर्म मुझे पूरी स्वतंत्रता देता है कि मैं अपना आराध्य, अपनी पूजा या साधना पद्धति और अपनी जीवनशैली अपनी आस्था के अनुसार चुन और तय कर सकूँ, जरूरी नहीं है कि चोटी रखूँ, धोती-कुर्ता या अंगवस्त्र धारण करूँ, रोज सन्ध्या-वन्दन करूँ या सुबह-शाम मंदिर जाऊँ, पूजा करूँ, आरती उतारूँ, या तीर्थों में जा कर पवित्र नदियों में स्नान करूँ। यह धार्मिक स्वतंत्रता तो मुझे पंथनिरपेक्ष और लोकतांत्रिक होने का जन्मजात संस्कार देती है। स्वामी विवेकानन्द ने भी कहा था कि धर्म का मर्म सिद्धान्तों में नहीं, व्यवहार में है। शुभ होना और शुभ करना ही धर्म का पूर्ण सार है।

'महाभारत' में व्यास जी ने धर्म की जो व्याख्या की है वह हमारे वर्तमान लोकतांत्रिक संदर्भ में सबसे महत्वपूर्ण है :

*धारणाद्वर्म इत्याहुधर्मो धारयते प्रजाः।*
*यत्स्याद्वारण संयुक्त स धर्म इत्युदादृतः।*

'प्रजा और समाज को धारण करनेवाले नियमों का नाम धर्म है। जो तत्व धारण कर सकता है उसी को धर्म कहते हैं। भारत का धारण हिन्दू समाज ने कर रखा है क्योंकि वही देश का सबसे बड़ा समाज है। अन्य पन्थों और मजहबों की प्रतिक्रिया में वह अपनी जिम्मेवारी, अपना स्वभाव, अपनी परम्परा और अपनी संस्कृति छोड़ दे तो इस देश को धारण नहीं कर सकता। पृथ्वी धारण करती है तो कितना सहती है, तभी सबकी माँ है। मुझे मालूम है कि ऐसा कहने से कई हिंदू नाराज होते हैं कि हिन्दुओं को ही उपदेश क्यों दिया जाता है--अन्य पन्थों एवं मजहबों की

संकीर्णता, हठधर्मिता, देशद्रोहिता आदि की भी भर्त्सना की जाए। उन्हें ठीक से बर्ताव करने को मजबूर क्यों नहीं किया जाता है? इस्लाम द्वेष पर हमारा धर्म और भारत देश टिका हुआ नहीं है। भारतीय समाज और राष्ट्र, हिन्दू धर्म के विराट, सर्वग्राही और सकारात्मक धारण तत्वों पर टिका है। इन तत्वों को पुष्ट करना हमारा धर्म है क्योंकि शक्तिशाली हो कर वे हमें धारण करेंगे।

'धर्म का पालन करने से अर्थ, काम और मोक्ष, तीनों सधते हैं लेकिन धर्म का पालन कोई नहीं करता। मैं जानता हूँ कि इस पर भी हिंदुत्ववाले विद्वान कहेंगे कि ठीक है, कोई नहीं करता तो हमीं क्यों करें। वे महाभारत करना चाहते हैं। इसलिए उन्हें महाभारत का निचोड़—भारत सावित्री श्लोक—भी सुना दें —

*न जातु कामात्र भयात्र लोभाद् धर्म*
*त्येज्जीवितास्यायि हेतोः।*
*नित्यो धर्मः सुखदुःखे त्यनित्ये नित्यो*
*जीवो धातुरस्य त्वनित्यः।*

अर्थात् भय, लोभ, काम या प्राणों के लिए भी धर्म को छोड़ना अनुचित है। धर्म नित्य है, सुख और दुख क्षणिक हैं। शरीर अनित्य है, मगर जीवन नित्य है। हिन्दुत्व के नाम पर लोग भले ही इस धर्म को छोड़ें, मुझे तो अपने धर्म में मरना ही श्रेयस्कर लगता है। दूसरे का धर्म मेरे लिए नहीं है। गीता का यह आदेश ही मेरे हिन्दू होने का धर्म है।

'अपने उपनिषद का भी सहारा ले सकते हैं। ईषावास्यम् उपनिषद का पहला मंत्र ईश्वर और कर्मकाण्ड की व्याख्या ऐसे करता है—

*ईषावास्यम् इदम् सर्वम् यत् किं च जगत्यां जगत्*
*तेन त्यक्तेन भुंज्जीथाः मा गृधः कस्यस्विद्धनम।*

यानी विश्व में हम जो कुछ भी देखते हैं सबमें ईश्वर की सत्ता व्याप्त है। त्यागपूर्वक उसका भोग करना चाहिए और जो अपना नहीं है, उसका लोभ नहीं करना चाहिए। विभिन्न पंथ और मजहब अलग-अलग रास्ते से एक ही जगह पहुँचते हैं। इसलिए क्या फर्क पड़ता है अगर हम अलग-अलग रास्तों से एक ही मुकाम पर पहुँचते हैं?"

पिछले दिनों अकबरुद्दीन औवेसी और प्रवीण तोगड़िया ने अपने भड़काऊ भाषणों से मजहब और पंथ का बेढंगापन दरशाया। अपनी राजनैतिक नेतृत्व विफलता में सामाजिक-सांस्कृतिक अज्ञान भी दरशाया। पंथीय और मजहबी भद्देपन से डर का माहौल फैलाया। औवेसी और तोगड़िया के भड़काऊ भाषणों से साफ है कि धर्म का अधार्मिक ढंग से प्रचार किया गया। राजनीति और सियासत का सहारा ले कर पन्थ और मजहब के खिलाफ बातें बनायी गयीं। लोगों की भावनाओं को

उद्वेलित करना धर्मप्रचार कतई नहीं हो सकता है। अपन सभी जानते हैं कि कोई पन्थ या मजहब हिंसा का रास्ता नहीं बताता। सभी धार्मिक ग्रन्थ, सभी के पन्थ और मजहब को सम्मान देने की बात ही कहते हैं।

जरा औवेसी और तोगड़िया के भड़काऊ भाषणों से उनके मजहब और पंथ की समझ को समझने की कोशिश करें। औवेसी ने अपनी मिट्टी से मुहब्बत भी जतायी तो रुख्सती के अन्दाज में ही। जानेवाले को दफनाया गया या अग्नि दी गयी, उसकी रूह और उसकी आत्मा को इससे कोई लेना-देना नहीं होता है। उन्होंने तसलीमा नसरीन को भी दरबदर किये जाने की बात बहादुरी में की। जैसे तसलीमा को हैदराबाद से दरबदर करना मजहबी मर्दानगी हो। हिन्दू पन्थ के तैंतीस कोटि देवताओं से औवेसी को जो भी मजहबी नफरत हो मगर उनकी देवताओं के बारे में जानकारी खूब है। लेकिन कुरान में सूरा-6, आयत-10 में अल्लाह के अलावा किसी और की इबादत करनेवाले को बुरा नहीं कहने को कहा गया है। और 'सही-बुखारी' किताब के अनुसार मुहम्मद से पहले सवा लाख पैगंबर हुए हैं। बस जो औवेसी को समझ नहीं आया वह है हिन्दू ग्रन्थों में चरित्रों का श्रद्धा-चित्रण। हिन्दू ग्रन्थों का आकलन करें तो वे समयकाल के चरित्रों और चारित्र्यों का विस्तार से वर्णन भर है। ग्रन्थकारों का मकसद ग्रन्थों में दरशाये चरित्रों को देवत्व प्रदान करना नहीं होगा। यह उत्तरदायित्व उन्होंने ग्रन्थ पढ़नेवालों पर छोड़ा था। इसीलिए जितने ग्रन्थ उतनी कथाएँ और जितनी कथाएँ उतने ही अनन्त हरिगण।

हिंदू ग्रन्थकारों के लिए चरित्र और चरितार्थ ज्यादा महत्वपूर्ण थे। इसको भी समयकाल में देखना चाहिए। आज अपन रोज देखते हैं कि कैसे शिरडी के साईं बाबा के देवत्व का गुणगान बढ़ता जा रहा है। शिरडी के फकीर साईं बाबा आज सोने के सिंहासन पर विराजमान हैं। जितने मंदिर शिरडी के साईं बाबा के पिछले दो-तीन दशक में बने होंगे उतने अन्य देवताओं के नहीं बने हैं। धर्म भी समयकाल में ही विकसित होकर शोभा देता है। क्योंकि कथाएँ अनन्त हैं तो हरि भी अनन्त ही होंगे। वहीं तोगड़िया भारत को हिन्दुत्व के रास्ते झोंकना चाहते हैं। तोगड़िया ने देश में ऐसा माहौल बनाया कि हिन्दुओं और हिन्दू राष्ट्र को खतरा है। लेकिन कुछ तो भारतीय धर्म में है जो हजारों वर्षों से सहिष्णुता दरशाते हुए हिन्दू जीते आ रहे हैं और हिन्दू राष्ट्र बना रहा है। खतरे की भाषा कायर की होती है और शूरवीर का भरोसा जीवन में होता है। जहाँ औवेसी मजहब के लिए जिहाद के सहारे को माकूल मानते हैं वही तोगड़िया हिंसा उकसाने को धर्मयुद्ध कहते हैं। पन्थ और मजहब के नाम पर की गयी हिंसा जिहाद या धर्मयुद्ध नहीं हो सकती है। जिहाद और धर्मयुद्ध तो असत्य पर सत्य की विजय माना गया। धार्मिक सत्य को जाने बिना मानवीय न्याय

नहीं किया जा सकता है। ग्रन्थ और किताब के समयकाल सत्य को जाँचना ही धर्म को जानना और मानना है।

यह भी समझना होगा कि क्यों हजारों वर्षों से धार्मिक सहिष्णुता का पालन भारतवासियों ने पराक्रम से किया। भारत में ही गौतम बुद्ध ने जन्म लिया और दुनिया भर को अहिंसा का रास्ता बताया था। महात्मा गांधी ने अहिंसा को धर्म माना और उसे व्यावहारिकता में लाने के प्रयत्न और प्रयोग किये। अगर सारे दुनियावासी हिंसा अपनाते तो दुनिया कभी भी जीवविहीन हो गयी होती। लाशों की गिनती का गणित अगर दुनिया मानती तो तोगड़िया और औवेसी भी इतिहास होते। दुनिया में धर्म अगर इन लोगों को पाले-पोसे हुए है तो दुनिया के अहिंसक होने का हिसाब भी इनको समझना चाहिए। शौर्य का लेना-देना जीवन लेने से ज्यादा जीवन बचाने व सहेजने में होता है। क्योंकि जीवन तो जीवनदाता ही लेता और देता है। कायरता तो हिंसा की बात करने और भावना भड़कानेवाले दिखाते हैं। शौर्य और कायरता का यह अन्तर देश की जनता भलीभाँति जानती है। अकबरुद्दीन 'खाँ' औवेसी और प्रवीण 'भाई' तोगड़िया ने पन्थ और मजहब के नाम पर जो जहर उगला उसका देशमंथन में कोई औचित्य नहीं है। जिसकी जितनी सच्ची वृत्ति होती है उतना ही पक्का उसका धर्म होता है। धर्म के देश में पंथ या मजहब नहीं चलाया जा सकता है। यह देश की धार्मिक जनता जानती है।

अपने लिए तो विनोबा भावे के प्रवचनों का संग्रह 'गीता प्रवचन' ही अपना धर्म और कर्मकाण्ड है। यह कालजयी रचना विनोबा भावे के महाराष्ट्र की धुलिया जेल में सन 1932 में स्वाधीनता आंदोलन के सहकर्मियों के बीच किये गये प्रवचनों का संग्रह है। हर रविवार गहन चिंतन भरे प्रवचनों में विनोबा ने उस समय के भारत का ऐतिहासिक चित्रण गीता प्रवचनों में समझा और समझाया था। मूल मराठी प्रवचनों को उनके साथी साने गुरुजी ने लिपिबद्ध किया था। अपन ने सरल हिन्दी में संकलित और अपने आसपास के उदाहरण के चित्र खींचते 'गीता प्रवचन' को सबसे पहले दसवीं कक्षा में पढ़ा था। तभी से उसकी ऐतिहासिक आधुनिकता से अभिभूत हो उसका बार-बार पढ़ना होता रहा है। सर्वधर्म समभाव का सिंहनाद करते 'गीता प्रवचन' ने ही मेरा धर्म गढ़ा है। उसी की मजबूत नींव पर सर्वधर्म समभाव के अपने ज्ञान की इमारत टिकी हुई है।

विनोबा भावे ने धर्म को स्वधर्म से देखने और जाँचने का आग्रह किया था। उन्होंने श्रेययान स्वधर्मो विगुणः माना जो अलग-अलग पंथ परामर्श और मजहबी मानसिकता को मानव धर्म के लिए श्रेयस्कर नहीं मानता। हर कर्मठ व्यक्ति को स्वधर्म चुनने की आजादी ऐतिहासिक सनातनी परंपरा देती है। स्वयं को जानने-समझने

से ही स्वधर्म बनता और स्थापित होता है। विनोबा के 'गीता प्रवचन' में पन्थ और मजहब की कुण्ठा नहीं बल्कि सर्वधर्म समभाव का आनन्द है। इसलिए 'गीता प्रवचन' के माध्यम से विद्यालयों में अध्यात्म की शिक्षा से भारतीय सामाजिक परम्परा की समझ बनेगी। और दूसरे इसलिए कि अपने सामाजिक परिवेश को समझ कर ही अपनी समस्याओं का सार्थक समाधान निकाला जा सकता है। समाज का धार्मिक विवेकीय विकास भी तभी हो सकता है। क्योंकि धर्म न आदेश है, न उपदेश है। धर्म सत्य और अहिंसा पर टिकनेवाला आदर्श है।

(sandyajoshi@gmail.com)

# धर्म ने सभ्यता को क्या दिया है

## बर्ट्रेंड रसेल

धर्म के बारे में मेरा दृष्टिकोण वही है जो लुक्रेटियस का। मैं इसे एक ऐसी बीमारी मानता हूँ जो डर से पैदा हुई है और जिसके कारण मानव जाति को अकथ्य कष्ट भोगना पड़ा है। अवश्य ही मैं इससे इनकार नहीं कर सकता कि सभ्यता को इसका योगदान है। शुरू के दिनों में धर्म ने कैलेंडर बनाने में मदद की, जिससे मिस्र के पंडित ग्रहणों को इतनी सावधानी से दर्ज करने के योग्य बने कि वे इनकी भविष्यवाणी भी करने लगे। इस योगदान को स्वीकार करने के लिए मैं तैयार हूँ, परंतु और भी कोई योगदान है, यह मैं नहीं जानता।

'धर्म' शब्द का प्रयोग आजकल बहुत शिथिलता से होता है। अतिवादी प्रोटेस्टेंट विचार के प्रभाव में आ कर कुछ लोग इस शब्द का प्रयोग नैतिकता अथवा ब्रह्मांड के बारे में किसी गम्भीर व्यक्तिगत निष्ठा की ओर संकेत करने के लिए करते हैं। 'धर्म' शब्द का यह प्रयोग कतई इतिहास-सम्मत नहीं है। धर्म बुनियादी रूप से एक सामाजिक घटना है।

चर्चों की शुरुआत का श्रेय उन शिक्षकों को है जिनकी सुदृढ़ व्यक्तिगत मान्यताएँ थीं, लेकिन उनके द्वारा स्थापित चर्चों पर उनका प्रभाव कभी भी उल्लेखनीय नहीं रहा, जब कि जिन समुदायों में चर्च पनपे, उन पर चर्चों का बहुत अधिक प्रभाव था। पश्चिमी सभ्यता के सदस्यों के लिए जो मामला सर्वाधिकार सरोकार का है, उस पर विचार करते हैं : गॉस्पेलों के अनुसार ईसा की शिक्षाओं का, आवश्यक रूप से, ईसाइयों की नैतिकता से कोई संबंध नहीं है। ईसाइयत के बारे में, सामाजिक और ऐतिहासिक दृष्टि से, सब से अधिक महत्व की बात ईसा मसीह नहीं, बल्कि चर्च है और अगर एक सामाजिक शक्ति के रूप में ईसाइयत का मूल्यांकन करना हो तो सामग्री प्राप्त करने के लिए हमें गॉस्पेलों के पास नहीं जाना चाहिए। ईसा ने सीख दी कि तुम्हें अपनी चीजें गरीबों को दे देनी चाहिए, तुम्हें लड़ना नहीं चाहिए, तुम्हें चर्च नहीं जाना चाहिए और तुम्हें व्यभिचार के लिए दंड नहीं देना चाहिए। न तो

कैथलिकों ने न प्रोटेस्टेंटों ने इनमें से किसी भी मामले में ईसा की सीख पर चलने की मजबूत इच्छा प्रगट की है। यह सच है कि संत फ्रांसिस को माननेवाले कुछ लोगों ने धर्म-प्रचारकों को गरीबी के सिद्धांत की शिक्षा दी, पर पोप ने इसकी निंदा की और इस सिद्धांत को धर्मद्रोह करार दिया। या, फिर, 'किसी के बारे में फैसला मत करो, नहीं तो तुम्हारे बारे में भी फैसला किया जाएगा' जैसे किसी वचन पर विचार करें और अपने आप से पूछें कि इस वचन का 'इन्क्वीजन' (अपनी संकीर्ण कसौटी पर किसी को भी विधर्मी मानने और उसे खत्म कर देने का रिवाज, जो पश्चिमी देशों में कई सौ वर्षों तक जारी रहा) और कु-क्लक्स-क्लान पर क्या प्रभाव पड़ा। जो ईसाइयत के बारे में सच है, वही बौद्ध धर्म के बारे में। बुद्ध खुशमिजाज और प्रबुद्ध थे; मृत्यु शय्या पर वे अपने शिष्यों की इस मान्यता पर हँस रहे थे कि आत्मा अमर है। लेकिन बौद्ध नौकरशाही, जो अस्तित्व में है, मसलन तिब्बत में, निम्नतम हद तक गोपनवादी, अत्याचारी और क्रूर रही है। किसी चर्च और उसके संस्थापक के बीच यह फर्क दुर्घटनाजन्य नहीं है। जैसे ही यह मान लिया जाता है कि पूर्ण सत्य किसी खास आदमी के कथनों में निहित है, इन कथनों का अर्थ निश्चित करने के लिए विशेषज्ञों का एक समूह बन जाता है, और ये विशेषज्ञ अवश्यंभावी रूप से सत्ता अख्तियार कर लेते हैं, क्योंकि सत्य की कुंजी उन्हीं के पास होती है। किसी भी अन्य 'खास' जाति की तरह ये अपनी सत्ता का इस्तेमाल अपने लाभ के लिए करते हैं। किसी भी खास जाति की तुलना में ये एक मामले में और भी बुरे हैं क्योंकि इनका कार्य एक अपरिवर्तनशील सत्य का, जो एक बार और सभी के लिए, एकदम पूर्णता के साथ उद्घाटित हो चुका है, की व्याख्या करना है, जिससे ये समस्त बौद्धिक और नैतिक प्रगति के आवश्यकतः विरोधी हो जाते हैं।

चर्च ने गेलेलियों और डारविन का विरोध किया; हमारे समय में वह फ्रायड का विरोध करता है। जब वह सब से ज्यादा शक्तिशाली था, बौद्धिक जीवन का विरोध करने में वह और आगे चला गया था। पोप ग्रेगोरी ने एक बिशप को एक पत्र लिखा, जिसकी शुरुआती पंक्तियाँ हैं : 'हमें रिपोर्ट मिली है कि, जिसकी चर्चा हम लज्जित हुए बिना नहीं कर सकते, तुम कुछ मित्रों को व्याकरण पढ़ाते हो।' पोप ने बिशप को यह बुरा काम करने से रोक दिया, और ज्ञानोदय तक लैटिन की स्थिति में कोई सुधार नहीं आया।

सिर्फ बौद्धिक स्तर पर ही नहीं, बल्कि नैतिक स्तर पर भी धर्म नुकसानदेह है। इससे मेरा अभिप्राय यह है कि धर्म शिक्षकों को ऐसी नीतिशास्त्रीय संहिताएँ सिखाता है जो मनुष्य के सुखी रहने के प्रतिकूल हैं। जब, कुछ वर्ष पूर्व, जर्मनी में इस पर जनमतगणना की गयी कि सत्ता-च्युत कर दिये गये राजपरिवारों को अपनी निजी संपत्ति का उपयोग करने देना चाहिए या नहीं, जर्मनी के सभी चर्चों ने ऑफिशियल

स्तर पर कहा कि ऐसा करना ईसाइयत की शिक्षाओं के विरुद्ध होगा। जैसा कि सभी जानते हैं, चर्चों ने, जब तक उनकी हिम्मत हुई, दासता के खात्मे का विरोध किया और आज वे कुछ सुविज्ञापित उदाहरणों को छोड़ कर आर्थिक न्याय के लिए किये जानेवाले आंदोलन का विरोध करते हैं। पोप ने ऑफिशियल स्तर पर समाजवाद का विरोध किया है।

**ईसाइयत और सेक्स**

बहरहाल, ईसाई धर्म का सब से बुरा पहलू है सेक्स के प्रति उसका दृष्टिकोण। यह इतना विकृत और अप्राकृतिक है कि इसे जब रोमन सभ्यता नष्ट हो रही थी, उन दिनों के सभ्य जगत की विकृति से तुलना करके ही समझा जा सकता है। हमें कभी-कभी यह सुनने को मिलता है कि ईसाइयत ने स्त्रियों की स्थिति सुधारी। यह इतिहास के बारे में सबसे बड़ी चूक है जो संभव है। जिस समाज में यह माना जाता हो कि उन्हें एक अत्यंत कठोर नैतिक संहिता का पालन करना चाहिए, वहाँ स्त्रियाँ सह्य जीवन नहीं बिता सकतीं। संतों ने स्त्रियों को हमेशा प्रलोभनकारी माना है; उनके बारे में हमेशा यह सोचा है कि वे गंदी वासना पैदा करती हैं। चर्च की शिक्षा यही रही है, और आज भी है, कि कौमार्य सर्वश्रेष्ठ है, लेकिन जिन्हें यह असंभव लगता है, उनके लिए विवाह की अनुमति है। सेंट पॉल ने बहुत ही क्रूरता के साथ कहा है, 'जलते रहने से अच्छा है शादी कर लेना।' विवाह को अभंग्य बना कर, हर प्रकार की यौन जानकारी को बाहर करके चर्च ने जितना हासिल कर सकता था, हासिल कर लिया कि सेक्स का वही रूप अनुमत्य है जिसमें कम से कम सुख और बहुत ज्यादा दर्द हो। जन्म नियंत्रण का विरोध करने के पीछे, वास्तव में, यही इरादा है : अगर किसी स्त्री को हर साल बच्चा होता है—जब तक छीजते-छीजते वह मर नहीं जाती, तो यह नहीं माना जा सकता कि उसे अपने वैवाहिक जीवन से कुछ सुख मिलता होगा; इसलिए जन्म नियंत्रण को निरुत्साहित किया जाना चाहिए।

पाप की अवधारणा ने, जो ईसाई नैतिकता के साथ गुँथी हुई है, असाधारण क्षति पहुँचायी है, क्योंकि इसने आदमियों की परदुखगामिता के लिए एक रास्ता खोल दिया है, जिसे वे उचित और श्रेष्ठ तक मानते हैं। उदाहरण के लिए सिफलिस की रोकथाम को लें। यह विदित है कि बचाव के कदम उठाने से इस रोग का संक्रमण न्यूनतम हो जाता है। लेकिन ईसाई नहीं चाहते कि इस बात की जानकारी का प्रसार हो, क्योंकि उनकी मान्यता है कि पापी का दंडित होना अच्छा है। वे इसे इतना अच्छा मानते हैं कि पापियों की पत्नियों और संतानों तक को यह सजा मिलनी चाहिए। इस समय दुनिया में हजारों ऐसे बच्चे हैं जिन्हें जन्म से ही सिफलिस है, जिनका जन्म हुआ ही नहीं होता अगर ईसाइयों की कामना यह नहीं होती कि पापियों को दंड मिलना ही चाहिए। मैं नहीं समझ पाता कि इस दुष्टतम क्रूरता की ओर ले

जानेवाले सिद्धांत नैतिकता पर किसी भी तरह का अच्छा प्रभाव डाल सकते हैं। यौन व्यवहार के मामले में ही नहीं, सेक्स से जुड़े विषयों की जानकारी के बारे में भी ईसाइयों का दृष्टिकोण मानव कल्याण के लिए खतरनाक है। जिसने भी इस मुद्दे का पूर्वाग्रहरहित अध्ययन करने का कष्ट उठाया है, वह जानता है कि सेक्स से संबंधित विषय का कृत्रिम अज्ञान, ज़िसे रूढ़िग्रस्त ईसाई युवाओं पर थोपने की कोशिश करते हैं, मानसिक और शारीरिक स्वास्थ्य के लिए बहुत खतरनाक है और जो 'गंदी' बातों से जानकारी बटोरते हैं, जैसा कि ज्यादातर बच्चे करते हैं, वे बच्चे इस नजरिये का शिकार हो जाते हैं कि सेक्स अपने आप में ही अशालीन और हास्यास्पद है। मैं नहीं समझ सकता कि ज्ञान कभी भी अवांछनीय है, इस बात के समर्थन में तर्क दिया जा सकता है। मैं किसी भी उम्र में किसी भी व्यक्ति के द्वारा ज्ञानार्जन की राह में बाधाएँ खड़ी करना नहीं चाहता। लेकिन यौन जानकारियों के खास मामले के पक्ष में उससे ज्यादा वजनदार तर्क हैं जितने ज्ञान के अधिकांश अन्य क्षेत्रों में।

प्रशिक्षित व्यक्ति की तुलना में अज्ञानी व्यक्ति के बुद्धिमानी से काम करने की संभावना कम है, और चूँकि युवाओं में एक महत्वपूर्ण विषय पर स्वाभाविक कौतूहल होता है, उनके मन में पाप भावना पैदा करना वाहियात चीज है। ट्रेनों में हर लड़के की दिलचस्पी होती है। मान लीजिए, हम उसे कहते हैं कि ट्रेन बुरी चीज है; मान लीजिए कि जब भी वह किसी ट्रेन में या स्टेशन पर होता है, उसकी आँखों में पट्टी बाँध दी जाती है। मान लीजिए कि उसकी उपस्थिति में ट्रेन शब्द का उच्चारण करने ही नहीं दिया जाता और एक स्थान से दूसरे स्थान तक आवागमन के माध्यम से एक अभेद्‌य रहस्य बना कर रखा जाता है। इसका नतीजा यह नहीं होगा कि ट्रेन में उसकी दिलचस्पी खत्म हो जायेगी; बल्कि और बढ़ जायेगी और उसमें पाप की एक विकृत भावना पैदा हो जायेगी, क्योंकि उसकी इस दिलचस्पी के बारे में बताया गया है कि यह ठीक नहीं है। जिस आदमी में भी थोड़ी-बहुत समझ है, उसे इस तरह कम या ज्यादा बीमार और अशक्त बना दिया जा सकता है। सेक्स के मामले में ठीक यही किया जाता है; चूँकि सेक्स ट्रेनों की तुलना में ज्यादा रुचिकर है, इसलिए नतीजा और भयावह होता है। युवावस्था में यौन जानकारियों पर टैबू होने के परिणामस्वरूप ईसाई समुदाय का लगभग हर बालक स्नायविक रूप से बीमार होता है। और उसके मन में कृत्रिम रूप से आरोपित पाप भावना बाद के जीवन में उसकी क्रूरता, कायरता और मूढ़ता के कारणों में एक है। बच्चा सेक्स अथवा किसी भी अन्य मामले में जानना चाहता है, तो उसे उस विषय में अज्ञानी बनाये रखने का कोई तर्कसंगत आधार नहीं है। और हम तब तक समझदार जनसंख्या से वंचित ही रहेंगे जब तक प्रारंभिक शिक्षा में इस तथ्य को स्वीकृत नहीं किया जाता, जो शिक्षा

की राजनीति पर चर्चों का नियंत्रण बने रहने तक असंभव है।

आपत्ति के इन विस्तृत ब्योरों को एक तरफ रख दिया जाए, तो स्पष्ट है कि ईसाइयत के बुनियादी सिद्धांतों को स्वीकार करने के लिए बहुत ज्यादा नैतिक विचलन की जरूरत है। हमें बताया जाता है कि दुनिया का निर्माण ईश्वर ने किया–वह अच्छा भी है और सर्वसमर्थ भी। दुनिया को बनाने के पहले उसने उस सारे दुख और पीड़ा को देख लिया होगा जो इसका अंग होंगे। अतएव इस सबके लिए वही जिम्मेदार है। यह तर्क बेकार है कि दुनिया में जो कुछ भी कष्ट है, उसके मूल में पाप है। पहली बात तो यह है कि इसमें कोई सचाई नहीं है; पाप के कारण नदियों में बाढ़ नहीं आती न ज्वालामुखी फूट पड़ते हैं। अगर यह सच भी होता, तो इससे कोई फर्क नहीं पड़ता। अगर मैं एक ऐसा बच्चा पैदा करने जा रहा होता जिसके बारे में मुझे पता होता कि बड़ा हो कर वह बहुत बड़ा हत्या-उन्मादी बनेगा, तो उसके अपराधों की जिम्मेदारी मेरी है। इसी तरह, अगर ईश्वर को पहले से उन पापों के बारे में पता था जिनके लिए मनुष्य दोषी होगा, स्पष्टतः वह इन पापों के सभी दुष्परिणामों के लिए जिम्मेदार था जब उसने मनुष्य का निर्माण करने का निर्णय किया। अकसर दिया जानेवाला ईसाई तर्क यह है कि दुनिया में पीड़ा को सहना पाप का शुद्धीकरण करना है और इसलिए अच्छी बात है। निश्चय ही यह परदुखानंद का विवेकीकरण है। वैसे भी यह तर्क बहुत कमजोर है। मैं किसी भी ईसाई को किसी अस्पताल के शिशु विभाग में मेरे साथ चलने के लिए कहूँगा जहाँ बच्चे पीड़ा झेल रहे हैं और तब भी यह दुहराते रहें कि ये बच्चे नैतिक रूप से इतने गये-गुजरे हैं कि उन्हें यह पीड़ा मिलनी ही चाहिए। यह वही आदमी कह सकता है जिसने दया और करुणा की सारी भावनाओं को खत्म कर दिया हो। संक्षेप में, उसे उतना ही क्रूर होना होगा जितना वह भगवान है जिसमें वह यकीन करता है। जो भी आदमी यह मानता है कि इस पीड़ा से भला ही होगा, उसके नैतिक मूल्य क्षतिग्रस्त रहेंगे, क्योंकि उसे हमेशा तकलीफ और दुख के लिए नये-नये तर्क ढूँढ़ने होंगे।

### धर्म पर आपत्तियाँ

धर्म पर आपत्तियाँ दो प्रकार की हैं–बौद्धिक और नैतिक। बौद्धिक आपत्ति यह है कि किसी भी धर्म को सच मानने का कोई कारण नहीं है; नैतिक आपत्ति यह है कि धार्मिक शिक्षाएँ उस युग की देन हैं जब लोग उससे अधिक क्रूर थे जितना वे हैं, और इसलिए वे उन अमानवीयताओं को बनाये रखना चाहते हैं जिनसे युग की नैतिक अन्तश्चेतना को अन्यथा बाहर आ जाना चाहिए। बौद्धिक तर्क को पहले लिया जाये। हमारे व्यावहारिक युग में सोचने की ऐसी प्रवृत्ति है कि धार्मिक शिक्षाएँ सच हैं या गलत, यह प्रश्न महत्वहीन है, क्योंकि महत्व इस बात का है कि उसकी

कुछ उपयोगिता है या नहीं। लेकिन एक प्रश्न का उत्तर दूसरे प्रश्न का उत्तर खोजे बिना नहीं पाया जा सकता। यदि हम ईसाई धर्म में यकीन करते हैं तो क्या अच्छा है, इस बारे में हमारी धारणाएँ वे नहीं होंगी जो ईसाइयत में विश्वास नहीं करने पर होतीं। अतः ईसाइयत के प्रभाव ईसाइयों को अच्छे लग सकते हैं और ईसाइयत में विश्वास नहीं करनेवालों को बुरे। इसके अलावा, यह नजरिया कि बिना इसकी छानबीन किये कि इसके पक्ष में कुछ साक्ष्य है या नहीं, इस या उस बात को मान लेना चाहिए, एक ऐसा नजरिया है जो साक्ष्य के प्रति विरोध भाव पैदा करता है और हमारे दिमाग को हर उस तथ्य से विमुख कर देता है जो हमारे पूर्वाग्रहों से मेल नहीं खाता। एक निश्चित वैज्ञानिक अभिरुचि बहुत ही महत्वपूर्ण गुण है, और यह उस आदमी में नहीं हो सकती जो मानता है कि कुछ ऐसी चीजें हैं जिन पर विश्वास करना उसका फर्ज है। इसलिए धर्म से भला होता है, इसका फैसला वास्तव में इस प्रश्न की जाँच किए बिना हम नहीं कर सकते कि धर्म सच है या झूठ। धर्म सच है या नहीं, इसका निर्णय करने के लिए ईसाइयों, मुसलमानों और यहूदियों के लिए सब से बुनियादी सवाल यह है कि ईश्वर है या नहीं। जिन दिनों धर्म विजेता था, 'ईश्वर' शब्द का एक निश्चित अर्थ हुआ करता था लेकिन तर्कवादियों के आक्रमणों के नतीजे में यह शब्द निरंतर मद्धिम होता गया है और आज स्थिति यह है कि जब लोग कहते हैं कि हम ईश्वर को मानते हैं, तब उनका अभिप्राय क्या होता है, हम नहीं जानते। तर्क के लिए हम मैथ्यू अर्नाल्ड की परिभाषा पर विचार करें : 'वह शक्ति जो हमसे बाहर है और अच्छाई को जन्म देती है।' शायद हम इसे और भी अस्पष्ट बना सकते हैं और अपने आप से पूछ सकते हैं कि इस ग्रह की सतह पर जीवित प्राणियों के उद्देश्यों के अलावा इस ब्रह्मांड का कोई उद्देश्य भी है।

इस विषय में धार्मिक लोगों का तर्क आम तौर पर यह होता है : 'मैं और मेरे मित्र अद्भुत समझ और सद्गुणों से संपन्न हैं। यह सोच पाना कठिन ही है कि इतनी बुद्धि और इतने सद्गुण संयोगवश पैदा हुए होंगे। इसलिए कोई ऐसा होना चाहिए, जो कम से कम हमारे जितना बुद्धि और सद्गुण-संपन्न हो, जिसने सृष्टि की मशीनरी को हमें पैदा करने के लिए गतिशील कर दिया।' मुझे अफसोस के साथ कहना पड़ता है कि यह तर्क मुझे उतना प्रभावशाली नहीं लगता जितना उन्हें जो इसका इस्तेमाल करते हैं। सृष्टि बहुत बड़ी है और हम एडिंग्टन की मानें, तो सृष्टि में कहीं भी मनुष्य जैसे बुद्धिमान प्राणी नहीं हैं। संसार में जितना पदार्थ है उसकी कुल मात्रा की तुलना बुद्धियुक्त प्राणियों के शरीरों को बनाने में जितना पदार्थ लगता है उससे करें तो आप पाएँगे कि इसकी मात्रा सृष्टि की मात्रा के महीन से महीन कण के बराबर भी नहीं है। परिणामस्वरूप, अगर इसकी असंभाव्यता बहुत तगड़ी हो कि संयोग के नियम परमाणुओं के आकस्मिक चयन से कोई बुद्धिमान प्राणी पैदा

कर सकते हैं, तब भी संभाव्यता यही रहेगी कि सृष्टि में ऐसे प्राणियों की संख्या बहुत कम होगी। इसके अलावा, एक इतनी विशाल प्रक्रिया के उत्कर्ष के रूप में विचार करने पर ऐसा नहीं लगता कि हम वास्तव में बहुत उत्कृष्ट हैं। मैं इस बात से अवगत हूँ कि बहुत-सी विभूतियाँ मुझसे बहुत ज्यादा उत्कृष्ट हैं और मैं अपने को अतिक्रांत करनेवाले गुणों को पूरी तरह समझ नहीं सकता। फिर भी, इस मद में छूट देते हुए, मैं यही सोच पाता हूँ कि शाश्वतता के मध्य कार्यरत वह सर्वसमर्थ इससे कुछ बेहतर चीज बना सकता था। और हमें इस पर भी विचार करना चाहिए कि यह महज एक चिनगारी ही है।

यह धरती हमेशा रहने योग्य नहीं रहेगी, मानव जाति समाप्त हो जायेगी और अगर सृष्टि प्रक्रिया को उसके बाद अपना औचित्य सिद्ध करना है, तो उसे हमारे ग्रह की सतह से कहीं और जा कर ऐसा करना होगा। और यदि ऐसा हो जाये, तब भी इस प्रक्रिया को आज नहीं तो कल रुक जाना होगा। थर्मोडाइनामिक्स का नियम तो इसमें संदेह करने का जरा भी अवकाश नहीं देता कि ब्रह्मांड धीरे-धीरे समाप्त हो रहा है और अंततः कहीं भी कुछ भी ऐसा बचा नहीं रहेगा जो तनिक भी रुचिकर हो। निश्चय ही, हम कह सकते हैं कि जब ऐसा समय आयेगा, ईश्वर फिर से इस मशीनरी को चालू कर देगा, लेकिन अगर हम ऐसा कहते हैं, तो हम आस्था के आधार पर ही ऐसा कह सकते हैं—इसका सूत भर भी वैज्ञानिक साक्ष्य नहीं है।

जहाँ तक वैज्ञानिक साक्ष्य का सवाल है, ब्रह्मांड बहुत धीरे-धीरे रेंगते हुए धरती पर वर्तमान दयनीय स्थिति तक पहुँचा है और इससे भी ज्यादा दर्दनाक चरणों से रेंगते हुए सार्वत्रिक मृत्यु तक पहुँच जायेगा। अगर इसे ही उद्देश्य का साक्ष्य माना जाये, तो मैं यही कह सकता हूँ कि यह उद्देश्य मुझे अपील नहीं करता। इसलिए मुझे किसी भी तरह के ईश्वर में, वह जितना भी अस्पष्ट और क्षीण हो, विश्वास करने का कोई कारण दिखाई नहीं देता।

('वाई आई एम नॉट ए क्रिश्चियन' पुस्तक का एक अंश)

# इस्लाम और मानव अधिकार

इब्न बर्राक

> दुनिया भर में प्रचारित जमहूरियत की व्यवस्था हमारे इलाके के लोगों के लिए वाजिब नहीं है... स्वतंत्र चुनाव हमारे मुल्क में मुनासिब नहीं है।
>
> **–सऊदी अरब के शाह फहद**

शाह फहद में यह कबूल करने की ईमानदारी तो है कि इस्लाम और जमहूरियत में तालमेल नहीं है, हालाँकि पश्चिम में इस्लाम के पैरोकार और आधुनिक मुसलमान लगातार इस्लाम और उसके इतिहास में जनतांत्रिक सिद्धांतों की तलाश में जुटे रहते हैं।

आइए, 1948 के मानव अधिकार के विश्व घोषणा-पत्र पर नजर डालें और उसकी तुलना इस्लामी कानूनों और सिद्धांतों से करें।

अनुच्छेद 1 : 'सभी मनुष्य स्वतंत्र जन्म लेते हैं और उनकी गरिमा तथा अधिकार एक समान हैं। वे तर्क, बुद्धि, और विवेक-संपन्न होते हैं और उन्हें एक-दूसरे के प्रति भाईचारे की भावना से काम करना चाहिए।'

अनुच्छेद 2 : 'हर किसी को नस्ल, रंग, लिंग, भाषा, धर्म, राजनैतिक या अन्य नजरिये, राष्ट्रीयता या सामजिक पृष्ठभूमि, संपत्ति, जन्म या किसी अन्य पहचान के प्रति किसी तरह के भेदभाव के बिना इस घोषणा-पत्र में व्यक्त सभी अधिकारों और स्वतंत्रताओं का अधिकार है।'

अनुच्छेद 3 : 'हर किसी को जीवन, स्वतंत्रता और सुरक्षा का अधिकार है।'

अनुच्छेद 4 : 'किसी को गुलाम बना कर या दास प्रथा में नहीं रखा जा सकेगा, हर तरह की दासप्रथा और दास व्यापार प्रतिबंधित होगा।'

**टिप्पणी :**

1. इस्लामी कानून में औरतों को दोयम दर्जे का माना गया है, अदालत में उनकी गवाही मर्द के मुकाबले आधी मानी गयी है, उनकी आवाजाही पर सख्त

पाबंदियाँ हैं और वे गैर-मुस्लिम से शादी नहीं कर सकती हैं।

2. इस्लामी देशों में रहनेवाले गैर-मुसलमानों की हैसियत दोयम दर्जे की होती है, किसी मुसलमान के खिलाफ उनकी गवाही नहीं मानी जा सकती है। सऊदी अरब में पैगंबर मोहम्मद की परंपरा स्थापित है जिन्होंने कहा था, 'अरब देश में दो धर्म नहीं हो सकते।' गैर-मुसलमानों को अपने धर्म का पालन करने, चर्च बनाने या बाइबिल रखने पर पाबंदी है।
3. काफिर, आस्था न रखनेवालों, निरीश्वरवादियों (जो इतिहास में सबसे उपेक्षित समुदाय रहे हैं) के पास मुस्लिम देश में 'जीवन का अधिकार' नहीं है। वे मरने के लिए हैं। इस्लामी कानून के विद्वान अमूमन पाप को दो हिस्सों—महापाप और छोटा पाप—में बाँटते हैं। सत्रह महापापों में सबसे बड़ी अनास्था है। इसे हत्या, चोरी, दुराचार वगैरह से भी बड़ा माना गया है।
4. कुरान में गुलामी का जिक्र है। मुसलमानों को किसी भी गुलाम औरत के साथ संसर्ग की इजाजत है (सूरा 4.3), उन्हें गुलाम बनायी गयी शादीशुदा औरतों को भी रखने की छूट है (सूरा 4.28)। अपने मालिक के आगे गुलाम उसी तरह असहाय होते हैं जैसे अरब के नकली देवता अल्लाह के सामने होते हैं (सूरा 16.77)।

अनुच्छेद 5 : 'किसी के साथ अत्याचार या क्रूर, अमानवीय व्यवहार नहीं किया जायेगा न ऐसा दंड दिया जायेगा।'

**टिप्पणी :**

हमने देखा है कि पवित्र कानून का उल्लंघन करनेवालों के लिए किस तरह के दंड का प्रावधान है : अंग भंग करना, सूली पर चढ़ाना, पत्थर मार कर हत्या, कोड़े लगाना वगैरह। मैं समझता हूँ कि कोई मुसलमान यह दलील दे सकता है कि यह सब किसी इस्लामी देश में असामान्य नहीं है। लेकिन मानवीयता का क्या होगा? इस सवाल पर भी कोई मुसलमान कह सकता है कि ये दंड अल्लाह के बनाये हुए हैं, इसलिए इन्हें मानवीय तर्कों पर नहीं कसा जा सकता। मानवीयता के पैमाने पर तो ये अमानुषिक हैं।

अनुच्छेद 6 : 'हर किसी को कहीं भी कानून के तहत व्यक्ति के रूप में पहचान का अधिकार है।'

**टिप्पणी :**

पसन्द-नापसन्द रखनेवाले और नैतिक रूप से जिम्मेदार व्यक्ति की अवधारणा ही इस्लाम से गायब है और इसी तरह मानव अधिकार की समग्र अवधारणा भी नहीं है।

अनुच्छेद 7, 8, 9, 10 और 11 किसी अभियुक्त के निष्पक्ष सुनवाई के अधिकार से संबंधित हैं।

**टिप्पणी :**

1. जैसा कि साक्त ने दिखाया है, शरीयत के मुताबिक विश्वास, निष्पक्ष न्याय, सच्चाई और ऐसे गुण प्रमुख भूमिका नहीं निभाते। अपराध बोध की अवधारणा वहाँ नहीं है।
2. हत्या का बदला लेने को आधिकारिक रूप से जायज माना गया है, हालाँकि इसके लिए हर्जाना देने का विकल्प भी है।
3. इस्लामी कानून प्रक्रिया को निष्पक्ष या जायज शायद ही कहा जा सकता है क्योंकि गवाहों के मामले में तमाम तरह के अन्याय सामने आ जाते हैं। कोई गैर-मुसलमान किसी मुसलमान के खिलाफ गवाही नहीं दे सकता। मसलन, कोई मुसलमान बिना किसी दंड के डर के किसी गैर-मुसलमान को लूट सकता है, बशर्ते उस गैर-मुसलमान के अलावा वहाँ कोई गवाह न हो। इसी तरह मुस्लिम औरत की गवाही भी अपवादस्वरूप ही मान्य होती है और वह भी सिर्फ तभी जब मर्दों की दोगुनी संख्या में औरतें गवाही दें।

अनुच्छेद 16 स्त्री-पुरुष के विवाह के अधिकार से संबंधित है।

**टिप्पणी :**

इस्लामी कानून में औरतों को समान अधिकार नहीं हैं, वे अपने मनचाहे व्यक्ति से शादी करने के लिए आजाद नहीं हैं, तलाक के अधिकार भी समान नहीं हैं।

अनुच्छेद 18 : 'हर किसी को विचार, विवेक और धर्म की स्वतंत्रता का अधिकार है। हर किसी को अपना धर्म या आस्था बदलने की भी स्वतंत्रता है। हर कोई अकेले या समुदाय में अपने धर्म या आस्था का प्रचार-प्रसार, व्यवहार, पूजा और पालन निजी या सार्वजनिक तौर पर करने को स्वतंत्र है।'

**टिप्पणी :**

1. इस्लामी कानून में यह स्पष्ट है कि अगर किसी का जन्म मुस्लिम परिवार में हुआ है तो उसे अपना धर्म बदलने का अधिकार नहीं है। इस मामले में इस्लाम दोहरा रवैया अपनाता है। मुसलमान अपने धर्म में दूसरों को शामिल करना तो खुशी-खुशी स्वीकार करते हैं, लेकिन कोई मुसलमान अपना धर्म-परिवर्तन नहीं कर सकता; यह धर्मद्रोह होगा और इसका दंड मृत्यु है। महान टिप्पणीकार बेदावी (1291) इस बारे में कहते हैं, 'जो कोई भी खुलेआम या गुपचुप तरीके से अपने धर्म से मुँह मोड़ता है, उसे पकड़ो और उसे कभी भी उसी तरह मार डालो जैसे किसी काफिर को। उसे एकदम अलग-थलग कर दो। इस मामले में कोई मध्यस्थता स्वीकार न करो।'
2. इस्लाम से ईसाइयत की ओर धर्म-परिवर्तन और इस तरह धर्मत्याग के आँकड़ों की पुष्टि करना स्वाभाविक कारणों से कठिन है। मुसलमानों के बारे में यह

मिथक प्रचलित है कि उनका धर्म-परिवर्तन असम्भव है। लेकिन इसके विपरीत मध्य युग से ले कर आधुनिक युग तक वस्तुतः हजारों मुसलमान इस्लाम छोड़ कर ईसाइयत को कबूल कर चुके हैं। इनमें सत्रहवीं सदी में मोरक्को और ट्यूनिशिया के शहजादों और अफ्रीका के संत कॉन्सटैंटिन का उदाहरण प्रमुख है। काउंट रुड्ट कॉलिनबर्ग ने कासा डी कैटेकुमेनिएट (रोम) में 1614 और 1798 के बीच 1,087 धर्म परिवर्तन के सबूत पाये थे। ए.टी. विलिस और अन्य के मुताबिक इंडोनेशिया में 1965 में कम्युनिस्टों के नरसंहार के बाद बीस या तीस लाख मुसलमान ईसाई बन गए। यह उनकी किताब के अध्याय 5 में उद्धृत है। सिर्फ फ्रांस में 1990 के दशक में हर साल दो से तीन सौ लोगों ने इस्लाम से ईसायत में धर्म-परिवर्तन किया। ई. मायर के मुताबिक मिस्र में धर्म-परिवर्तन 'इस पैमाने पर लगातार हो रहे हैं कि मुस्लिम उलेमा नाराज हो कर कट्टर मुसलमानों को धर्मत्याग के लिए मृत्युदंड की सजा का प्रावधान करने के लिए उकसा रहे हैं।' मायर बताती हैं कि अतीत में अनेक औरतें अपनी दशा सुधारने के लिए इस्लाम को त्यागने का रुझान दिखाती रही हैं।

3. जो धर्म-परिवर्तन करके ईसाइयत कबूल कर लेते हैं और मुस्लिम देश में ही बने रहते हैं, उनकी जान पर जोखिम बना रहता है। धर्म-परिवर्तन करनेवाले को अधिकांश अधिकारों से वंचित कर दिया जाता है। अमूमन उसकी पहचान के कागजात देने से इनकार कर दिया जाता है ताकि वह देश छोड़ कर न जा सके। उसकी शादी गैर-कानूनी घोषित कर दी जाती है। उसके बच्चों को उससे छीन कर किसी मुसलमान को उनका पालन-पोषण करने के लिए सौंप दिया जाता है और वह उसकी विरासत के अधिकार छीन लेता है। अक्सर यह परिवार मामला अपने हाथ में ले लेता है और धर्म-परिवर्तन करनेवाले की हत्या कर देता है, हालाँकि उसके परिवार के सदस्यों को कोई दंड नहीं दिया जाता है।

अनुच्छेद 19 : 'हर किसी को विचार और अभिव्यक्ति की स्वतंत्रता है। इसके तहत किसी को बिना किसी हस्तक्षेप के अपनी राय रखने और भौगोलिक सीमाओं से परे किसी भी माध्यम से सूचनाओं के आदान-प्रदान की स्वतंत्रता है।'

**टिप्पणी 1 :**

अनुच्छेद 18 और 19 में प्रदत्त अधिकारों की लगातार ईरान, अफगानिस्तान और सऊदी अरब में अवहेलना की जाती है। इन तीनों देशों में बहाई, अहमदी और शिया अल्पसंख्यकों को इन अधिकारों से वंचित कर दिया जाता है। तीनों देश अपने कदमों को शरिया का हवाला देकर जायज ठहराते हैं। इन देशों में ईसाइयों को अकसर धर्मद्रोह के आरोप में गिरफ्तार किया जाता है और उन्हें अधिकारों से वंचित किया जाता है। एमनेस्टी इंटरनेशनल सऊदी अरब की स्थितियों का वर्णन इस प्रकार

करता है : 'पिछले तीन साल में औरतों और बच्चों सहित सैकड़ों लोगों को गिरफ्तार किया गया और हिरासत में लिया गया, ज्यादातर मामलों में न कोई आरोप-पत्र दिया गया न मुकदमा चलाया गया, महज इसलिए कि वे अपनी धार्मिक मान्यताओं को शांतिपूर्ण तरीके से अभिव्यक्त कर रहे थे। हिरासत में कइयों को यातनाएँ दी गयीं, कुछ पर कोड़े बरसाये गये... गैर-इस्लामी धार्मिक सामग्री—जैसे बाइबिल, मनके की माला, क्रॉस, ईसा मसीह की तस्वीरें वगैरह—रखना प्रतिबंधित है और ऐसी वस्तुएँ जब्त की जा सकती हैं।' (एआईएनओ 62, जुलाई-अगस्त 1993)।

इसी तरह सैकड़ों शिया मुसलमानों को भी गिरफ्तार किया जाता है, यातनाएँ दी जाती हैं और कुछ मामलों में तो सिर कलम कर दिया जाता है। मसलन, धर्मद्रोह और ईशनिंदा के आरोप में 3 सितंबर 1992 को सादिक अब्दुल करीम मलाल्लाह का अल-कातिफ में सार्वजनिक रूप से सिर कलम कर दिया गया। शिया मुसलमान सादिक को 1988 में गिरफ्तार किया गया और पहले एक पुलिस थाने पर पथराव करने और फिर देश में बाइबिल लाने का आरोप मढ़ा गया। उसे तन्हा कोठरी में कैद रखा गया और यातनाएँ दी गयीं।

पाकिस्तान में अहमदियों के हालात भी कुछ ऐसे ही हैं। अहमदिया आंदोलन के संस्थापक मिर्जा गुलाम अहमद (1980) थे। अनुयायी उन्हें पैगंबर मानते हैं। एमनेस्टी इंटरनेशनल (एएसए/35/15/91) उनके अहमदियों के हालात का वर्णन इस प्रकार करता है : 'अहमदी खुद को मुसलमान मानते हैं लेकिन परंपरागत मुसलमान उन्हें विधर्मी कहते हैं क्योंकि वे अपने आंदोलन के संस्थापक को अल-मसीहा (मसीहा) बताते हैं। इसका मतलब यह निकाला गया कि मुहम्मद साहब आखिरी पैगंबर नहीं थे जैसा कि परंपरागत इस्लाम मानता है, यानी वह पैगंबर जो अल्लाह का आखिरी संदेश इंसान तक लाया। अहमदियों के मुताबिक उनका पंथ पैगंबर मुहम्मद के इस स्थान को अमान्य नहीं करता, क्योंकि मिर्जा गुलाम अहमद अल्लाह का कोई नया संदेश लाने का दावा नहीं करते जो कुरान में कुछ जोड़े या उसकी जगह ले। मिर्जा गुलाम अहमद खुद को अहमदी यानी पैगंबर मुहम्मद का अवतार मानते थे और इस्लाम के पुनर्जीवन के काम में लगे थे। इस मत भिन्नता के कारण अहमदियों को कुछ इस्लामी देशों में भेदभाव का शिकार होना पड़ता है और गिरफ्तारियाँ झेलनी पड़ती हैं। 1970 के दशक के मध्य में सऊदी अरब स्थित विश्व मुस्लिम लीग ने दुनिया भर की इस्लामी सरकारों को अहमदियों के खिलाफ कार्रवाई करने को कहा। तब से सऊदी अरब में अहमदियों पर प्रतिबंध है।

पाकिस्तान के पूरे काल खंड में अहमदियों को यातना का शिकार होना पड़ा है और कई बार तो यह भयंकर खून-खराबे में बदल गया। उनके लिए हालात और बदतर हो गये जब 1977 में फौजी तख्तापलट से जिया-उल-हक राष्ट्रपति बने।

उन्होंने इस्लामीकरण की नीति शुरू की और अहमदियों पर कड़ी पाबंदियाँ लगा दीं। 1984 में इन तथाकथित विधर्मियों के खिलाफ और कड़े कानून बनाये गये। इसके बाद अहमदी खुद को मुसलमान नहीं कह सकते थे। तब से सैकड़ों अहमदियों को पाकिस्तान दंड संहिता की धाराओं के तहत कड़ी सजा दी गयी। इस तरह अहमदियों को महज उनके धार्मिक अधिकार और उसकी अभिव्यक्ति के लिए गिरफ्तार किया जा सकता है और मौत की सजा भी दी जा सकती है। एक बार फिर यह जान लेना जरूरी है कि 'विधर्मियों' के प्रति यह व्यवहार परंपरागत मुस्लिम मान्यता की ही तार्किक परिणति है कि मुहम्मद साहब आखिरी पैगंबर थे, कि इस्लाम संपूर्ण मानवता के लिए ईश्वर की आखिरी अभिव्यक्ति है और कि इस्लाम के बाहर मुक्ति संभव नहीं है।

2. इस्लामी कानून में अल्लाह और पैगंबर की निंदा के लिए मौत की सजा का प्रावधान है। आधुनिक दौर में ईशनिंदा मुस्लिम सरकारों के लिए विरोध को दबाने या व्यक्तिगत खुन्नस निकालने या जैसा कि हमने पहले चर्चा की है, 'विधर्मी' को दंडित करने का औजार बन गया है। 'इकॉनॉमिस्ट' में प्रकाशित एक रिपोर्ट पाकिस्तान में 'ईशनिंदा' कानून के दुरुपयोग को उजागर करती है : लाहौर हाई कोर्ट का एक फैसला पाकिस्तान के ईसाइयों के लिए परेशानी का सबब है। हाल में अदालत ने यह फैसला सुनाया कि पाकिस्तान का ईशनिंदा कानून इस्लाम में सभी पैगंबरों पर लागू होता है। इस्लामी शास्त्रों में ईसा मसीह को पैगंबर माना गया है। इसलिए यह दलील दी जा सकती है कि ईसा की ईश्वर के बेटे के रूप में पूजा-अर्चना करनेवाले ईशनिंदा कर रहे हैं... पाकिस्तान की 12 करोड़ की आबादी में 12 लाख ईसाई हैं। इनमें ज्यादातर निचली जातियों के हैं और मेहनत-मजूरी का काम करते हैं। (इनमें से) कुछ को अपनी मान्यता की वजह से प्रताड़ित होना पड़ा है। वायु सेना में मेकेनिक ताहिर इकबाल ने ईसाई धर्म कबूल कर लिया था। उसे ईशनिंदा के आरोप में गिरफ्तार किया गया और सुनवाई शुरू होने के दौरान ही रहस्यमय ढंग से जेल में उसकी मौत हो गयी। मंजूर मसीह ईशनिंदा के आरोप में पकड़ा गया, जमानत पर रिहा हुआ। उसे सड़क पर सरेआम गोली मार दी गयी। मानवाधिकार कार्यकर्ता बताते हैं कि ऐसे मामलों में वजह अमूमन सांप्रदायिक, गुट से जुड़ी और राजनैतिक दुश्मनी होती है या संपत्ति का विवाद या फिर नौकरी वगैरह की होड़ भी होती है। (7 मई 1994)

अनुच्छेद 23 : हर किसी को काम करने, पसंदीदा रोजगार हासिल करने, जायज और अनुकूल माहौल में काम करने और बेरोजगारी से संरक्षण का अधिकार है।

**टिप्पणी 1 :**

इस्लामी कानून के तहत औरतों को मनपसंद काम करने की आजादी नहीं है।

तथाकथित उदार मुस्लिम देशों में भी उनके लिए कुछ निर्धारित रोजगार करने पर पाबंदी है। परंपरागत इस्लाम औरतों को घर के बाहर काम करने की मनाही करता है। (देखें अध्याय 14)।

2. मुस्लिम देशों में गैर-मुसलमानों के लिए मनपसंद काम करने की आजादी नहीं है या कुछ पदों पर पहुँचने पर पाबंदी है। सऊदी अरब का एक हाल का उदाहरण इसे साबित करता है। एक मुसलमान मालिक की कंपनी के कुछ मुसलमान कर्मचारी यह देखकर हैरान रह गये कि मालिक ने एक ईसाई को मैनेजर बना दिया। मुसलमान कर्मचारियों ने मजहबी फैसले की माँग की कि क्या इस्लाम में यह मान्य है कि उनके ऊपर कोई ईसाई बैठा दिया जाये। एक इस्लामी लॉ कॉलेज के शेख मन्ना के. अल-कुबतान ने फैसला सुनाया कि इस्लामी कानून में इसकी कतई इजाजत नहीं है कि कोई गैर-मुसलमान मुसलमानों का अधिकारी हो। उन्होंने कुरान से दो आयतों का जिक्र किया, 'अल्लाह अनुयायियों के ऊपर गैर-अनुयायियों को तरजीह नहीं देंगे।' (सूरा 4.141) और, "ताकत और अधिकार अल्लाह का, उसके पैगंबर का, और उनके अनुयायियों का है।" (सूरा 63.8)।

अनुच्छेद 26 शिक्षा के अधिकार से संबंधित है।

**टिप्पणी :**

इस मामले में शिक्षा के कुछ क्षेत्र औरतों के लिए प्रतिबंधित हैं (देखें अध्याय 14)।

यह स्पष्ट है कि इस्लामी आतंकवादियों को इस्लाम और 1948 के मानवाधिकार घोषणापत्र के बीच एकरूपता के अभाव का पता है, इसलिए 1981 में धार्मिक भेदभाव मिटाने के संयुक्त राष्ट्र के घोषणापत्र में संशोधन किया गया और किसी के धर्म को 'अपनाने' (अनुच्छेद 18, उसके बाद) और इस तरह 'बदलने' के अधिकार का जिक्र हटा दिया गया और सिर्फ धर्म में 'आस्था' का संदर्भ ही कायम रखा गया। (एफआई, वसंत 1984, पृष्ठ 22)।

(इब्न बर्राक की अंग्रेजी पुस्तक 'वाई आई एम नॉट ए मुस्लिम', प्रोमोथियस प्रेस, 1995 का एक अंश)

# एक अहिन्दू का घोषणापत्र

राजकिशोर

अपने को हिन्दू मानने में मुझे दिक्कत होती है। हिन्दुत्व के जो बाह्य लक्षण हैं, उनमें से किसी में भी मेरी श्रद्धा नहीं है। आस्तिकता, मूर्तिपूजा, जाति-प्रथा, यज्ञ, व्रत, उपवास, आत्मा, परमात्मा, परलोक, स्वर्ग, नरक—इनमें से किसी में भी न मेरी कोई दिलचस्पी है न श्रद्धा। इनकी कोई व्यक्तिगत या सामाजिक उपयोगिता मेरी समझ में नहीं आती। मेरे विचार से न केवल इनके बगैर काम चल सकता है, बल्कि जो इसका अनुकरण करते हैं, उन्हें इनसे कोई वास्तविक लाभ नहीं होता है। जाति प्रथा तो एक बुराई भी है। जब कोई उसका समर्थन करता है, तो मुझे दुःख होता है। फिर मैं अपने को हिन्दू क्यों कहूँ?

लेकिन ऐसे मौके भी आते हैं, जब आपसे पूछा जाता है कि आपका धर्म क्या है। शुरू में, जब इस प्रश्न पर विचार करना मैंने शुरू नहीं किया था, मैं अभ्यासवश अपने को 'हिन्दू' ही मानता था। हायर सेकेण्डरी परीक्षा के फॉर्म में ऐसा ही लिखा हुआ है। बी. कॉम. (ऑनर्स) के फॉर्म में भी। लेकिन एल.एल.बी. का फॉर्म भरते समय 'धर्म' का कॉलम मैंने खाली छोड़ दिया था। तब तक मैं निश्चय कर चुका था कि न केवल मेरा धर्म हिन्दू नहीं है, बल्कि मेरा कोई धर्म नहीं है। मुझे यह देखकर प्रसन्नता हुई थी कि इस कारण मेरा फॉर्म अधूरा नहीं माना गया। इससे मेरा साहस बढ़ा और भविष्य में जब भी ऐसा अवसर आया, मैंने अपने को 'हिन्दू' बताने से रोका। मुझे प्रसन्नता है कि हमारे बेटे ने कॉलेज स्तर पर ही यह साहस दिखाया है। धर्म के मामले में जनगणना के वक्त थोड़ी नोक-झोंक भी हो गयी थी। जनगणना करनेवाला कर्मचारी मुझे 'हिन्दू' लिख रहा था। मैंने उसे बताया कि 'धर्म' का कॉलम कृपया खाली छोड़ दें और कुछ लिखना ही है तो 'एगनॉस्टिक' लिखें। 'एगनॉस्टिक' वह व्यक्ति है जो आत्मा, पुनर्जन्म, ईश्वर आदि में विश्वास नहीं करता, किन्तु प्रमाणित हो जाने पर उन्हें मानने के लिए तैयार रहता है। यह नास्तिक होने से ज्यादा तर्कसंगत स्थिति है। लेकिन उस कर्मचारी ने बाद में शायद मुझे 'हिन्दू' ही

लिखा होगा, क्योंकि उसकी समझ यही थी—और यही भारतीय संविधान की भी समझ है—कि जो मुसलमान, पारसी, ईसाई आदि नहीं है, वह हिन्दू नहीं है तो क्या है?

हिन्दू होने की यह एक ट्रेजेडी है। हिन्दू धर्म की जिस उदारता या बहुलतावाद की चर्चा की जाती है, वह एक स्तर पर धोखा भी है। यह उदारता नहीं, उदासीनता है। यही कारण है कि हिन्दू होने के लिए कुछ भी मानने की जरूरत नहीं है। कुछ भी मानने की छूट होना एक बात है, कुछ भी न मानने की स्वतंत्रता बिल्कुल दूसरी बात। आप कुछ न मानते हुए भी हिन्दू रह सकते हैं। ऐसे हिन्दुओं की संख्या कम न होगी, जिनका विश्वास किसी भी धार्मिक कृत्य में नहीं है। आधुनिक हिन्दू शायद ऐसा ही हिन्दू है। इनमें से अनेक धार्मिकता का बढ़-चढ़कर पालन करते हैं, किन्तु इसके पीछे अक्सर किसी प्रकार का दर्शन नहीं, बल्कि प्रदर्शन होता है। प्रदर्शन को मैं समाज के लिए घातक मानता हूँ, क्योंकि इससे वास्तविक प्रश्न दब जाते हैं और झूठी चीजों को उभरने का मौका मिलता है। हिन्दुत्व के किसी भी तेजस्वी या आधुनिका प्रवक्ता ने इनका आह्वान नहीं किया है। लेकिन सभी हिन्दू प्रदर्शनवादी नहीं हैं। ऐसे लोगों की संख्या ज्यादा है, जो मौन और शांत श्रद्धावश हिन्दू परंपराओं का पालन करते हैं। लेकिन क्या इससे आचरण की कुछ निश्चित कसौटियाँ बनती हैं? मुझे गहरा संदेह है। दोनों ही स्तरों पर हिन्दुत्व की कोई वास्तविक उपयोगिता मुझे दिखाई नहीं देती। जो हिन्दू धर्म और दर्शन के विद्वान हैं, उनमें से कम ही मुझे ऐसे दिखाई देते हैं जिनके जीवन को प्रेरक कहा जा सके। कहा जा सकता है कि कोई भी परंपरा अपने सभी अनुयायियों में अपने सर्वश्रेष्ठ रूप में अभिव्यक्त नहीं होती। शिखर तक कुछ ही पहुँच पाते हैं, ज्यादातर घाटियों में ही भटकते रहते हैं। यह सभी धर्मों के बारे में सच है। लेकिन मुझे ऐसा लगता है कि जो श्रेष्ठ हिन्दू हमारे बीच से गुजरे हैं या आज भी मौजूद हैं, वे सिर्फ हिन्दू होने के कारण श्रेष्ठ नहीं थे या नहीं हैं। अगर वे हिन्दू न होते, तब भी उनके श्रेष्ठ होने में कोई बाधा नहीं थी। महात्मा गांधी क्या किसी सूफी या ईसाई परंपरा में जन्म नहीं ले सकते थे? विवेकानन्द क्या यूरोप में जन्म नहीं ले सकते थे? भारत के कितने हिन्दुओं में अल्बेनियाई माता-पिता से यूगोस्लाविया में जनमी मदर टेरेसा जैसा सेवा भाव है? मैं यह भी नहीं कहूँगा कि हिन्दू होने से श्रेष्ठ होने में कोई बाधा पहुँचती है। आखिर गांधी और विवेकानन्द अपने को हिन्दू ही मानते थे, हालाँकि गांधी बार-बार यह भी कहते थे कि मैं जितना हिन्दू हूँ, उतना ही मुसलमान, उतना ही ईसाई या किसी और धर्म का अनुयायी। इससे यह निष्कर्ष निकलता है कि श्रेष्ठ होने के लिए हिन्दू होना जरूरी नहीं है। श्रेष्ठता की साधना मानवीय उत्कर्ष की साधना है और बहुत-से लोगों का जीवन बताता है कि यह साधना धर्म के दायरे के बाहर भी जा सकती

है। फिर मुझे हिन्दू होने की जरूरत क्या है? लेकिन अगर किसी को यह जरूरत महसूस होती है, तो मैं उसका असम्मान भी नहीं करना चाहता।

स्पष्टतः धार्मिकता से किसी भी प्रकार से बँधे बगैर भी हिन्दू हुआ जा सकता है, जैसा कि अनगिनत लोगों का जीवन देखकर पता लगता है। इस अर्थ में हिन्दुत्व वस्तुतः कोई धर्म नहीं है या एक अत्यन्त शिथिल धर्म है। व्यवहार के स्तर पर हिन्दुत्व धर्म नहीं, समाज है; आप धर्म की उपेक्षा कर सकते हैं, पर समाज की मान्यताओं को ठुकराना आसान नहीं होगा। हिन्दू समाज की सदस्यता की निर्णायक शर्त क्या है? यह जाति है। अगर आपकी जाति है, तो आप चाहे जो कहते या करते रहे, आप हिन्दू हैं। शहर में रहते हुए अन्य अनेक सामाजिक बंधनों की तरह आप जाति से भी बच सकते हैं, किन्तु गाँव या कस्बे में नहीं। वहाँ इसकी कम या ज्यादा कीमत चुकानी होगी। लेकिन यह बात भूलने की नहीं है कि जाति प्रथा में यह फौलादी शक्ति धर्म से ही आयी है। ऐसा नहीं है कि हिन्दू समाज में जाति प्रथा को चुनौती नहीं दी गयी। यह चुनौती जैनों ने दी, बौद्धों ने भी। बाद में अनेक संतों और समाज सुधारकों ने दी। लेकिन सभी आलोड़न सामयिक सिद्ध हुए। जाति प्रथा को समाप्त नहीं किया जा सका। अस्पृश्यता इसका सबसे गंदा पहलू थी, जिसके खिलाफ महात्मा गांधी ने अथक संघर्ष किया। भारतीय संविधान में अस्पृश्यता को अपराध घोषित किया गया। बाद में कुछ और कठोर कानून भी बने। किन्तु अस्पृश्यता में या जाति प्रथा में जितना भी ढीलापन आया है, वह आधुनिक जीवन के प्रभाव से आया है। उसके पीछे कोई आंदोलन नजर नहीं आता। मुश्किल यह है कि जो लोग आज हिन्दू समाज के बहुलतावाद की बार-बार याद दिलाते हैं, वे भी जान-बूझकर जाति प्रथा या अस्पृश्यता की बात भुला देते हैं। क्या यह भी बहुलतावाद का हिस्सा है? जो लोग हाल की कुछ घटनाओं की प्रतिक्रियाओं में हिन्दूवादियों को लज्जित करने के लिए हिन्दुत्व की सिर्फ प्रशंसा करते हैं, क्या उन्हें हिन्दू समाज का शुभचिंतक कहा जा सकता है? क्या वे सत्यवादी भी हैं? इनमें से कुछ को छोड़कर अधिकांश ने अभी तक हिन्दुत्व के किसी भी स्थापित सिद्धांत को सार्वजनिक स्तर पर चुनौती नहीं दी है, हालाँकि इनके शास्त्र में जाति या धर्म के लिए कोई जगह नहीं है।

मैंने एक उम्र के बाद हमेशा अपने को अ-हिन्दू महसूस किया, किन्तु मैंने भी इस बात की कोई विधिवत घोषणा नहीं की। मेरी घोषणा का कोई अर्थ नहीं था, क्योंकि मेरे पास किसी तरह की कोई ताकत नहीं रही है। जब शक्तिशाली लोग ऐसा करेंगे, तभी इसका व्यापक असर होगा। जाति प्रथा में मेरा विश्वास नहीं है, यह कहने का मौका जरूर कई बार आया। लेकिन जिस निर्णायक मौके पर मैं यह सिद्ध कर सकता था, वह मैं चाहकर भी नहीं जुटा सका। मेरा संकेत विवाह की ओर

है। यदि मेरा विवाह किसी ऐसी स्त्री से हुआ होता, जो भिन्न जाति की या भिन्न धर्म की होती, तो मेरा हिन्दू न होना साबित हो जाता। लेकिन मेरा विवाह संयोगवश अपनी जाति में हुआ। मैंने यह कोशिश जरूर की कि विवाह अदालत में हो। अब जैसा मैंने अपनी पत्नी को जाना है, उन्हें कोई आपत्ति नहीं होती। लेकिन वधू पक्ष के कुछ अन्य लोग शायद बेहद असन्तुष्ट होते। मुझे लगा कि संबंधित लोगों के हृदय परिवर्तन के बिना सिर्फ अपने वर होने के विशेषाधिकार का इस्तेमाल कर कोई बात मनवा लेना उचित नहीं है। यह एक तरह का ब्लैकमेल होता। अपने दांपत्य जीवन की शुरुआत मैं एक अप्रिय जिद से नहीं करना चाहता था। पर अब मुझे लगता है कि यह मेरी भूल थी। जिस बात को हम मानते हैं, उसके प्रति निष्ठा प्रदर्शित करने में हमें कोताही नहीं करनी चाहिए। जो परिवर्तनवादी हैं, उन्हें इस मामले में विशेष रूप से सावधान रहना होगा।

मेरा विवाह परंपरागत विधि-विधान से हुआ, यह मेरे लिए हमेशा असन्तोष की बात रहेगी। इस विधि-विधान के धार्मिक पक्ष में कोई जान नहीं थी। जिन पण्डितों ने यह पक्ष संपन्न कराया, उन्हें नितान्त निर्जीव अर्थ में ही पण्डित कहा जा सका है। उन्हें शास्त्रों की कोई जानकारी नहीं थी। संस्कृत, जिस भाषा में विवाह के मंत्र पढ़े गये, उन्हें उतनी ही आती थी जितनी सचिवालय के अधिकांश बाबुओं को अँग्रेजी आती है। उनका उच्चारण भी अशुद्ध था। क्या ज्यादातर पण्डित-पुजारी ऐसे ही नहीं होते? कुछ तो निश्चय ही विद्वान हैं। उनके मुख से मंत्र या श्लोक सुनना सांगीतिक आनंद देता है। लेकिन इन मंत्रों या श्लोकों में कही गयी बहुत-सी बातों से सहमत होना कठिन होगा। उदाहरण के लिए सप्तपदी के मंत्र में वर वधू से कहता है, 'तुम मेरे व्रत में साथी बनो!' यहाँ पत्नी की अधीनता स्पष्ट है। आधुनिक स्त्री पूछ सकती है, यदि मेरा भी कोई व्रत हो तो? किसी भी महान सभ्यता से हीरे और काँच छाँटने की तमीज सीखनी होगी, अन्यथा संपूर्णता का लोभ विनाशकारी सिद्ध हो सकता है। लेकिन इस अर्ध-साक्षर पण्डित समाज के बारे में क्या कहा जाये? क्या यह एक महान सभ्यता का पतन या क्षय है? क्या हिन्दू को अपने इस दुर्दिन का एहसास है? नहीं है, तो क्यों नहीं है? यह हिन्दू जाग्रत होगा, तो क्या वह अपने कर्मकाण्डों को सुसंस्कृत ढंग से संपन्न करना सीखेगा? या, उनसे मुक्त होने की कोशिश करेगा? हिन्दू जागरण का सुंदरतम अर्थ क्या है?

जिन बातों में मेरा विश्वास नहीं है, उन पर दूसरे आचरण करते हैं, तो मुझे क्या करना चाहिए? युवावस्था में उग्र प्रतिक्रिया होती है। मेरी भी होती थी। कई बार दूसरों की धार्मिक क्रियाओं का मैंने उपहास किया। लेकिन उससे कुछ नहीं बदला। यह बात मेरी समझ में बहुत देर से आयी कि उपहास या गुस्सा करके किसी को नहीं बदला जा सकता। किसी को बदलने के लिए उसके नजदीक जाना पड़ता है।

उससे अपना प्रेम सिद्ध करना पड़ता है। इसके सबसे निकट के उदाहरण महात्मा गांधी हैं। हालाँकि वे कहते यही रहे कि मैं मूर्ति पूजा में अविश्वास नहीं करता, धार्मिक विधि-विधान में मेरी अटूट निष्ठा है, किन्तु यह संभवतः दूसरों की तसल्ली के लिए था। महात्मा गांधी किसी को आहत नहीं करना चाहते थे, पर उनकी यह ख्वाहिश जरूर थी कि लोग धर्म के शरीर की बजाय उसकी आत्मा पर ध्यान दें। इसके लिए उन्होंने विरोध का नहीं, आत्मीयता का मार्ग चुना। वे स्वयं कर्मकाण्ड से बहुत दूर थे। लेकिन चूँकि वे लाखों लोगों को अपना बना सके, इसीलिए वे लाखों लोगों को कर्मकाण्ड से विरत भी कर सके। आज धर्मनिरपेक्ष लोगों का जनता पर असर इसलिए नहीं पड़ रहा है, क्योंकि उन्होंने जनता के साथ कोई आत्मीय रिश्ता बनाया नहीं है। बुराई की ओर ले जाने के लिए आत्मीयता की जरूरत नहीं होती। बुराई का अपना आकर्षण काफी है। इसके विपरीत अच्छाई की प्रेरणा पैदा करने के लिए पर्याप्त नैतिक प्रभाव चाहिए। इसके लिए सिर्फ उपदेश काफी नहीं है। बल्कि नैतिक प्रभाव न हो, तो उपदेश झुँझलाहट भी पैदा कर सकता है। कोई राह चलता व्यक्ति मुझसे कैसे कह सकता है कि मुझे अमुक बुराई से बचना चाहिए?

क्या धार्मिक विधि-विधान के विरुद्ध आंदोलन हो सकता है? क्या जनेऊ या चोटी के खिलाफ आंदोलन हो सकता है? नहीं, सिर्फ नकारात्मक आंदोलन नहीं हो सकता। दयानन्द सरस्वती ने मूर्तिपूजा के विरुद्ध आंदोलन नहीं किया था। वे तो वेदांत का प्रचार कर रहे थे। वेदांती मूर्ति में ईश्वर की प्रतिष्ठा स्वीकार नहीं कर सकता। दयानन्द ने भी नहीं की। पर वे लोगों को सिर्फ मूर्ति पूजा से विरत नहीं कर रहे थे। वे उन्हें अपनी परिभाषा की वैदिक संस्कृति में दीक्षित करना चाहते थे। मूर्ति पूजा या अन्य अनेक समकालीन धार्मिक विश्वासों का खण्डन इस दिशा में एक आनुषंगिक कृत्य था। आप किसी को सच्चा मार्क्सवादी बना दें, तो वह स्वाभाविक रूप से मूर्तिपूजक या जातिवादी नहीं रह जाएगा। पश्चिम बंगाल में यदि आज भी मार्क्सवादी बड़े पैमाने पर मूर्तिपूजक या जातिवादी हैं, तो इसका अर्थ यही है कि उनकी वैचारिक आस्थाएँ कमजोर हैं। सिर्फ सुखवाद या सुविधावाद पर टिकी हुई आधुनिकता भी धार्मिक कर्मकाण्ड का विरोध नहीं कर सकती, क्योंकि कर्मकाण्ड से सुखवाद में कोई बाधा नहीं आती बल्कि यह भ्रम बना रहता है कि मैं पूरी तरह सुखवादी नहीं हूँ। मनुष्य को हमेशा ऐसे भ्रम अच्छे लगते हैं।

जिस कर्मकाण्ड से कोई सामाजिक नुकसान नहीं है, उसकी आलोचना आवश्यक नहीं है। सिर्फ किसी को खिजाने के लिए कोई काम नहीं करना चाहिए। कोई कह सकता है कि यह कर्मकाण्ड भी दिखावा है। लेकिन दिखावे तो अनेक तरह के हैं। यदि आप अन्य दिखावों के खिलाफ कुछ नहीं करते और सिर्फ कर्मकाण्ड के दिखावे के खिलाफ लोगों को उकसाते हैं, तो मुट्ठी भर लोग ही आपसे सहमत

हो सकते हैं। चेतना की उच्चतर अवस्था से ही चेतना की निम्नतर अवस्था से पैदा होनेवाली बुराइयों से छुटकारा पाया जा सकता है। अन्यथा आप एक बुराई से मुक्त करेंगे तो दूसरी बुराई आ धमकेगी। दयानन्द सरस्वती ने अपने अनुयायियों को मूर्ति पूजा से विरत किया। किन्तु उनमें यज्ञ करने का चाव पैदा कर दिया। आज कितने आर्य समाजी वैदिक चेतना के साथ यज्ञ संपन्न करते हैं? यही हाल बूढ़े गांधीवादियों का है। उनमें गांधी का शायद ही कोई गुण हो, पर वे चरखा जरूर चलाते हैं। इसमें सन्देह नहीं कि अनुष्ठान अन्ततः एक तरह के जड़वाद को ही प्रोत्साहित करते हैं। जाति प्रथा और अस्पृश्यता में भी एक तरह की आनुष्ठानिक शक्ति है। इन बुराइयों के साथ धार्मिक पवित्रता का भाव जोड़ दिया गया है, मानो वे मानवकृत न होकर दैवी आदेशों का परिणाम हों। यही कारण है कि इनके खिलाफ सामाजिक आंदोलन नहीं हो पाता। इनका परित्याग तभी होगा, जब लोगों की चेतना का स्तर ऊँचा उठेगा। तब किसी से कहना नहीं होगा कि जातिगत ऊँच-नीच निरर्थक है या अन्तरजातीय संबंध में कोई बुराई नहीं है। ज्यादा-से-ज्यादा लोग मानवीय आचरण करेंगे, तो बुराइयाँ धीरे-धीरे खत्म हो जाएँगी। हाँ, मानवीय आचरण की एक कसौटी के रूप में यह जरूर प्रचारित किया जाना चाहिए कि जो जातिवादी है या अस्पृश्यता में विश्वास रखता है, वह अन्यथा चाहे श्रेष्ठ हो, पर उसमें मूलभूत मनुष्यता नहीं है। ऐसे लोगों का सम्मान करना आवश्यक नहीं है। इसी तरह सिर्फ अनुष्ठानवादी होने के कारण किसी को उम्मीद नहीं करनी चाहिए कि उसे धर्मप्रवण मान लिया जाएगा।

जाति प्रथा, छुआछूत, निरर्थक कर्मकाण्ड आदि से मुक्त हो जाने के बाद भी एक धार्मिक प्रणाली के रूप में हिन्दू विश्वास बने रह सकते हैं। कोई कह सकता है कि इस शुद्ध धर्म की समाज को जरूरत है। मुझे खेद है कि मैं ऐसी स्थापना से सहमत नहीं हो सकता। हिन्दू धर्म ने विचार और कल्पना की महान ऊँचाइयों का स्पर्श किया है, इसमें कोई सन्देह नहीं है। लेकिन अच्छा बनने के लिए धार्मिक आदेश को मैं जरूरी या पर्याप्त नहीं मानता। ईश्वर के प्रति मेरा अविश्वास तब भी बना रहेगा। यदि कोई कहेगा कि यह सृष्टि ही ईश्वर है, अस्तित्व मात्र ईश्वर है, तो मैं कहूँगा कि जहाँ तक मेरे या मानव जाति के हिताहित का सवाल है, सृष्टि अच्छाई और बुराई दोनों से भरी हुई है, अतः ईश्वर को भी सिर्फ सत, चित और आनन्द मानना उचित नहीं होगा। सृष्टि में द्वन्द्व है, अतः ईश्वर भी द्वन्द्वमुक्त नहीं हो सकता। कुछ लोगों का दावा है कि उन्होंने ईश्वर का साक्षात्कार किया है। यदि वे सच बोल रहे हैं तो बधाई के पात्र हैं। लेकिन ऐसे लोग या तो कुछ बोलते नहीं या जो बोलते हैं, वह मेरी समझ में नहीं आता। अतः उनका अनुभव मेरे काम का नहीं है। धर्म का भौतिक विज्ञान सिर्फ सत्य पर आधारित नहीं है। अतः उससे

उत्पन्न होनेवाला नीतिशास्त्र भी अधूरा होने को बाध्य है। इसके बावजूद मैं यह मानता हूँ कि धर्म ने मनुष्य में एक सामाजिक चेतना पैदा की है तथा उसे नैतिक बोध से संपन्न किया है। इस स्तर पर उसकी कुछ उपयोगिता आज भी बनी हुई है। यह उपयोगिता जिनके लिए है, वे बेशक धर्म की शरण में जायें। इसके कारण उनके जीवन में कुछ नैतिकता पैदा होती है, तो मैं उनका सम्मान करूँगा। लेकिन यह सम्मान नैतिकता का ही होगा, उनके धार्मिक बोध का नहीं। नैतिकता न पैदा होने के बावजूद यदि कोई धर्म को मानना चाहता है, तो यह उसका अधिकार है। मैं इस अधिकार का सम्मान करता हूँ। कोई किसी से उसका ईश्वर छीन नहीं सकता। मैं उसके उन अनुष्ठानों का भी उग्र विरोध नहीं करूँगा जिनसे कोई गम्भीर अंधविश्वास नहीं फैलता या कोई सामाजिक हानि नहीं होती। मेरा सौभाग्य है कि मेरी पत्नी अनुष्ठानवादी नहीं हैं। मेरे परिवार के अन्य लोग अनुष्ठान करते थे या करते हैं, तो इस सिलसिले में मुझसे जो काम कहा गया, वह मैंने खुशी-खुशी किया, यद्यपि किसी अनुष्ठान में धार्मिक रूप से मैंने स्वयं हिस्सा नहीं लिया। हमें दूसरों की निर्दोष आस्थाओं का सम्मान करना चाहिए तभी उनसे हम उम्मीद कर सकते हैं कि वे विवेक की आवाज को सुनना चाहेंगे।

अकसर प्रश्न किया जाता है कि धर्म की गोद में जाने से मिलनेवाली शक्ति से किसी को क्यों वंचित किया जाए। अनेक लोगों का कहना है कि यह शान्ति वास्तविक है। पर शान्ति कितनी भी वास्तविक हो, वह मन की ही चीज है और इच्छा हो तो मन को भुलावे में रखना कभी मुश्किल नहीं होता। असली बात तो यह है कि क्या ऐसी शान्ति टिकाऊ भी है? यदि एक घण्टा मन्दिर में बिताने से मन उस वक्त शान्त हो जाता है और बाकी समय अशान्त बना रहता है, तो स्पष्ट है कि इस तरह की शान्ति सिर्फ एक सम्मोहन या मूर्च्छा है। मूर्च्छा हटते ही हम अपने वास्तविक रूप में आ जाते हैं। कुछ-कुछ वैसे ही जैसे ट्रैंक्विलाइजर (तनाव शमन करनेवाली औषधि) लेने से होता है। अगर ट्रैंक्विलाइजर की जरूरत हमेशा पड़ती रहे तो यह चिकित्सा नहीं, निर्भरता है। पूर्ण चिकित्सा के लिए तनाव के कारणों को भी दूर करना होगा। अशान्ति के कारण बाहर हैं और भीतर भी। दोनों स्तरों पर काम करने की जरूरत है। तभी शान्ति भी टिकाऊ होगी और हर आदमी को अलग-अलग शान्ति नहीं खोजनी होगी। एक प्रस्ताव और है। जब तक जीवन है, पूर्ण शान्ति की कामना करना मूढ़ता है। कुछ अशान्ति तो रहेगी। उसका अपना सुख भी है। सांस्थानिक या आनुष्ठानिक धर्म द्वारा मिलनेवाली शान्ति का सामाजिक रूप से हानिकारक एक पक्ष यह है कि इसके कारण परजीवी वर्ग का विकास होता है, जिसके लिए धर्म साधना की चीज नहीं, जीविका या धनोपार्जन का उपकरण है। इससे झूठ, ढोंग और श्रद्धा के शोषण के खतरे बढ़ते हैं।

यह सब देखते-समझते हुए भी दुनिया भर में धर्म के प्रति आकर्षण बना हुआ

है, तो इसीलिए कि आधुनिक सभ्यता ने मनुष्य की नैतिक चेतना को संतुष्ट करने के लिए कुछ भी नहीं किया है। आधुनिक समय के पहले की सभ्यता में तनाव कम थे। मनुष्य संतोषी था, क्योंकि उत्पादकता का स्तर नीचा था। तब भी लोभ, क्रोध अहंकार आदि को नियंत्रित रखने के लिए धर्म द्वारा बड़े पैमाने पर उद्योग किया गया। आज तनाव ज्यादा है, क्योंकि उत्पादकता बढ़ी है। पर उसके फल छीन-झपटकर ही प्राप्त किये जा सकते हैं। यह सभ्यता मूलतः स्वार्थ बुद्धि पर आधारित है। हर आदमी को यह बताया जा रहा है कि स्वार्थ की पूर्ति उसका जन्मसिद्ध अधिकार है। निपट स्वार्थ से परिचालित लोग एक-दूसरे से झगड़ ही सकते हैं या फिर किसी तीसरे के खिलाफ अवसरवादी गिरोह बना सकते हैं। साम्यवाद और समाजवाद दो ऐसी विचारधाराएँ हैं, जिन्होंने मनुष्य की सामाजिकता को समाज तथा राज्य निर्माण का आधार प्रतिपादित किया। किन्तु साम्यवाद स्वयं असामाजिक सिद्ध हुआ और समाजवाद में पर्याप्त राजनीतिक ऊर्जा न थी। आज दोनों ही विचार छिन्न-भिन्न, आत्मविश्वासरहित और पुनर्नवीकरण की क्षमता से रिक्त हैं। लोकतंत्रवाद और मानव अधिकारवाद की गम्भीर सीमाएँ हैं। लोकतंत्र सिर्फ यह जिम्मा लेता है कि शासक मतदाताओं के प्रति जवाबदेह रहेंगे। लोकतंत्रवाद ने अपने राजनीतिक, सामाजिक और आर्थिक लक्ष्य परिभाषित नहीं किये हैं। इसी तरह मानव अधिकार आंदोलन अधिकतम मानव अधिकारों से लैस करने का प्रयास करता है, किन्तु यह नहीं बताता कि इन अधिकारों का सर्वोत्तम इस्तेमाल कैसे किया जा सकता है। उदाहरण के लिए समलैंगिकता ठीक है या गलत—इससे उसे मतलब नहीं। उसकी माँग इतनी ही है कि यदि लोगों में समलैंगिकता के रुझान हैं, तो उन्हें अपने ढंग से जीने का अधिकार मिलना चाहिए। इन तरह मानव अधिकारवाद लोकतंत्रवाद का ही विस्तार है। यह स्वार्थ का ही एक उदारवादी दर्शन है। मनुष्य स्वार्थी होता है, इसमें संदेह नहीं। पर वह संवेदनशील भी होता है और उसके अस्तित्व का एक नैतिक ध्रुव भी होता है। यह नैतिक ध्रुव तभी चैन की साँस लेगा, जब समाज में मानव कर्तव्यों की भी शिक्षा दी जायेगी। एक का अधिकार दूसरे का कर्तव्य ही होता है, किन्तु सिर्फ दूसरों के अधिकारों का सम्मान करना काफी नहीं है। वास्तविक प्रश्न यह है कि अपने अधिकारों का क्या किया जाये। आधुनिक सभ्यता जब तक इसका उत्तर नहीं खोजेगी, लोग अपने नैतिक बोध को संतृप्त करने के लिए तरह-तरह के उपायों का सहारा लेंगे। इनमें एक धर्म भी है, किन्तु यह धर्म की सफलता नहीं, आधुनिकता की विफलता है।

क्षमा करें, शायद मैं भी ऐसा ही आधुनिक हूँ। लेकिन जब मैं अपने को अहिन्दू कहता हूँ तो क्या उसका एक अर्थ यह होता है कि मैं हिन्दू विरोधी भी हूँ? यदि कोई यह अर्थ निकालता है तो यह मेरे साथ गहरा अन्याय होगा। देश और दुनिया

में असंख्य लोग ऐसे हैं जो हिन्दू नहीं हैं। सिर्फ इस कारण वे हिन्दू विरोधी नहीं हो जाते। मैं भी नहीं हूँ। सच तो यह है कि एक-चौथाई या आधा हिन्दुत्व मुझमें भी है, क्योंकि मैं भी हिन्दू समाज का हिस्सा हूँ। यह हिन्दुत्व अपने सहजतम रूप में रहन-सहन और बोलचाल के स्तर पर है। ये संस्कार आसानी से नहीं मिटते। फिर जिन संस्कारों से कोई नुकसान नहीं है, उन्हें बदलने की जरूरत भी नहीं है। मेरी ऐसी ही एक हिन्दू आदत है, बिना स्नान किए भोजन न करना हालाँकि कभी-कभी अति ठण्ड या अति आलस्य के कारण यह कर्मकाण्ड छूट जाता है, पर इसके कारण कोई नैतिक ग्लानि मुझे नहीं होती। लेकिन धर्म और समाज एक नहीं हैं। धर्म का परित्याग कर भी आप समाज में ही रहते हैं और उसके प्रति अपनी जिम्मेदारियों का अनुभव करते हैं। बल्कि हिन्दुत्व का परित्याग करनेवाला अपने समाज के प्रति और ज्यादा दायित्वशील होता है, क्योंकि उसे समाज को कायल करना होगा कि हिन्दुत्व क्यों छोड़ने योग्य है। लीक पर चलने के लिए किसी स्पष्टीकरण की जरूरत नहीं। लीक छोड़नेवाले को शास्त्रार्थ करना होगा। यह वस्तुतः किसी भी समाज के आत्म-संघर्ष या आत्म-परिष्कार का ही हिस्सा है। हिन्दू समाज में ऐसे लोगों की एक लम्बी परम्परा रही है, जिन्होंने यह घोषित किया है कि हिंदुत्व या वैदिक धर्म या सनातन धर्म या वर्णाश्रम धर्म के नाम पर जो कुछ हो रहा है, उस सबका हम परित्याग करते हैं। एक तीसरी चीज है संस्कृति। धर्म से विरत और समाज से असहमत होते हुए भी कोई अपनी संस्कृति के श्रेष्ठ तत्वों से उल्लसित और प्रेरित हो सकता है। मैं भी होता हूँ। वस्तुतः संस्कृति हमारी दूसरी माँ है। उससे पलायन अपने आपसे पलायन है। लेकिन संस्कृति का दायरा बहुत बड़ा है। उसे सिर्फ हिन्दू संस्कृति तक सीमित करना नादानी होगी। प्राकृतिक माता एक ही हो सकती है, किन्तु सांस्कृतिक माताओं की कोई संख्या निश्चित नहीं की जा सकती। वे सभी आदरणीय हैं।

हिन्दू दिमाग ने धर्म और अधर्म पर लम्बे समय तक और तरह-तरह से विचार किया है। अतः ऐसे उदाहरण प्रचुर हैं, जिनके बल पर यह सिद्ध किया जा सकता है कि हिन्दू या सनातन धर्म तो सिर्फ कुछ मानवीय मूल्यों पर टिका हुआ है। इस संदर्भ में अकसर मनुस्मृति के उस श्लोक की चर्चा की जाती है, जिसमें क्षमा, धैर्य, इन्द्रिय निग्रह, सत्य, अक्रोध आदि की गणना धर्म के दस लक्षणों में की गयी है। निःसंदेह इस तरह की उक्तियाँ बहुत ही प्रेरक और पवित्र हैं। लेकिन मेरा निवेदन यह है कि इन मूल्यों का पूरा दबाव मानव जाति तभी अनुभव कर सकेगी जब इन्हें वेदों, शास्त्रों और स्मृतियों के बन्धन से मुक्त कर दिया जायेगा। जो मनुस्मृति क्षमा, सत्य, अक्रोध आदि की शिक्षा देती है, वही स्त्रियों और शूद्रों को उपमानव का दर्जा भी देती है। गीता से योगी और योद्धा दोनों अनुप्राणित होते रहे हैं। यह उसकी

विशेषता नहीं, समस्या है। काव्य के अनेक अर्थ होते हैं—होने चाहिए, किन्तु शास्त्र को स्पष्ट होना चाहिए। दैवी या पवित्र आदेश उलझन में डालनेवाले अंतर्विरोधों से भरे हैं। वह धार्मिक और सामाजिक प्रतिष्ठान तो ऐसा है ही, जिसके बारे में मान्यता है कि वह इस आदेश पर चल रहा है। इस पराधीनता से विद्रोह जरूरी है और अच्छा भी। किसी की भी वाणी मनुष्य के लिए आदेश नहीं हो सकती। उसे अपने विवेक से अपने सारे फैसले करने चाहिए। इस विवेक का ही अनुरोध है कि उस प्रतिष्ठान से जिरह की जाये जो मनुष्य को अमानवीय या अतिमानवीय बंधनों में रखना चाहता है।

लेकिन हिन्दू समाज से मेरा रिश्ता सिर्फ जिरह का नहीं है। रिश्ता पुनर्निर्माण का भी है। इस मामले में मैं हमेशा, अपनी सीमित सामर्थ्य और अपने सीमित साधनों से, हस्तक्षेप करता हूँ और आशा है कि आगे भी करता रहूँगा। यह हस्तक्षेप धार्मिक चर्चा में भी हो सकता है, यदि बहस विचार और विवेक के स्तर पर हो रही हो। जहाँ मामला सिर्फ आस्था का है, वहाँ मैं नम्रतापूर्वक अपने को अलग रखूँगा। लेकिन जो आस्थाएँ समाज के लिए खतरनाक हैं (जैसे नर बलि), उनका विरोध करना मेरा सामाजिक कर्तव्य होगा। हिन्दुत्व की आन्तरिक बहस में मेरी कोई रुचि नहीं है, यदि मुझे आमंत्रित न किया जाए। तिलक का आकार क्या हो—इस विमर्श में मैं नहीं पड़ूँगा, पर जनेऊ धारण करना चाहिए या नहीं—इस पर मैं अपनी राय अवश्य रखूँगा। यह मेरा सामाजिक अधिकार है, क्योंकि जनेऊ सिर्फ धागा नहीं है—वह जातिगत श्रेष्ठता का प्रतीक है।

अहिन्दू होना अपने समाज की सदस्यता छोड़ना नहीं है, बल्कि उस सदस्यता का जिम्मेदारी के साथ निर्वाह करना है। हिन्दू अपने समाज का सदस्य पहले है, हिन्दू बाद में। हिन्दुत्व उसका महज एक आरोपण है। इस आरोपण के बारे में मैं जो अनुभव करता हूँ, वह मुझे ईमानदारी से कहना ही चाहिए, अन्यथा मैं अपने आपसे और समाज से छल करूँगा। यह स्पष्ट करने की भी जरूरत है कि सिर्फ हिन्दू समाज ही मेरा समाज नहीं है। मेरा एक भारतीय सगाज भी है और उससे बढ़कर मानव समाज भी। इनके प्रति भी मेरे कर्तव्य हैं और इन कर्तव्यों के तकाजे से भी हिन्दू समाज में हस्तक्षेप करने की जरूरत पड़ सकती है। मेरे हिन्दू होने का अर्थ यह भी नहीं है कि हिन्दू होना मेरे लिए शर्म की बात है। इसमें क्या शक है कि हिन्दू समाज की हालत, देश के अन्य समाजों की तरह, अच्छी नहीं है। इस पर अन्य अनेक लोगों की तरह मुझे भी शर्म आती है। लेकिन यह हिन्दू होने की शर्म नहीं है। उन स्थितियों की शर्म है। इन स्थितियों का हिन्दुत्व की बुनियादी मान्यताओं से कोई संबंध नहीं है। लोग हिन्दू रहते हुए भी इन स्थितियों को सुधार सकते हैं। मेरे लिए हिन्दू होना एक अतार्किक स्थिति है और अतार्किक होने पर मुझे जरूर

शर्म होगी। मेरा विश्वास है कि एक मुसलमान और एक ईसाई भी यह शर्म अनुभव करने से बच नहीं सकता। लेकिन यह शर्म उस गर्व को कम नहीं करती, जो मेरे अनेक हिन्दू पुरखों द्वारा किये गये उच्चतम चिन्तन से स्वाभाविक रूप से पैदा होता है। मैं दावे के साथ कह सकता हूँ कि हिन्दू हुए बगैर भी उस चिन्तन का आनन्द लेना और उससे लाभान्वित होना सम्भव है। मेरे लिए यह सहज भी है, क्योंकि हिन्दू परंपरा से मेरी एक स्वाभाविक वाकफियत है। यही बात अन्य धर्मावलम्बियों के लिए उनकी अपनी परंपरा की श्रेष्ठ उपलब्धियों के संदर्भ में कही जा सकती है। चूँकि परिचय और निकटता से ही प्रेम होता है, अतः यह भी सच है कि हिन्दू समाज से मेरा लगाव भारत के किसी भी अन्य समाज से कुछ ज्यादा है। यह शायद कोई अच्छी बात नहीं, लेकिन सच तो सच ही है। हाँ, इस लगाव के कारण जहाँ मैं अन्य समाजों का अशुभचिन्तक नहीं हो जाता, वहीं यह कामना करता हूँ कि हिन्दू समाज अपने भीतर मौजूद पतनकारी प्रवृत्तियों से संघर्ष में सफल हो।

चूँकि इस घोषणापत्र के पीछे किसी प्रकार का द्वेष या क्रोध नहीं है, अतः यह स्वतः स्पष्ट है कि यदि कोई मुझे हिन्दू बनाने आता है तो मैं कृतज्ञ होकर उसका स्वागत करूँगा, क्योंकि वह अपनी समझ से मेरे भले के लिए ही आयेगा। अन्त में यह स्पष्ट करना आवश्यक है कि हिन्दू न रह पाने के कारण मैं व्यक्ति के स्तर पर श्रेष्ठ या पहले से कम बुरा नहीं हो गया हूँ। श्रेष्ठ होने के लिए बहुत-से गुणों को अपनाना होगा। अगर मैं आस्तिक होता, तब भी ईश्वर से यही प्रार्थना करता कि हे सर्वशक्तिमान, चूँकि तुझसे मेरा सीधा संवाद सम्भाव्य नहीं, इसलिए मुझमें ही वह शक्ति पैदा कर जिससे मैं इन गुणों को समझ सकूँ और उन्हें अपना सकूँ।

(truthonly@gmail.com)

□□